PRINCÍPIOS DE
€ÇONØMIΔ

CB043752

Grupo
Editorial
Nacional

O GEN | Grupo Editorial Nacional – maior plataforma editorial brasileira no segmento científico, técnico e profissional – publica conteúdos nas áreas de ciências sociais aplicadas, exatas, humanas, jurídicas e da saúde, além de prover serviços direcionados à educação continuada e à preparação para concursos.

As editoras que integram o GEN, das mais respeitadas no mercado editorial, construíram catálogos inigualáveis, com obras decisivas para a formação acadêmica e o aperfeiçoamento de várias gerações de profissionais e estudantes, tendo se tornado sinônimo de qualidade e seriedade.

A missão do GEN e dos núcleos de conteúdo que o compõem é prover a melhor informação científica e distribuí-la de maneira flexível e conveniente, a preços justos, gerando benefícios e servindo a autores, docentes, livreiros, funcionários, colaboradores e acionistas.

Nosso comportamento ético incondicional e nossa responsabilidade social e ambiental são reforçados pela natureza educacional de nossa atividade e dão sustentabilidade ao crescimento contínuo e à rentabilidade do grupo.

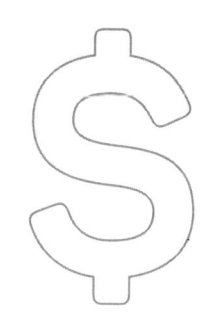
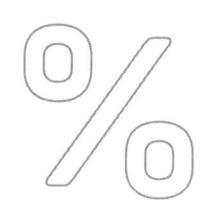

MÁRCIO
BOBIK
BRAGA

PRINCÍPIOS DE
€ÇONØMIΔ

Abordagem didática e multidisciplinar

gen | atlas

Direitos exclusivos para a língua portuguesa
Copyright © 2019 by
Editora Atlas Ltda.
Uma editora integrante do GEN | Grupo Editorial Nacional

Rua Conselheiro Nébias, 1384
Campos Elísios, São Paulo, SP – CEP 01203-904
Tels.: 21-3543-0770/11-5080-0770
faleconosco@grupogen.com.br
www.grupogen.com.br

Designer de capa: Gabriel Callou
Editoração Eletrônica: Set-up Time Artes Gráficas

CIP-BRASIL. CATALOGAÇÃO NA PUBLICAÇÃO
SINDICATO NACIONAL DOS EDITORES DE LIVROS, RJ

B794p

Braga, Márcio Bobik

Princípios de economia : abordagem didática e multidisciplinar / Márcio Bobik Braga. – São Paulo [SP] : Atlas, 2019.

Inclui bibliografia e índice
ISBN: 978-85-97-02201-8

1. Economia. I. Título.

19-58808	CDD: 330.1
	CDU: 330.1

Vanessa Mafra Xavier Salgado - Bibliotecária - CRB-7/6644

Para Débora e Laura.
Em memória de
Mário de Sena Braga.

Sobre o autor

Márcio Bobik Braga é mestre e doutor em Economia pela Universidade de São Paulo e professor livre-docente do Departamento de Economia da USP – *campus* de Ribeirão Preto. É pesquisador e professor do Programa Interdisciplinar de Pós-Graduação em Integração da América Latina (PROLAM/USP), onde orienta dissertações de mestrado e teses de doutorado. Como pesquisador, possui vários artigos publicados em revistas científicas sobre temas de macroeconomia e história econômica da América Latina. É também coautor e coordenador de importantes livros de Economia, com destaque para *Macroeconomia: teoria e aplicações de política econômica*, da Equipe dos Professores da USP, publicado pelo GEN | Atlas. Atualmente, ministra as disciplinas de *Introdução à Economia*, *Macroeconomia* e *Economia Brasileira*, não apenas para os cursos de Economia, mas também para Administração de Empresas, Contabilidade e Direito. Tem como área de pesquisa a Economia e o pensamento econômico da América Latina numa abordagem interdisciplinar.

Prefácio

Certa vez, ouvi um professor dizer que os estudantes de Economia são como jogadores de futebol, pois estão sempre ansiosos para entrar em campo e discutir os problemas econômicos que os cercam. No entanto, assim como os jogadores precisam fazer um trabalho prévio de condicionamento físico e de assimilação da proposta tática do treinador, os estudantes precisam se preparar antes de encarar os problemas econômicos. Essa preparação sempre inclui uma dose de sofrimento, seja porque eles estão ansiosos para entrar em campo, seja porque eles têm uma dificuldade natural de compreender plenamente a importância da preparação prévia.

O livro **Princípios de Economia**, do Professor Márcio Bobik Braga, representa um esforço para conciliar a necessidade de preparação prévia com a discussão dos problemas da Economia brasileira. Essa preocupação de colocar o estudante em campo o quanto antes, mas com a devida preparação, é evidenciada ao início do Capítulo 1 com a pergunta: "Para que serve a Economia?". Para respondê-la, o autor apresenta os princípios fundamentais de Economia e diversas aplicações deles, envolvendo exemplos da Economia brasileira. É importante lembrar que geralmente os livros didáticos são traduções de manuais de outros países e, por isso, não trazem exemplos da nossa economia.

Assim, o esforço feito pelo Professor Márcio Bobik Braga permite que o aluno possa, ao mesmo tempo, assimilar conceitos importantes e entrar em campo para usá-los na discussão de casos concretos com os quais ele tem maior proximidade. Esse mecanismo é fundamental para que o aluno compreenda a importância dos conceitos econômicos e saiba como aplicá-los.

Ao tratar de casos da Economia brasileira, o Professor Márcio Bobik Braga o faz de uma posição privilegiada. Ele discute episódios que acompanhou, inclusive, como economista. Esses episódios trazem à tona importantes momentos da Economia brasileira e, portanto, são instrutivos quanto à nossa história econômica. Chamo a atenção para a discussão sobre o Plano Cruzado (Boxe 2.1), o problema da inflação e das várias moedas do Brasil (Boxes 10.1 e 12.1), a abertura econômica brasileira nos anos 1990 (Boxe 4.1), o crescimento econômico brasileiro nas últimas décadas (Boxe 8.1) e a prática keynesiana durante o Governo Dilma (Boxe 9.1). Destaco, ainda, discussões que tratam de problemas do cotidiano e, por isso mesmo, mostram ao estudante a amplitude das aplicações dos conceitos econômicos. Cito o problema da segurança pública e das bancas de jornais e revistas 24 horas (Boxe 7.2) e o caso das sacolas de plástico dos supermercados na cidade de São Paulo (Boxe 7.3).

Creio que o leitor conta com essa motivação extra: aprender mais sobre a Economia brasileira. Portanto, não se trata apenas de mais um livro de Economia, mas um que cumpre dois papéis. O leitor aprende princípios fundamentais da Ciência Econômica e assiste ao Professor Márcio Mobik Braga colocá-los em prática a serviço do entendimento de importantes questões da Economia brasileira.

Finalmente, quero abordar uma questão que, a meu ver, é crucial para aqueles que querem navegar pelos mares da Economia. Nem sempre o senso comum é um guia apropriado, e, por isso, muitas intervenções feitas na Economia não são bem-sucedidas. O senso comum poderia nos dizer que congelar os preços em um período de hiperinflação é uma boa solução. No entanto, como discutido no Boxe 2.1 sobre o Plano Cruzado, o congelamento de preços fez os produtos desaparecerem das prateleiras. Felizmente, o Professor Márcio Mobik Braga traz exemplos como esse, que ilustram como intervenções, ainda que bem-intencionadas, podem produzir resultados indesejáveis. Esses exemplos nos ensinam, também, que é preciso investir mais tempo no entendimento dos mecanismos de mercado antes de interferir nestes. Por tudo isso, estou certo de que o tempo investido pelos leitores neste livro os ajudará a compreender melhor tais mecanismos, bem como importantes aspectos da Economia brasileira.

Fábio Augusto Reis Gomes
Professor Titular do Departamento
de Economia da FEA-RP/USP

Apresentação

Este livro destina-se às disciplinas de introdução à Economia para os cursos de Ciências Econômicas, Administração de Empresas, Ciências Contábeis e Direito. Também pode ser útil como referência complementar para as disciplinas de Microeconomia e Macroeconomia ou mesmo em cursos de pós-graduação *lato sensu*. Seu conteúdo é resultado de mais de duas décadas de experiência do autor no ensino de Economia em cursos de graduação e pós-graduação na Universidade de São Paulo.

Dividido em 13 capítulos, o livro contempla os aspectos essenciais da microeconomia e da macroeconomia. O Capítulo 1 busca conceituar a Ciência Econômica, mostrando algumas de suas principais aplicações, métodos e dilemas. Os Capítulos 2 a 7 analisam os aspectos básicos que regem o funcionamento dos mercados, contemplando os conceitos de oferta, demanda, equilíbrio, elasticidades, além das principais estruturas de mercado, com destaque para a concorrência perfeita, monopólio e oligopólio. Além dos aspectos teóricos essenciais, buscou-se nesta parte destacar alguns princípios necessários ao debate acerca da regulação dos mercados, o que pode ser particularmente útil para os estudantes de Direito. Também considera alguns conceitos que podem ser aplicados em estratégias de mercado. Os Capítulos 8 a 12 tratam da análise macroeconômica. Nessa parte, além da apresentação das definições em torno das variáveis, fenômenos e políticas macroeconômicas, são estudados o modelo keynesiano, o modelo de oferta e demanda por moeda, o modelo IS/LM, o modelo de oferta e demanda agregada e as principais teorias de inflação. O Capítulo 13 encerra a análise discutindo os fatores que podem explicar o crescimento econômico de longo prazo, incluindo breve discussão sobre o papel das instituições.

Um dos principais diferenciais deste livro pode ser encontrado nos vários exemplos e estudos de caso apresentados nos *boxes* presentes nos capítulos. Eles foram construídos em grande parte a partir de fatos que ocorreram na Economia Brasileira nas últimas décadas. No Capítulo 2, por exemplo, a análise de mercado inicia-se com a discussão acerca das consequências do congelamento de preços imposto à economia brasileira pelo Plano Cruzado. No Capítulo 6, que trata dos oligopólios, foi considerado, como exemplo, o recente processo de fusão ocorrido no mercado de cerveja no Brasil. No Capítulo 9, onde é estudado o modelo keynesiano simplificado, é apresentada uma breve análise da política econômica durante o governo da Presidente Dilma Rousseff. O Capítulo 13 traz uma comparação entre determinados aspectos institucionais do Brasil e dos EUA no contexto da análise dos fatores que explicam o crescimento econômico de longo prazo. O texto contempla ainda algumas aplicações práticas dos conceitos estudados. No Capítulo 4, por exemplo, são sugeridos alguns procedimentos para o cálculo das elasticidades. O Capítulo 8 contempla exemplo de como deflacionar uma série numérica nominal. Esses e outros exemplos e casos, distribuídos em 47 *boxes*, buscam mostrar a praticidade e aplicabilidade dos vários conceitos e modelos presentes na Economia, servido como motivação para o aluno ou mesmo como instrumento útil para profissionais de mercado.

Talvez tenha faltado um capítulo sobre a história do pensamento econômico. Essa omissão, entretanto, foi compensada pelas inúmeras citações de autores clássicos e contemporâneos, inclusive brasileiros. O leitor irá encontrar, ao longo dos capítulos, referências sobre Adam Smith, John Maynard Keynes e Milton Friedman, dentre outros. Essas referências servirão para identificar os principais pensadores que contribuíram para o desenvolvimento da Ciência Econômica.

Várias pessoas contribuíram, direta ou indiretamente, para este livro. O autor agradece particularmente aos Professores Fábio Barbieri, Fábio Augusto Reis Gomes e Marco Antônio Sandoval de Vasconcellos, pelos comentários, sugestões e apoio. Os eventuais equívocos e omissões são de inteira responsabilidade do autor.

Márcio Bobik Braga

Recurso didático

No início de cada capítulo, há um vídeo com o autor discorrendo sobre o tema tratado.

Para reproduzir os vídeos, basta ter um aplicativo leitor de QR Code baixado no smartphone e posicionar a câmera sobre o código, ou usar a URL que aparece abaixo dele.

Assista ao vídeo do autor
sobre o tema deste capítulo

uqr.to/fdi3

Material Suplementar

Este livro conta com o seguinte material suplementar:

- Respostas dos Exercícios (restrito a docentes).

O acesso aos materiais suplementares é gratuito. Basta que o leitor se cadastre em nosso *site* (www.grupogen.com.br), faça seu *login* e clique em GEN-IO, no menu superior do lado direito.

É rápido e fácil. Caso haja dificuldade de acesso, entre em contato conosco (gendigital@grupogen.com.br).

GEN-IO (GEN | Informação Online) é o ambiente virtual de aprendizagem do GEN | Grupo Editorial Nacional, maior conglomerado brasileiro de editoras do ramo científico-técnico-profissional, composto por Guanabara Koogan, Santos, Roca, AC Farmacêutica, Forense, Método, Atlas, LTC, E.P.U. e Forense Universitária. Os materiais suplementares ficam disponíveis para acesso durante a vigência das edições atuais dos livros a que eles correspondem.

Sumário

1

Os princípios básicos da Economia

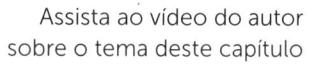

Assista ao vídeo do autor
sobre o tema deste capítulo

uqr.to/fdi3

OBJETIVOS DO CAPÍTULO:

- Discutir o que é Economia.
- Mostrar a importância da escassez para a Economia.
- Considerar os principais dilemas encontrados na análise econômica.
- Apresentar a curva de possibilidade de produção.
- Mostrar o significado da lei dos rendimentos decrescentes.
- Discutir algumas questões metodológicas presentes na análise econômica.
- Mostrar as diferenças entre a microeconomia e a macroeconomia.
- Considerar as várias áreas de estudo na Economia.
- Apresentar as formas de atuação do economista no mercado de trabalho.

1.1 Introdução

Para que serve a Economia? O olhar atento nos noticiários dos jornais, da televisão ou da *internet* permite visualizar um amplo conjunto de questões econômicas como o desemprego, a inflação, o endividamento público, o comércio internacional e o crescimento econômico, dentre outros. Em épocas de eleição, o debate sobre os rumos da Economia costuma ter posição central nos programas dos candidatos. Os eleitores querem saber, por exemplo, qual o programa econômico daqueles que pleiteiam o cargo máximo do país. Existem ainda questões relacionadas aos preços dos bens e serviços. Em algumas épocas do ano, é possível observar a elevação no preço de determinados alimentos. Alguns serviços, como os de restaurantes, variam de preço em diferentes localidades de uma mesma cidade. Roupas e calçados costumam ser mais caros em centros comerciais presentes em bairros mais ricos. Quando o preço da gasolina aumenta, fica mais caro encher o tanque do automóvel com etanol. Existem ainda as crises econômicas que permanecem na memória das pessoas, como a Grande Depressão de 1930 ou a crise bancária norte-americana de 2008. Todas essas questões e eventos fazem parte do universo da Economia. Ou seja, a Ciência Econômica possui amplo conjunto de possibilidades teóricas e aplicações práticas, mesmo para as pessoas comuns.

Este capítulo dá início ao estudo dos princípios da Economia. Seu título é o mesmo do livro. O objetivo aqui consiste em preparar o aluno para o estudo dos principais modelos econômicos que se encontram nos dois ramos da Economia: a microeconomia e a macroeconomia. Também serão considerados alguns dos principais dilemas encontrados nessa área do conhecimento humano. Na medida do possível, serão apresentados os principais pensadores responsáveis pelo desenvolvimento das teorias que deram origem aos vários modelos que serão estudados nos demais capítulos do livro. Vários estudos de caso serão considerados como motivação e aplicação dos conceitos. No final do capítulo, o aluno poderá ter a clara ideia acerca das atividades exercidas pelo economista no mundo contemporâneo.

1.2 O que é Economia

Boxe 1.1 O preço do diamante e o copo d'água no deserto

Todos sabem que o diamante é uma das pedras mais preciosas do planeta. Sua posse, além de representar *status*, constitui-se uma das formas de se guardar riqueza. O alto preço da pedra, entretanto, não significa que ela possui utilidade. Considere, por exemplo, a situação em que o indivíduo se encontra no deserto, carregando um grande diamante, porém sem água para beber. Quanto esse indivíduo estaria disposto a pagar pelo copo d'água? Dado que sua sobrevivência depende do precioso líquido, ele daria o diamante pela água. Esse exemplo foi considerado por Adam Smith em seu livro *A riqueza da nações*: "Nada é mais útil que a água e, no entanto, dificilmente se comprará alguma coisa com ela, ou seja, dificilmente se conseguirá trocar água por alguma outra coisa. Ao contrário, o diamante dificilmente possui algum valor de uso, mas por ele se pode, muitas vezes, trocar uma quantidade muito grande de outros bens".[1] Nesta comparação, sobressai o conceito de escassez, fundamental na definição de Economia. No deserto, a água pode valer mais do que o diamante.

Ao longo da história do pensamento econômico, o valor, a utilidade e o preço dos bens foram objetos de estudo pelos economistas. O exemplo do diamante e da água constitui-se em uma dentre as várias narrativas intrigantes que podem ser encontradas no estudo da Ciência Econômica. Desde a publicação de *A riqueza das nações*, os economistas têm se esforçado a entender a formação dos preços e o funcionamento dos mercados, considerado como a instituição mais eficiente na organização dos sistemas produtivos contemporâneos.

A Economia é uma Ciência que agrega grande amplitude de possibilidades teóricas e práticas, o que torna difícil defini-la em poucas palavras. Ela pode ser considerada, por exemplo, como a área do conhecimento humano que estuda o funcionamento dos mercados. Mas essa definição é incompleta, pois existem inúmeros outros fenômenos relevantes sob o ponto de vista econômico. Por exemplo, é possível definir a Economia como sendo a ciência que estuda dois grandes problemas sociais: o desemprego da mão de obra e o fenômeno da inflação. Em uma perspectiva mais ampla, é possível considerar o estudo dos fatores que explicam o crescimento econômico ou dos princípios que regem o comércio internacional. Pode também ter objetivos específicos, como o estudo da taxa de juros ou da taxa de câmbio. Ou seja, a grande variedade de conceitos e fenômenos sugere que uma definição única não é tarefa fácil. Ainda assim é possível considerar algumas possibilidades.

> A Economia é uma Ciência que agrega grande amplitude de possibilidades teóricas e práticas.

A palavra Economia é de origem grega: *oikonomike*, que representa a combinação de *oikos*, que significa casa ou lar, incluindo seus habitantes, e administração, presente na raiz semântica *nem*. Logo, a composição tem como significado a

---

[1] SMITH, Adam. *A riqueza das nações*: investigação sobre a sua natureza e suas causas. São Paulo: Abril Cultural, 1983, p. 61.

"administração do lar".[2] Essa definição contempla algumas possibilidades. Considerando o lar como a organização social que busca a satisfação das necessidades básicas da família, como a proteção e alimentação, dentre outras, pode-se então entender a Economia como sendo a Ciência que estuda as formas de organização produtiva em um mundo de escassez, com o objetivo de satisfazer as necessidades da sociedade da melhor maneira possível. Essa definição engloba tanto o estudo dos mercados quanto o nível de atividade macroeconômica. De uma forma geral, a Economia trata das questões de como produzir, o que produzir e para quem produzir.

> A Economia trata das questões de como produzir, o que produzir e para quem produzir.

É importante considerar o significado da escassez para a Economia. Ela se refere às limitações que as sociedades se deparam com a utilização dos fatores de produção, como terra, capital e mão de obra, e dos recursos produtivos, como matérias-primas, água e energia, dentre outros. Mesmo que se considere a abundância que o planeta oferece, não é possível conseguir todas as coisas necessárias à sobrevivência sem custos ou danos ao meio ambiente. Ou seja, a Economia é uma Ciência que surge com a existência da **escassez**.

Existe outra questão que deve ser considerada na definição de Economia: a contradição ou incompatibilidade entre os interesses individuais. O economista e filósofo inglês Adam Smith (1723-1790), no final do século XVIII, chamou a atenção para um mistério: como os agentes econômicos, motivados pelos seus interesses, em grande parte caracterizados por certa dose de egoísmo, não produzem o caos? Smith utilizou-se da famosa expressão **"a mão invisível"** para explicar esse mistério. A organização seria alcançada pelo mercado, no qual as forças da oferta e da demanda trariam o equilíbrio que compatibilizaria os interesses antagônicos. A busca do maior lucro, pelos produtores, e da satisfação das necessidades ao menor preço possível, pelos consumidores, não traria o caos, mas uma interessante situação de equilíbrio. Conforme afirmou Smith, não seria a benevolência dos produtores rurais que traria comida às mesas das famílias, mas a busca pelo lucro proveniente da venda dos alimentos.

> A Economia é uma Ciência que surge com a existência da *escassez*.

---

[2] Essas informações foram extraídas da introdução do livro *Os Económicos*, de Aristóteles, escrito por Delfim Ferreira Leão, professor e pesquisador do Centro de Estudos Clássicos e Humanísticos da Universidade de Coimbra.

Os economistas clássicos, dentre eles David Ricardo (1772-1823), Jean Baptiste Say (1768-1832) e John Stuart Mil (1806-1873), ao buscarem entender os mecanismos de mercado, desenvolveram importantes conceitos em torno do valor e preço das mercadorias, do comércio internacional, da distribuição da renda e do crescimento econômico. Posteriormente, surgiram os denominados "economistas neoclássicos", que promoveram um verdadeiro salto analítico. Alfred Marshall (1842-1924), por exemplo, sistematizou a ideia de equilíbrio de mercado e conceitos como o de elasticidade, rendimentos de escala e custos de produção, dentre outros. Depois vieram os economistas matemáticos, que construíram as ferramentas que permitiram, e ainda permitem, entender os modelos econômicos e realizar previsões com base nos dados da realidade. A partir de então, a Ciência Econômica caminhou para uma maior formalidade conceitual e abriu inúmeras possibilidades de análise que resultaram em diversas abordagens de estudo. Hoje, a Economia se divide em duas grandes áreas: a microeconomia, que estuda os comportamentos individuais no ambiente do mercado, e a macroeconomia, que estuda a produção agregada e seus impactos sobre o desempenho econômico de um país. Nessa área, destacam-se o economista inglês John Maynard Keynes (1883-1946), considerado o pai da macroeconomia, e o economista e estatístico norte-americano Milton Friedman (1912-2006), o fundador do monetarismo. Várias das contribuições desses dois grandes economistas serão consideradas neste livro.

Existem ainda outras áreas dentro da Ciência Econômica, como a Economia Internacional, que estuda os princípios em torno do livre comércio e do movimento dos fatores de produção entre os países; a História Econômica, que busca a compreensão da evolução econômica das sociedades ao longo do tempo; e a Econometria, que consiste na análise dos fenômenos econômicos a partir do uso da Estatística, servindo como poderoso instrumento para a realização de previsões. As divisões não se esgotam aqui. Podem-se considerar ainda a Economia Monetária, a Economia do Setor Público, a Economia do Trabalho, do Meio Ambiente etc. Muitas vezes essas áreas se misturam na interpretação de determinados fenômenos econômicos. Ou seja, a Ciência Econômica é ampla e atua sobre extenso leque de possibilidades. O mais importante é considerar que o principal objetivo da Economia consiste em buscar o bem-estar da sociedade sob o ponto de vista material: a produção, o consumo, o emprego e o crescimento econômico. Mas existem inúmeros dilemas para se alcançarem esses objetivos.

> O principal objetivo da Economia consiste em buscar o bem-estar da sociedade sob o ponto de vista material: a produção, o consumo, o emprego e o crescimento econômico.

1.3 Alguns dilemas da Economia: a curva de possibilidade de produção e a lei dos rendimentos decrescentes

Boxe 1.2 Não existe almoço grátis

A expressão "não existe almoço grátis" (do inglês *there is no free lunch*) é uma das mais conhecidas entre os estudantes de Economia. Ela foi popularizada pelo economista estadunidense Milton Friedmam, com a publicação do seu livro *There´s no Such Thing as a Free Lunch*, no ano de 1975. A expressão "não existe almoço grátis" pode ser interpretada de várias formas. Ela não significa necessariamente que todo cidadão deve pagar para ter uma refeição. Na verdade, a expressão pode ser entendida como os custos decorrentes de qualquer ação tomada na Economia (na verdade, ela existe em qualquer ação humana). Por exemplo, quando a autoridade econômica implementa políticas de controle da inflação, a Economia sofre, como "efeito colateral", o aumento do desemprego da mão de obra. Quando o Governo eleva os seus gastos para minimizar determinados problemas sociais, a dívida pública se eleva. Se não há o devido cuidado com essa dívida, o Governo pode se ver na situação de inadimplência, o que pode trazer graves consequências para a Economia. Quando o país se abre ao comércio internacional, alguns ganham, mas outros perdem; e, em geral, os que perdem costumam se destacar. O grande desafio do economista consiste em entender esses custos, tornando-os os menores possíveis; e nem sempre isso é fácil. Talvez por isso os economistas sejam tão criticados. Mas eles existem e são fundamentais para se alcançar o bem-estar da sociedade. Lembre-se de que os médicos também se deparam com inúmeros dilemas. Qualquer tratamento médico tem efeitos colaterais. Mas eles salvam vidas.

Ao trabalhar com o conceito de escassez, a Economia se defronta com alguns dilemas. Infelizmente, não é possível produzir tudo ao mesmo tempo. É necessário considerar que as prioridades econômicas giram em torno do que é viável, e devem ser implementadas da melhor maneira possível (ou com o menor custo possível).

De forma geral, o problema em torno das escolhas da produção pode ser entendido a partir da denominada **"curva de possibilidade de produção"**. Suponha que o país se depare com a necessidade de produzir dois bens: alimentos e biocombustíveis. As opções de produção para cada um desses bens podem ser representadas pelo Gráfico 1.1:

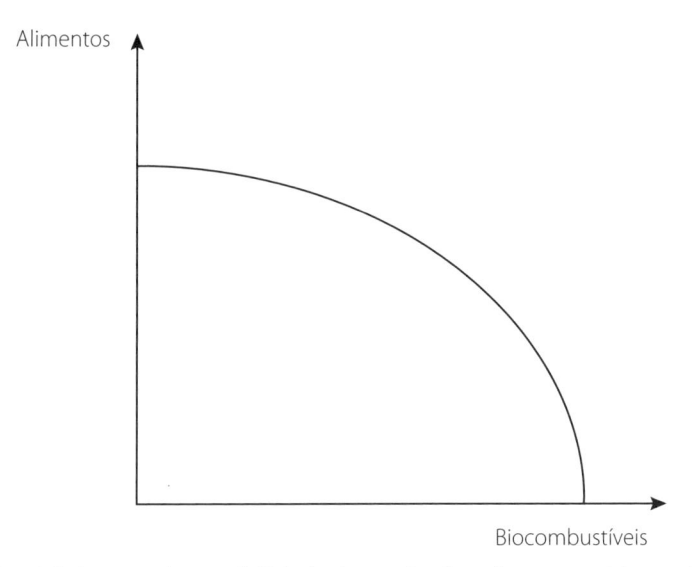

Gráfico 1.1 A curva de possibilidade de produção: alimentos x biocombustíveis.

A partir dessa curva, pode-se perceber a existência do dilema relacionado com a escolha dos níveis de produção dos dois bens. Se o país desejar produzir mais alimentos, deverá reduzir a produção de biocombustíveis. No limite, a produção máxima de alimentos resultará na ausência de biocombustíveis. Essa característica reflete o que se denomina em Economia de "**custo de oportunidade**", que será fundamental no estudo da microeconomia. Esse custo representa aquilo que se abre mão quando se produz algo. No exemplo aqui considerado, representa a redução da produção de biocombustíveis decorrente do aumento na produção de alimentos. Isso porque os fatores de produção terra, capital e mão de obra são escassos. Nesse exemplo, evidentemente, se destaca o fator "terra".

> A curva de possibilidade de produção mostra o problema em torno das escolhas da produção.

O conceito de custo de oportunidade é fundamental para o entendimento dos mercados e será considerado mais de uma vez neste livro.

Outra questão que decorre da análise da curva de possibilidade de produção diz respeito à eficiência. A combinação eficiente da produção dos dois bens ocorre em todos os pontos ao longo da curva, ou seja, no limite da curva de possibilidade de produção. Este é o caso do ponto B representado no Gráfico 1.2:

> Custo de oportunidade: aquilo que se abre mão quando se escolhe produzir algo.

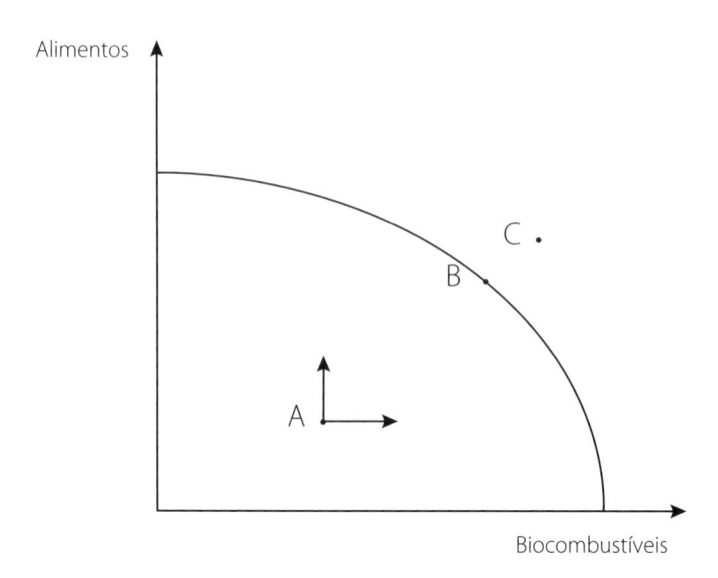

Gráfico 1.2 A curva de possibilidade de produção: eficiência, ineficiência e impossibilidade.

A eficiência da produção pode ser entendida a partir da comparação entre o ponto A, que se situa abaixo da curva, e o ponto B, sobre a curva. O ponto A é ineficiente, pois é possível aumentar a produção de ambos os bens, como indicado pelas setas. Por outro lado, pode-se considerar o ponto C, cuja combinação da produção é impossível, pois se encontra além das possibilidades de produção (acima da curva).

Pode-se notar que o formato da curva de possibilidade de produção é representado por uma linha com a concavidade voltada "para baixo". Esse formato reflete outro dilema: cada vez que se aumenta a produção de alimentos, as reduções na produção de biocombustíveis deverão ser cada vez maiores. Essa característica decorre da denominada "**lei dos rendimentos decrescentes**". Para o entendimento dessa lei, suponha que a produção de determinado bem, milho, por exemplo, seja função da quantidade de mão de obra (trabalhadores rurais), do capital físico (máquinas e implementos agrícolas) e da tecnologia de produção (técnicas de plantio e cuidados com a lavoura até a colheita). Pode-se então considerar a seguinte função:

$$Y = f(L, K, T, t) \qquad (1.1)$$

Onde Y representa a produção, L a quantidade de mão de obra, K o estoque de capital, T a terra e t um componente que representa as inovações tecnológicas.

Na função de produção dada pela Equação 1.1, as variáveis L, K, T e t guardam relação direta com Y, isto é, se L aumenta, Y aumenta, e assim por diante. Em alguns casos, particularmente quando a análise é de curto prazo, essa função considera apenas uma variável ou fator de produção como argumento, mantendo os outros fatores constantes. Nesse sentido, é possível considerar a produção como sendo função apenas da quantidade de mão de obra, como na função dada pela Equação 1.2, a seguir:

$$Y = f(L) \tag{1.2}$$

Essa nova função mantém a relação direta entre L e Y. Porém, há uma implicação adicional nessa relação: à medida que L aumenta, Y também aumenta, porém a taxas decrescentes. Essa característica, explicada pelo fato de se considerarem os outros fatores de produção fixos, reflete a lei dos rendimentos decrescentes e pode ser representada pelo Gráfico 1.3:

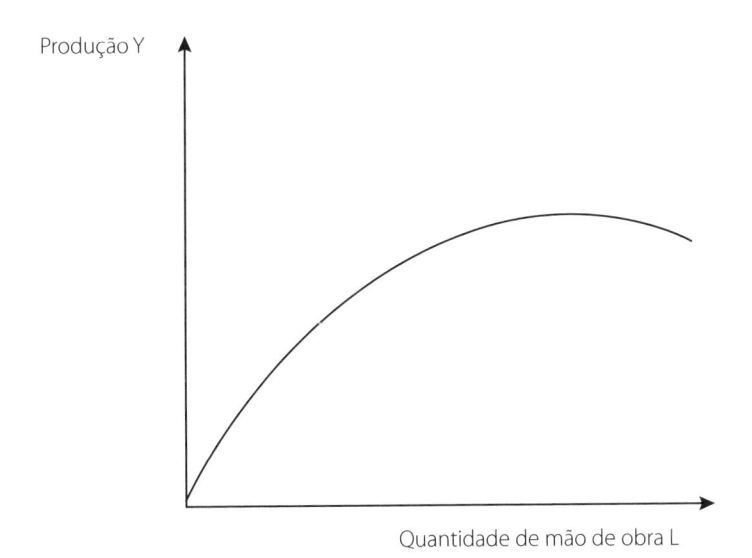

Gráfico 1.3 A lei dos rendimentos decrescentes.

Para melhor traduzir o formato da curva do Gráfico 1.3, considere como exemplo a produção de milho, em uma pequena propriedade rural. Nela, 10 trabalhadores produzem mais do que 8 trabalhadores. Porém, dada a limitação da área cultivada, à medida que se aumenta o número de trabalhadores, a produção crescerá a taxas cada vez menores. Esse fenômeno é explicado pelo fato de a extensão da terra e do número de máquinas e implementos agrícolas necessários à produção do milho serem fixos. A Tabela 1.1 apresenta um exemplo numérico que reflete esse fenômeno:

Tabela 1.1 A Produção de milho em uma pequena propriedade rural: um exemplo numérico hipotético

Número de trabalhadores	Produção total (Kg milho)	Variação da produção
8	20	-
9	25	5
10	28	3
11	30	2
12	31	1

Pela tabela, à medida que se acrescenta um trabalhador no cultivo do milho, a produção cresce. Porém, à medida que se eleva o número de trabalhadores, a variação da produção é cada vez menor.

Lei dos rendimentos decrescentes: a produção cresce menos do que proporcionalmente ao incremento do fator trabalho, desde que mantidos os demais fatores constantes.

A lei dos rendimentos decrescentes pode ser considerada também para o capital, substituindo L por K na Equação 1.2. Nesse caso, com K no eixo horizontal, o formato da curva do gráfico será o mesmo.

A limitação imposta pela lei dos rendimentos decrescentes somente é válida quando se considera apenas um fator na função de produção. Na Equação 1.1, a função incorpora todos os fatores, o que torna a lei sem sentido, já que todos eles podem variar. No exemplo da produção de milho, se fosse possível aumentar a área cultivada e o número de implementos agrícolas junto com a mão de obra, então a produção poderia variar de forma proporcional ou mesmo mais do que proporcionalmente à variação desses fatores produção.[3]

No Gráfico 1.2, afirmou-se que a combinação da produção de alimentos e biocombustíveis dada pelo ponto C não era possível. Porém, essa afirmação só é válida no curto prazo. Ao longo do tempo, existe a possibilidade de a curva se deslocar para cima a partir da incorporação de novas terras no processo de produção

---

[3] Quando a produção varia de forma proporcional à variação dos fatores de produção, diz-se que a produção ocorre com rendimentos constantes de escala. Se a variação for mais do que proporcional, verificam-se, então, rendimentos crescentes de escala.

agrícola. Esse foi o caso do Brasil dos anos 1970 e 1980, que expandiu a atividade agrícola para a denominada fronteira agrícola do Cerrado nos Estados do Centro-Oeste. Hoje, o país é um dos maiores produtores de alimentos e biocombustíveis do mundo, e pouco se preocupa com o dilema presente na escolha dos níveis de produção de cada um dos bens. Infelizmente, outros países não têm essa opção. Esse foi o caso da Inglaterra no século XIX, em plena revolução industrial. A industrialização e o intenso processo de urbanização resultaram em grandes pressões sobre a oferta de alimentos. Esse contexto histórico foi uma das motivações para o pessimismo de Tomas Malthus (1776-1834), ao afirmar que a produção de alimentos cresceria a uma taxa inferior ao crescimento populacional. O fato é que existem limitações na quantidade de terra em inúmeros países. Além disso, para se elevar o estoque de capital, são necessários recursos financeiros, nem sempre disponíveis nos países, particularmente nos mais pobres. Por fim, as inovações tecnológicas não são fáceis de se alcançar, pois requerem investimentos em pesquisa e educação.

> Se todos os fatores de produção podem ser alterados, então a lei dos rendimentos decrescentes perde o sentido.

Existe outra forma de resolver o problema dos rendimentos decrescentes. A solução passa pelo comércio internacional: o país pode importar alimentos de outros países. Ou seja, o comércio internacional permite ao país atingir pontos no consumo que estão além das possibilidades de produção, como o ponto C do Gráfico 1.2. No Capítulo 13, será discutida essa possibilidade no contexto do crescimento econômico.

> O comércio internacional permite que a Economia alcance pontos acima da curva de possibilidade de produção.

A curva de possibilidade de produção e a lei dos rendimentos decrescentes servem para mostrar alguns dos principais dilemas presentes na análise econômica. Infelizmente, eles não são de simples solução. A situação se complica nos casos em que as demandas sociais são grandes, particularmente quando se consideram as economias menos desenvolvidas. Por esses e outros motivos, alguns indivíduos costumam criticar severamente os economistas. Mas os trabalhos deles são fundamentais para se alcançar métodos de produção mais eficientes.

Boxe 1.3 A Economia no universo de *Star Trek*

Os fãs de Jornada nas Estrelas (*Star Trek*), particularmente aqueles que gostam de Economia, deparam-se com uma intrigante situação que pode ser verificada nos episódios da série. Na federação dos planetas, da qual faz parte a Terra, não existe a preocupação com questões econômicas relacionadas com a escassez. Também não se verifica, entre os planetas, o comércio de bens ou a utilização da moeda. O que explica essas ausências são os sintetizadores, que são computadores criados naquele futuro e que transformam energia em qualquer matéria. É comum, em vários episódios, o Capitão James T. Kirk, da nave interestelar *Enterprise*, colocar-se diante do sintetizador do seu aposento e dar a ordem "computador, um café por favor". Imediatamente, o aparelho materializa o copo com a bebida. A cena revela algo mais do que o entretenimento. O aparelho, pelo fato de poder transformar energia em matéria, de certa forma resolve o problema da escassez para aquela sociedade do futuro; e, sem a escassez, a Economia, tal como conhecemos hoje, perde o sentido. Nas histórias, não existe mais a preocupação com a organização produtiva que decorre dos dilemas discutidos na Seção 1.3 deste capítulo. Qualquer energia, que é abundante no universo, pode ser utilizada, por meio dos sintetizadores, para prover os bens necessários à satisfação das necessidades das pessoas. A solução dos problemas econômicos, naquele mundo imaginário, levou a humanidade a se lançar no desafio "para exploração de novos mundos, para pesquisar novas vidas, novas civilizações, audaciosamente indo onde nenhum homem jamais esteve!". Infelizmente, trata-se de uma história de ficção científica cuja realidade é impossível no mundo atual. A escassez existe e com ela torna-se necessária a análise econômica para a solução dos problemas que afligem a humanidade. De qualquer forma, as inovações tecnológicas são fundamentais para a solução dos problemas econômicos.

1.4   Os dilemas presentes na política econômica

Os problemas ou dilemas também estão presentes nas formas de atuação do Governo na Economia. Esse é o caso das políticas de combate à inflação. Dentre elas, destaca-se a política monetária, que faz parte da análise macroeconômica. A teoria e a prática dizem que, se o Banco Central reduzir a quantidade de moeda em circulação na Economia, a inflação também será reduzida. Entretanto, essa política produz o efeito colateral do desemprego da mão de obra. Às vezes, e infelizmente, o benefício que se obtém pela redução da inflação é ofuscado pelo aumento do desemprego na Economia. Espera-se, entretanto, que, com o fim da inflação, a Economia possa crescer de forma mais consistente, elevando assim o número de postos de trabalho. A relação entre a política monetária e a inflação será considerada nos Capítulos 11 e 12 deste livro.

Outro exemplo refere-se à política fiscal. Segundo os economistas denominados keynesianos, o aumento dos gastos públicos ou a redução de impostos terá como resultado a redução do desemprego da mão de obra, como benefícios sociais evidentes. Esse resultado será apresentado no Capítulo 9. Porém, o aumento dos gastos públicos resulta na elevação da dívida pública, que, em determinadas circunstâncias, pode levar o Governo a decretar insolvência. Nessa situação, e a história apresenta inúmeros exemplos, a Economia poderá experimentar crises com proporções imprevisíveis. É como o tratamento de uma grave doença. Alguns medicamentos curam, mas provocam efeitos colaterais indesejáveis. O grande desafio do médico é administrar esses efeitos colaterais no processo de cura do paciente. O mesmo ocorre para o economista.

> Existem dilemas quando se exercem políticas de intervenção na Economia.

O problema ganha dimensão mais complexa quando as decisões demandam leis ou normas que dependem da aprovação dos políticos; e estes tendem a se comportar de acordo com as demandas dos seus eleitores, que, muitas vezes, contradizem os princípios da Economia. Como então proceder? Independentemente da resposta, não é fácil ser economista. Mas também não é fácil ser médico. É necessário, acima de tudo, conhecer as leis que regem a Economia e os seus dilemas.

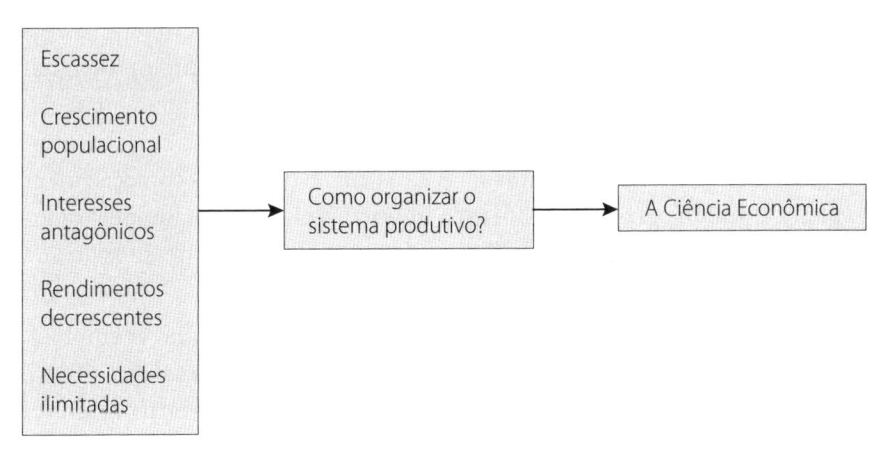

Figura 1.1 Os dilemas da economia.

Esses e outros exemplos talvez expliquem por que algumas pessoas se irritam com os economistas e suas decisões. Mas, como já se afirmou aqui, eles são importantes. Conforme destacou Keynes, em sua obra clássica *A teoria geral do emprego, do juro e da moeda*: "as ideias dos economistas e dos filósofos políticos, estejam elas certas ou erradas, têm mais importância do que geralmente se percebe. De fato, o mundo é governado por pouco mais do que isso. Os homens objetivos que se julgam livres de qualquer influência intelectual são, em geral, escravos de algum economista defunto".[4] A Economia explica muita coisa e pode salvar vidas; e na maioria das vezes salva.

---

[4] KEYNES, John Maynard. *A teoria geral do emprego, do juro e da moeda* (coleção os Economistas). São Paulo: Abril Cultural, 1983, p. 259.

1.5 Algumas questões metodológicas presentes na Economia

A análise econômica contempla vasto conjunto de métodos. Nos livros-textos de Economia, predomina a análise gráfica no estudo dos principais modelos, o que coloca a matemática como um dos principais métodos de análise. A análise gráfica ou, de forma geral, a matemática, demanda algumas hipóteses que, muitas vezes, são entendidas como simplificações equivocadas da realidade. Essas simplificações se manifestam pela hipótese conhecida como "***ceteris paribus***", expressão latina que significa "tudo mais constante". Muitos cientistas sociais criticam a utilização dessa hipótese por entender que ela afasta a Economia da realidade. Tais críticas, entretanto, são na maioria das vezes injustas. De forma geral, as ciências exatas, biológicas ou humanas, em seus experimentos, demandam algum grau de abstração. Na Física ou na Química, por exemplo, trabalha-se com "as condições ideais de temperatura e pressão", que simplesmente não existem. O desenvolvimento de medicamentos e vacinas são produzidos em laboratórios, que são ambientes distantes da realidade. A construção de pontes começa em uma folha de papel, que não permite considerar a imprevisibilidade dos inúmeros fenômenos naturais, como determinados deslocamentos do solo ou movimentos do ar. Ou seja, a abstração não é uma característica exclusiva da Economia.

> A hipótese *ceteris paribus* é uma simplificação necessária na análise econômica. Em última análise, permite que os modelos se aproximem da realidade.

Para mostrar as vantagens da abstração, considere como exemplo a análise acerca do funcionamento dos mercados, onde supõe-se que tanto a oferta quanto a demanda dependem do preço do bem comercializado. A partir dessas relações, encontra-se o denominado "equilíbrio de mercado". Esse procedimento, entretanto, só é possível com a hipótese *ceteris paribus*. Com ela, tanto a demanda quanto a oferta dependem apenas do preço, sendo mantidas todas as outras variáveis constantes. Mas, uma vez determinado o equilíbrio, é possível relaxar a hipótese simplificadora e considerar os outros determinantes da oferta e da demanda na análise. Nesse caso, a atenção se volta para as alterações do equilíbrio, o que aproxima o modelo da realidade. Por exemplo, pode-se verificar o que acontece com esse equilíbrio quando se altera a renda do consumidor, o preço dos outros bens ou o custo de produção das firmas. Ou seja, a hipótese "tudo mais constante" é apenas parte de um estudo com pretensões mais amplas. Considerar tudo ao mesmo tempo pode levar a conclusões erradas acerca de determinado fenômeno. O problema é que a Economia trata de questões

> O objetivo da Econometria consiste em realizar previsões com base nos dados disponíveis.

relacionadas com o bem-estar da sociedade, o que explica determinadas críticas ao *ceteris paribus*. Mas, conforme já afirmado, a necessidade de simplificações e abstrações também está presente em outros ramos do conhecimento humano.

Existe ainda a possibilidade de se realizarem previsões econômicas, o que é particularmente importante para as empresas em suas estratégias de mercado. Para tanto, existe a Econometria, que se constitui na combinação da Estatística, da Matemática e da Teoria Econômica. Essa possibilidade, entretanto, depende da existência de dados numéricos, o que nem sempre é possível de se obter. Nessa ausência, pode-se utilizar o método histórico. Nesse caso, o economista tem à sua disposição a História Econômica, que permite, a partir das experiências do passado, entender melhor o presente e evitar os erros no futuro.

> Na ausência de dados, a História Econômica pode ser útil nas previsões.

Deve-se considerar que a Economia não é uma ciência exata. O uso da matemática é apenas um método útil para o estudo de determinados fenômenos econômicos. O economista deve estar ciente de que a análise é feita em um mundo moldado por relações sociais e políticas. Nesse sentido, o bom economista é aquele que está atento para os vários ramos da Ciência, ainda que ele se especialize em um ou outro método de análise.

1.6   A divisão entre microeconomia e macroeconomia

Conforme já indicado neste capítulo, existem duas grandes áreas na Economia: a microeconomia e a macroeconomia. Este livro contempla essas duas áreas. Mas antes de o aluno iniciar os estudos delas, algumas considerações se fazem necessárias.

A microeconomia estuda o funcionamento dos mercados a partir dos comportamentos individuais. Como indivíduos, consideram-se os consumidores e os produtores ou ofertantes de bens e serviços. Essa área contempla o equilíbrio de mercado, além dos fatores que exercem influência sobre esse equilíbrio. Supõe que os agentes são racionais em suas decisões na medida em que se comportam de acordo com as informações disponíveis, tomando as melhores decisões possíveis. Os agentes também respondem a incentivos. A microeconomia também trata das diferentes estruturas de mercado, como a concorrência perfeita, o monopólio e o oligopólio. Considera ainda as denominadas imperfeições de mercado e as formas de superá-las. Como método de estudo, em nível introdutório, serve-se da análise gráfica e de algumas fórmulas matemáticas. Deve-se destacar que a análise microeconômica tem uma proximidade muita estreita com o Direito, tendo em vista as questões relacionadas com a regulação dos mercados.

Já a macroeconomia trabalha com os comportamentos sociais. Sua preocupação está em entender os fatores que exercem influência sobre o nível de atividade macroeconômica, onde o Produto Interno Bruto (PIB) e o desemprego da mão de obra ocupam lugar de destaque. Também analisa as causas da inflação, que representa uma média dos preços dos inúmeros bens e serviços produzidos na Economia. Na macroeconomia, a política econômica ganha posição de destaque. Elas são, em geral, divididas em duas grandes categorias: a política fiscal e a política monetária. Seus objetivos consistem em reduzir o desemprego com a menor taxa de inflação possível, o que nem sempre é possível, pelo menos no curto prazo, como sugerido na seção precedente.

> A microeconomia estuda o funcionamento dos mercados a partir dos comportamentos individuais.

Na análise macroeconômica, um problema particular se destaca. Essa área considera as variações de determinados parâmetros, como o PIB e a inflação, que representam agregações. Na microeconomia, variáveis como preço e elasticidade podem ser estimadas com algum grau de precisão. Mas nem sempre essa precisão pode ser encontrada na macroeconomia, que considera comportamentos sociais, muito mais difíceis de se preverem. Considere, por exemplo, o atentado às torres gêmeas ocorrido no ano de 2001, nos Estados Unidos. Independentemente desse atentado, um pai ou mãe de família no Brasil manteve o hábito de acordar todos os dias pela manhã com a intenção de comprar pães para os seus filhos. Ou seja, o atentado pouco ou nada influenciou no comportamento individual das pessoas. Entretanto, existe a percepção de que as decisões de investimento produtivo no Brasil foram afetadas pelas expectativas negativas em relação ao crescimento da Economia mundial decorrentes do trágico evento. Muitos economistas defendem a hipótese de que é muito mais difícil realizar previsões sobre parâmetros como o PIB, a inflação ou a taxa de câmbio, do que de variáveis microeconômicas, como o preço ou a demanda por um determinado produto. Uma firma produtora de automóveis, por exemplo, que se constitui em um agente individual, consegue, com o trabalho dos seus economistas especializados em econometria, realizar previsões de venda com algum grau de precisão. Mas um economista que se preocupa com a taxa de câmbio não consegue

> A macroeconomia estuda, a partir dos comportamentos sociais, os fatores que exercem influência sobre o nível de atividade macroeconômica.

realizar previsões precisas acerca do comportamento dessa variável, que sofre influência de inúmeras outras ou mesmo das condições presentes na Economia internacional. Mas a macroeconomia explica muita coisa. São décadas de estudos e evidências empíricas. Os problemas em torno das previsões na macroeconomia serão considerados no Capítulo 11.

Por fim, deve-se destacar que a microeconomia e a macroeconomia não são conjuntos "mutuamente excludentes". Muitas vezes, a análise de determinado fenômeno macroeconômico demanda conceitos que estão presentes na microeconomia. O caso do mercado cambial é emblemático. Se a taxa de câmbio é considerada como variável macroeconômica, o mercado cambial contempla conceitos retirados da microeconomia. Esse exemplo mostra que as duas áreas são importantes. Mesmo que o economista se especialize na análise macroeconômica, ele não deve esquecer dos conceitos presentes na análise dos mercados sob o ponto de vista microeconômico.

> A microeconomia trabalha com os comportamentos individuais ao passo que a macroeconomia considera os comportamentos sociais.

Boxe 1.4 A carreira do economista no Banco Central do Brasil

O economista conta com amplo leque de atividades no mercado de trabalho. Uma interessante possibilidade encontra-se no cargo de Analista do Banco Central. Segundo a Lei 9.650, de 1998, as atribuições do cargo incluem: "formulação, execução, acompanhamento e controle de planos, programas e projetos relativos a: a) gestão das reservas internacionais; b) políticas monetária, cambial e creditícia; c) emissão de moeda e papel-moeda; d) gestão de instituições financeiras sob regimes especiais; e e) desenvolvimento organizacional". Considera ainda a "elaboração de estudos e pesquisas relacionados a: a) políticas econômicas; b) acompanhamento do balanço de pagamentos; e c) desempenho das instituições financeiras autorizadas a funcionar no País". Essas atribuições servem para exemplificar a atuação do economista em uma das principais instituições econômicas do país, responsável pela política monetária, além do acompanhamento do desempenho do setor financeiro nacional e das relações econômicas que o país estabelece com o resto do mundo. O cargo também apresenta excelente atrativo. Segundo as informações disponíveis no *site* do Banco Central, a remuneração para o cargo de Analista pode ultrapassar os R$ 20 mil.[5] Este livro contempla os principais pontos do programa do concurso, e seus exercícios foram baseados nas provas já aplicadas.

---

[5] As informações sobre a remuneração do cargo de Analista do Banco Central podem ser encontradas no endereço: https://www.bcb.gov.br/acessoinformacao/carreira.

1.7 Considerações finais: o que esperar deste livro

Este capítulo teve como objetivo realizar a apresentação geral do que se entende por Economia. Muitos pontos foram apresentados de forma genérica e, provavelmente, devem ter levado o leitor a formular inúmeras dúvidas. Essas dúvidas são importantes, pois servem como motivação para estudos mais complexos. Conforme expresso na introdução do capítulo, todos as questões e conceitos apresentados aqui serão tratados com mais profundidade ao longo dos demais capítulos.

A primeira parte do livro, que vai do Capítulo 2 ao 7, trata da análise microeconômica. Os Capítulos 2 e 3 contemplam os conceitos necessários para a compreensão do funcionamento dos mercados, ou do significado da expressão "mão invisível" considerada por Adam Smith. Os Capítulos 4 a 6 versam sobre as estruturas de mercado, dando destaque à concorrência perfeita, ao monopólio e ao oligopólio. Também contemplam algumas discussões sobre a regulação dos mercados, assunto de grande interesse para aqueles que trabalham com o Direito da Concorrência. O Capítulo 7 contém alguns dos desenvolvimentos mais recentes na área da microeconomia, como os problemas de informação nas relações econômicas, as externalidades presentes em determinados processos produtivos e o conceito de bens públicos.

A segunda parte, que vai dos Capítulos 8 ao 13, trata da análise macroeconômica. O Capítulo 8 apresenta as variáveis macroeconômicas como o PIB, o desemprego e a inflação, além de outros conceitos que farão parte dos modelos macroeconômicos. O Capítulo 9 apresenta o modelo keynesiano simplificado, que contém os princípios básicos da análise keynesiana. O Capítulo 10 apresenta a extensão desse modelo, onde são consideradas as principais características do mercado monetário e sua interação com o mercado de bens. Note-se aqui a utilização do conceito microeconômico de mercado dentro da análise macroeconômica. O Capítulo 10 contempla ainda o conhecido modelo IS/LM, um dos mais utilizados na análise macroeconômica. O Capítulo 11 apresenta um modelo macroeconômico mais geral, que considera a interação entre a oferta e a demanda agregada. Esse capítulo permitirá melhores qualificações acerca de alguns dos dilemas presentes na Economia, particularmente em relação à dicotomia entre a inflação e o desemprego da mão de obra. O Capítulo 12 contempla o estudo da inflação, suas causas, seus custos e as formas de combatê-la. No último capítulo, serão discutidos alguns fatores que explicam o crescimento de longo prazo.

EXERCÍCIOS

1. Qual o papel da escassez na Ciência Econômica?

2. Qual a relação entre a "mão invisível" de Adam Smith e o mercado?

3. Por que o diamante pouco vale para uma pessoa perdida em um deserto sem água?

4. Qual a diferença entre a microeconomia e a macroeconomia?

5. Quais as conclusões que podem ser tiradas da curva de possibilidade de produção?

6. Como a sociedade pode alcançar um consumo que se encontra além da curva de possibilidade de produção?

7. Qual o significado da "lei dos rendimentos decrescentes"?

8. Como superar a "lei dos rendimentos decrescentes"?

9. Qual o significado da expressão *ceteris paribus* na análise econômica?

10. Como a História pode servir de método na Economia?

Referências

ARISTÓTELES. *Os Económicos (introdução, notas e tradução do original grego e latino de Delfim Ferreira Leão)*. Lisboa: Centro de Filosofia da Universidade de Lisboa, Imprensa Nacional-Casa da Moeda, 2004.

GOOLSBEE, Austan; LEVITT, Steven; e SYVERSON, Chad. *Microeconomia*. Rio de Janeiro: Editora Atlas/Gen, 2. ed., 2018.

KEYNES, Jonh Maydard. *A teoria geral do emprego, dos juros e da moeda* (Coleção os Economistas). São Paulo: Abril Cultural, 1983.

MANKIW, N. Gregory. *Introdução à Economia*: princípios de micro e macroeconomia. 2. ed. Rio de Janeiro: Elsevier, 2001.

SMITH, Adam. *A riqueza das nações*: investigação sobre sua natureza e suas causas (Coleção os Economistas). São Paulo: Abril Cultural, 1983.

VASCONCELLOS, Marco Antônio Sandoval de. *Economia*: macro e micro. 6. ed. São Paulo: Atlas, 2015.

VASCONCELLOS, Marco Antônio Sandoval de; GUENA, Roberto; BARBIERI, Fábio. *Manual de microeconomia*. Rio de Janeiro: Editora Atlas/Gen, 3. ed., 2011.

2

As leis do mercado

Assista ao vídeo do autor
sobre o tema deste capítulo

uqr.to/fdi4

OBJETIVOS DO CAPÍTULO:

- Estudar os fundamentos que regem o funcionamento dos mercados.
- Analisar os fatores que determinam o comportamento dos produtores e dos consumidores.
- Apresentar a lei da oferta e da procura.
- Mostrar como se estabelece o equilíbrio de mercado.
- Estudar os fatores que exercem influência sobre os preços nos mercados.
- Apresentar os conceitos de bens normais, superiores e inferiores.
- Discutir as diferenças entre os conceitos de bens substitutos e complementares.

2.1 Introdução

Conforme visto no capítulo anterior, Adam Smith utilizou a expressão "a mão invisível" para sugerir a existência de formas de organização do sistema produtivo conduzido por agentes econômicos que, muitas vezes, possuem interesses conflitantes ou antagônicos. Com suas ideias, expostas na obra clássica *A riqueza das nações*, Smith deu início às investigações que mais tarde iriam se consolidar no que se entende hoje como a microeconomia moderna. No centro dessa importante área, encontra-se o estudo dos fundamentos e leis que regem o funcionamento dos mercados. Este capítulo dá início ao estudo da microeconomia que se estenderá até o Capítulo 7.

A microeconomia estuda o funcionamento dos mercados a partir da interação entre a oferta e a demanda, que são determinadas pelo comportamento dos consumidores e produtores. Buscando atender seus interesses antagônicos, eles se encontram no mercado para a realização das transações de compra e venda de bens e serviços. Desse encontro, resultam o preço e a quantidade do bem que é efetivamente comercializado. O comportamento de cada agente é influenciado por vários fatores. Além do preço do bem, pode-se considerar a renda, o preço dos bens substitutos e complementares no consumo e na produção, as preferências, o custo de produção e as inovações tecnológicas, dentre outros específicos a cada produto comercializado.

Os mercados têm suas leis, que são impessoais. Essas leis não trazem soluções para todos os problemas que afligem as sociedades modernas sob o ponto de vista material. Alguns governos, motivados por sentimentos de justiça e igualdade, exercem determinadas intervenções, como o controle de preços e salários. Na maioria das vezes, os resultados dessas intervenções são piores quando comparados com as liberdades de escolha. O mau funcionamento das leis que regem a oferta e a demanda podem trazer mais prejuízos do que benefícios.

A análise contida neste capítulo contempla a abordagem gráfica, que não demanda grandes conhecimentos de matemática. Alguns detalhes mais técnicos serão apresentados nas notas de rodapé e poderão ser consultados por aqueles que dominam aspectos mais avançados dos métodos quantitativos. Esse estudo preliminar será útil não apenas para aqueles que pretendem se formar em Economia, mas também para os empresários em suas tomadas de decisões, ou mesmo para os juristas que trabalham com questões relacionadas com o Direito da Concorrência.

Antes do início da análise, uma breve observação merece ser considerada. Ao longo deste e dos demais capítulos, será feita referência à oferta de "bens". Mas essa referência também serve para a oferta de "serviços". Também serão utilizados os termos "produtores", "vendedores" e "ofertantes". Os três serão considerados aqui como sinônimos. O mesmo vale para os termos "consumidores" e "demandantes", e para as expressões "demanda" e "procura".

2.2 A racionalidade dos agentes econômicos e o funcionamento dos mercados

Boxe 2.1 O Plano Cruzado, o congelamento de preços e salários e a falta de carne no mercado brasileiro

Em 1986, com o intuito de controlar a inflação, o Governo Brasileiro editou o Plano Cruzado. Este Plano, além de substituir o velho Cruzeiro por uma nova moeda denominada Cruzado, decretou o congelamento dos preços e salários na Economia. Como resultado imediato, a inflação cedeu. Porém, o congelamento teve um efeito colateral: muitos produtos começaram a faltar no mercado. O caso mais emblemático foi o da carne bovina. Os pecuaristas, ao alegarem que os preços congelados não cobriam os custos de produção, passaram a segurar os bois nas fazendas. Com o argumento de que essa prática era desleal, o Governo passou a incentivar a importação de carne. Mas o mais interessante foi a mobilização, na época, da Polícia Federal no confisco dos bois nas fazendas. As medidas não surtiram efeito e isso já era esperado por muitos economistas a partir do argumento de que o congelamento de preços era uma prática totalmente equivocada de intervenção nos mercados. Se o preço é congelado abaixo do seu equilíbrio, como alegou os pecuaristas, o resultado será o excesso de demanda em relação à oferta. E foi o que aconteceu no mercado de carne bovina naquela época. Essa experiência serviu para mostrar que os mecanismos de mercado funcionam e tentar alterá-los de forma artificial pode resultar na falta de produtos para os consumidores. A história está cheia de exemplos de que o congelamento de preços traz malefícios, e, na grande maioria das experiências, os resultados não compensaram os benefícios esperados. Além disso, existem alternativas mais eficientes de se controlar a inflação.

Pode-se definir o mercado como sendo o ambiente onde consumidores e produtores se encontram com objetivo de realizar transações de compra e venda de bens ou serviços de forma a atender os seus interesses da melhor forma possível. Não seria errado afirmar que o mercado se constitui na principal instituição ou ambiente estudado pela Ciência Econômica. Ele transcende o sistema capitalista e existe desde os primórdios da civilização, quando se estabeleceu a divisão e a especialização do trabalho. Conforme visto no capítulo anterior, questões sobre o valor e preço dos bens e o significado das trocas foram intensamente tratados pelos grandes economistas clássicos ao longo da história do pensamento econômico.

As análises foram se consolidando ao longo do tempo e ainda hoje ocupam posição de destaque na Ciência Econômica.

> Pode-se definir o mercado como sendo o ambiente onde consumidores e produtores se encontram com objetivo de realizar transações de compra e venda de bens ou serviços de forma a atender os seus interesses da melhor forma possível.

Para entender os princípios que regem os mercados, é necessário considerar o conceito de **racionalidade**. De forma geral e no contexto da Economia, um agente é considerado racional quando ele busca o melhor benefício possível em suas transações, dadas as regras e informações disponíveis. O que representa a "melhor situação possível" suscita algumas controvérsias. Isso porque o que é adequado sob o ponto de vista individual pode não ser para o coletivo. Entretanto, e considerando o escopo da análise microeconômica, considera-se essencialmente o comportamento individual. Nesse sentido, a racionalidade consiste na busca do ótimo ou máximo pelo indivíduo. Para os consumidores, o comportamento esperado será aquele em que se busca o máximo de satisfação no consumo, ao menor dispêndio monetário possível. Para os produtores, o objetivo consiste em alcançar o máximo lucro ao menor custo possível, dadas as tecnologias e os fatores de produção disponíveis.

> Um agente é considerado racional quando ele busca o melhor benefício possível em suas transações, dadas as regras e informações disponíveis.

Tanto o consumidor quanto o produtor respondem a **incentivos**. O consumidor, por exemplo, tenderá adquirir maior quantidade do bem à medida que o preço se reduz. Já o produtor responderá de forma oposta. Ele tenderá elevar a oferta em resposta às elevações no preço. Ou seja, os agentes econômicos respondem de forma racional aos movimentos de preços. Mas existem outros fatores que exercem influência sobre suas ações. Os consumidores, por exemplo, irão comparar, na medida do possível, o preço do bem a ser adquirido com os preços dos bens substitutos ou complementares. Também olharão para a renda disponível para a compra, que se constitui na principal restrição ao consumo. Já os produtores olharão para os fatores que exercem influência sobre o custo de produção ou mesmo para os bens que podem ser substituídos no processo produtivo. Todas as informações relevantes são consideradas nas decisões.

> Os agentes econômicos respondem de forma racional aos movimentos de preços.

As características comportamentais dos agentes econômicos são fundamentais para o entendimento das leis que regem os mercados. Como são vários os fatores que influenciam tais comportamentos, torna-se necessário algum grau de simplificação acerca da realidade, e aqui se coloca a hipótese do ***ceteris paribus***. Conforme visto no capítulo anterior, essa hipótese não representa mera abstração, mas uma condição necessária para a posterior aproximação da realidade. Nesse sentido, o próximo passo para a análise dos mercados consiste em considerar isoladamente cada um dos agentes em suas relações com o preço dos bens.

2.3 O consumidor e a lei da demanda

Ao decidir sobre a compra de determinado bem, o consumidor considera principalmente o preço na seguinte lógica: quanto menor o preço do bem, maior será a quantidade que ele desejará comprar. Trata-se de um desejo a partir da comparação dos vários preços observados no mercado. Para simplificar essa ideia, considere a seguinte função matemática:

$$Q^d = f(P) \qquad\qquad (2.1)$$

Onde Q^d = quantidade demandada desejada pelo bem, P = o preço do bem e $f(P)$ uma relação ou função que diz que quanto maior P menor será Q^d.[1] Essa função pode ser visualizada a partir do Gráfico 2.1.[2]

A função dada pela Equação 2.1 e seu gráfico traduzem o que se conhece como **lei da procura**. Esta lei diz que, tudo mais constante (ou *ceteris paribus*), quanto maior (menor) o preço, menor (maior) será a quantidade demandada do bem.[3]

> A Lei da procura: quanto maior o preço do bem, menor será sua quantidade demandada.

Na formulação da lei da procura, foi mantida constante a renda do consumidor. Essa simplificação, entretanto, pode ser agora desconsiderada, o que significa a flexibilização da hipótese *ceteris paribus*. Em uma primeira análise, pode-se supor que, quanto maior a renda, maior será a demanda. Porém, essa relação não necessariamente é verdadeira. Quando se considera a renda como critério de decisão, deve-se olhar para o tipo de bem a ser consumido. Nessa tipificação, dois

---

[1] Para aqueles que são familiarizados com o cálculo diferencial, $dQ^d/dP < 0$.

[2] Existe um mistério nesse gráfico. Se $Q^d = f(P)$, então o eixo vertical deveria representar a quantidade e o horizontal, o preço. Entretanto, nos gráficos de oferta e demanda em Economia, os eixos são trocados. Trata-se apenas de uma tradição e talvez seja explicada pela melhor visualização das subidas e descidas dos preços.

[3] Existe uma exceção à lei da procura, que são os denominados bens de Guiffen. Quanto maior o preço, maior será a demanda por esses bens. Tais bens não são considerados na análise microeconômica.

conjuntos podem ser considerados: os **bens normais** e os **bens inferiores**. Os bens normais são aqueles que têm seu consumo elevado quando ocorre o aumento na renda do consumidor. A demanda por esses bens segue a lógica da relação direta entre a renda e a demanda. Mas existem os denominados bens inferiores, cuja demanda cai quando a renda aumenta.

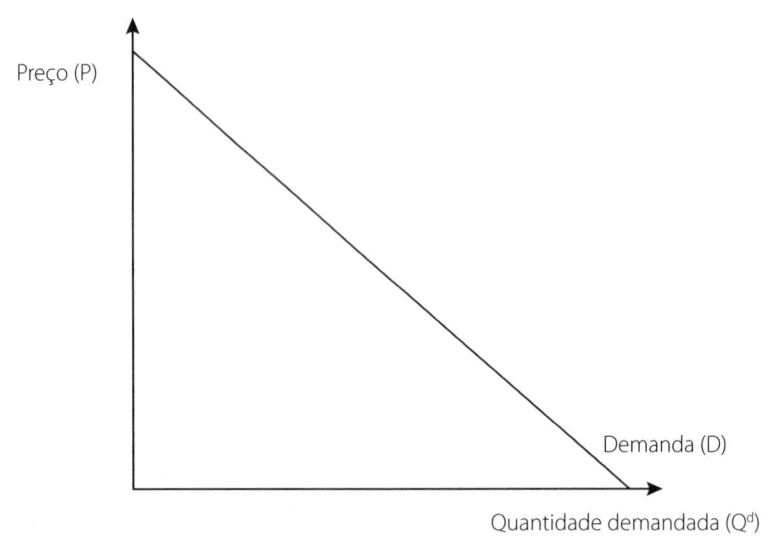

Gráfico 2.1 A relação entre preço e quantidade demandada do bem.

Para entender melhor a classificação dos bens como normais e inferiores, considere, como exemplo, a situação em que o consumidor consome um alimento de baixa qualidade, como, por exemplo, a carne de segunda. Existe, entretanto, a carne de qualidade superior ou de primeira. Se a renda do consumidor se eleva, ele tenderá substituir o produto de menor qualidade pelo de qualidade superior. No conjunto dos bens normais, costuma-se considerar os denominados bens superiores. São aqueles que a demanda aumenta mais do que proporcionalmente ao aumento da renda. Em geral, são bens de qualidade superior, alguns supérfluos às classes de renda mais baixa.

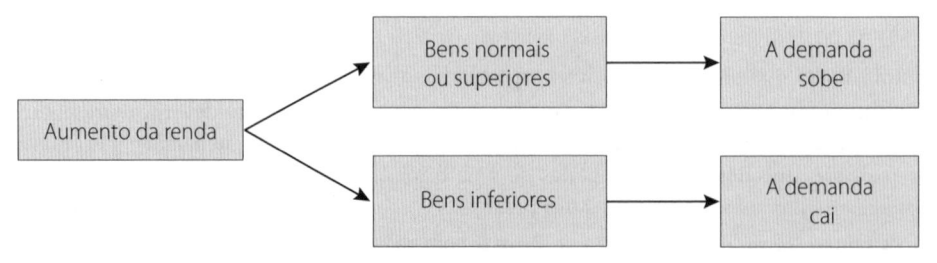

Figura 2.1 Bens normais, superiores e inferiores.

É importante destacar que, nessa classificação, deve-se considerar a classe ou posição social do consumidor. Pessoas muito pobres, quando experimentam pequenos aumentos na renda, não conseguem substituir os bens. Ou seja, o que é bem inferior para o indivíduo de classe média ou alta, pode ser normal para uma pessoa pobre.

No gráfico anterior, as relações entre o preço e a demanda foram dadas ao longo da curva negativamente inclinada.[4] Quando há alterações na renda, ocorrem deslocamentos nessa curva. O Gráfico 2.2 considera essas possibilidades:

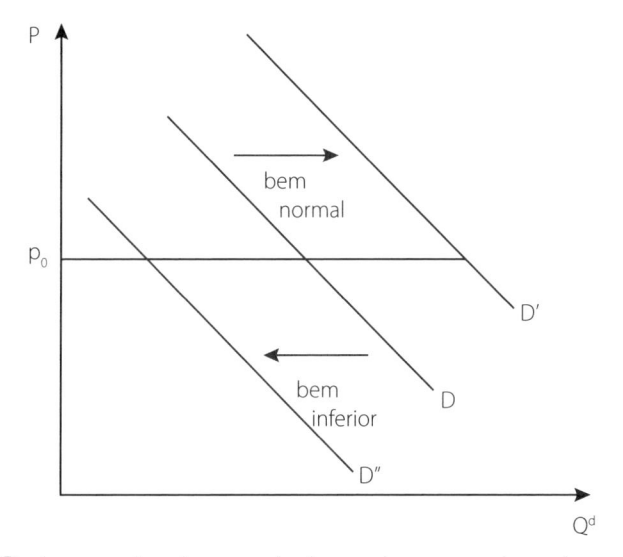

Gráfico 2.2 Deslocamentos da curva da demanda provocados pelo aumento da renda.

Conforme mostra o gráfico, se o bem é normal ou superior, então o aumento da renda deslocará a curva para a direita, de D para D'. Neste caso, para o mesmo preço p_0, a demanda será maior. Se o bem é inferior, o deslocamento da curva será para a esquerda, de D para D'', ou seja, para o mesmo p_0, a demanda será menor.

Além da renda, é possível considerar, na decisão sobre o consumo, o preço de outros bens. Nesse caso, é necessária outra classificação. Em relação ao consumo, os bens podem ser classificados como substitutos e complementares. Como exemplo de **bens substitutos**, pode-se considerar a gasolina e o etanol. Se o preço da gasolina sobe, os consumidores tenderão consumir mais etanol. Como exemplo de **bens complementares**, pode-se considerar a impressora e o cartucho de tinta. Se

---

[4] Estamos considerando uma definição matemática de que toda reta é uma curva.

o preço da impressora subir, as pessoas comprarão menos impressoras, e, consequentemente, menos cartuchos de tinta serão vendidos. Talvez, por esse motivo, determinadas marcas de impressoras possuem um preço que não é muito distante do cartucho de tinta. As empresas, neste caso, preferem focar o lucro no cartucho, podendo até ter prejuízo na fabricação da impressora. Como outros exemplos de bens substitutos, pode-se considerar a carne de frango e a carne bovina, o café e o chá, o açúcar e o adoçante ou o serviço de Uber e o de táxi. Como exemplos de bens complementares, tem-se a máquina de café expresso e o pó de café, o café e o açúcar, o automóvel e a gasolina ou o aparelho de celular e o carregador de bateria.

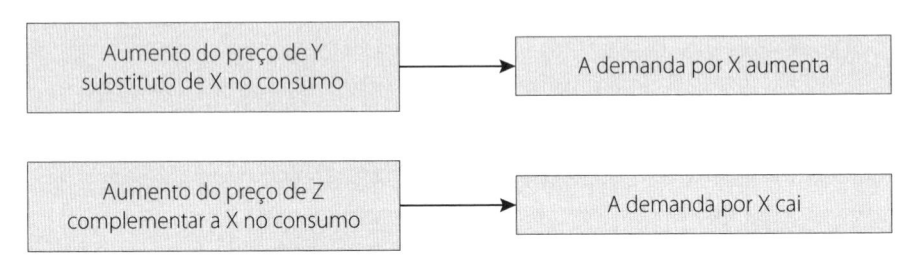

Figura 2.2 Bens substitutos e complementares.

Para a melhor compreensão da relação entre esses bens, considere que o interesse esteja no mercado do bem X. Suponha que o bem Y seja substituto do bem X no consumo. Se o preço de Y aumenta, então a demanda por X se elevará, já que os consumidores tenderão substituir um bem pelo outro. O aumento da demanda pelo bem X em decorrência do aumento do preço de Y é representado pelo deslocamento da curva de demanda para a direita, de D para D' no Gráfico 2.3. Neste caso, para o mesmo p_0, a demanda por X será maior. Considere agora o bem Z complementar a X. Se o preço do bem Z aumenta, então a demanda por X se reduzirá. Nesse caso, a curva de demanda se deslocará para a esquerda, de D para D''; ou seja, para o mesmo p_0, a demanda por X será menor.

No conjunto de fatores que determinam a demanda, existem ainda as preferências dos consumidores. Suponha, por exemplo, que pesquisas científicas concluam que determinado conservante faça mal à saúde. A disseminação dessa informação pode levar os consumidores a evitarem os alimentos que contêm o conservante prejudicial, o que tenderá a reduzir a demanda por eles. Há também o efeito da "moda", que costuma ser difundido pelas propagandas em novelas, filmes ou na internet. Esse último ponto é de interesse para aqueles que estudam as práticas de *marketing*, particularmente na Administração de Empresas. Essas evidências demonstram o que já foi dito anteriormente: as aplicações práticas da análise microeconômica não são exclusivas aos economistas.

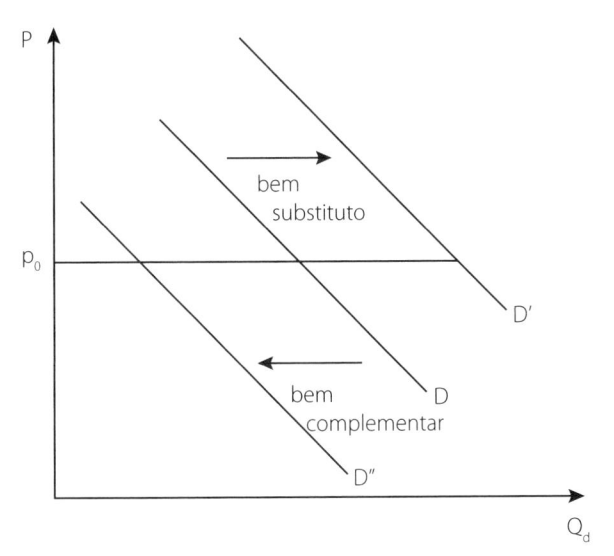

Gráfico 2.3 Deslocamentos da curva da demanda pelo bem X provocado pelo aumento dos preços dos outros bens.

Até agora, foram apresentados a lei da procura e os fatores que determinam a demanda. Porém, não se falou dos impactos, sobre o preço de mercado, das alterações na renda e nos preços dos bens substitutos e complementares. Para a compreensão dessas alterações, é necessária a outra lei que rege o mercado: da oferta.

2.4 O produtor e a lei da oferta

Ao definir a quantidade a ser ofertada do bem, o produtor leva em conta principalmente o preço recebido pela venda. Considerando que seu objetivo é buscar o máximo de lucro possível, é razoável supor que, quanto maior for o preço, maior será a disposição do produtor em elevar a quantidade ofertada do bem. Nesse sentido, pode-se considerar a seguinte relação funcional:

$$Q^s = f(P) \tag{2.2}$$

Onde Q^s = quantidade ofertada desejada pelo bem, P = o preço de bem e $f(P)$ a função ou relação que diz que quanto maior P maior será Q^s.[5] De forma semelhante à demanda, essa relação pode ser visualizada a partir do Gráfico 2.4:

---

[5] Neste caso, $dQ^s/dP > 0$.

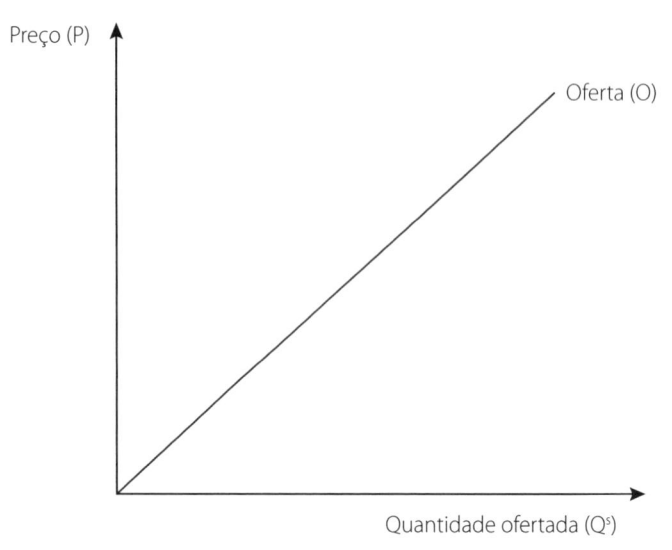

Gráfico 2.4 A relação entre preço e quantidade ofertada.

A função 2.2 e seu gráfico traduzem o que se conhece como **lei da oferta**. Esta lei diz que, tudo mais constante (ou *ceteris paribus*), quanto maior (menor) o preço, maior (menor) será a quantidade ofertada do bem.

Na formulação da lei da oferta, foram mantidos constantes os outros fatores que exercem influência sobre a oferta, como as alterações nos custos ou na tecnologia de produção. As alterações nesses fatores irão provocar deslocamentos na curva de oferta. As possibilidades são consideradas no Gráfico 2.5.

> A lei da oferta: quanto maior o preço, maior será a quantidade ofertada.

Como exemplo para esses deslocamentos, suponha a redução nos custos de produção provocado por uma inovação tecnológica no processo produtivo. Para o mesmo preço p_0, a consequente redução no custo de produção do bem tenderá elevar a quantidade ofertada, o que pode ser representado pelo deslocamento da curva de oferta para a direita, de O para O'. Pode-se ainda considerar, como exemplo, a elevação nos custos de produção provocados pelo aumento nos preços das matérias-primas. Neste caso, para o mesmo preço p_0, a oferta será reduzida, o que pode ser representado pelo deslocamento na curva de oferta para a esquerda, de O para O''.

Existem também os efeitos, sobre a oferta, da alteração nos preços de outros bens, que podem ser substitutos ou complementares na produção. Como exemplo de bens substitutos na produção, pode-se considerar o açúcar e o etanol. Nesse caso, o aumento no preço do açúcar incentivará os usineiros a substituir a produção do etanol por açúcar, o que reduzirá a produção e a oferta do biocombustível.

Como exemplo de produtos complementares na produção, pode-se considerar o couro e a carne bovina. Nesse caso, o aumento no preço da carne tende a elevar a produção de couro.

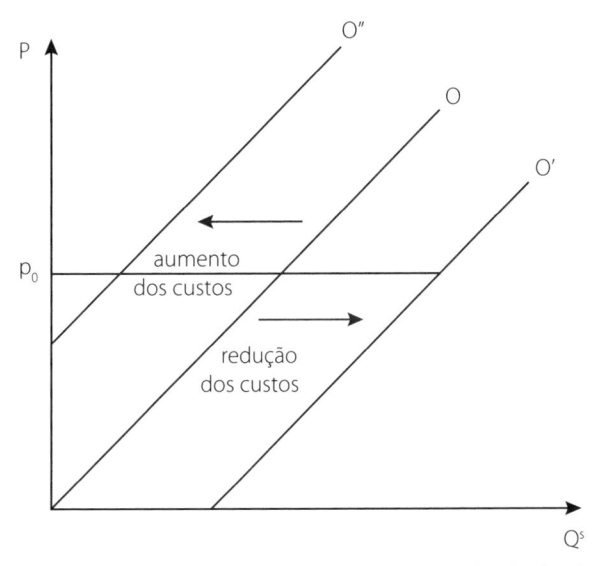

Gráfico 2.5 Deslocamentos da curva da oferta em decorrência da alteração nos custos de produção.

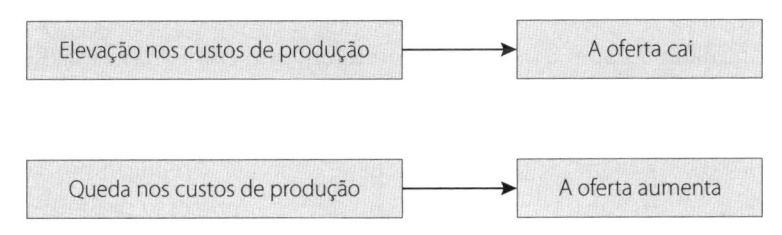

Figura 2.3 A oferta e os custos de produção.

Assim como no caso da demanda, não foram considerados na análise os impactos dos deslocamentos da curva de oferta sobre o preço e a quantidade de equilíbrio, ou seja, aquela que é efetivamente comercializada no mercado. Mas com a interação das curvas de oferta e demanda, esses impactos podem ser estudados.

2.5 O equilíbrio de mercado

Conforme afirmado anteriormente, o mercado é definido como o ambiente em que produtores e consumidores se encontram para realizar as transações de compra e venda. A interação dos dois agentes resulta no equilíbrio de mercado, onde os interesses de cada um são compatibilizados. Esse equilíbrio pode ser visualizado pelo Gráfico 2.6 a seguir:

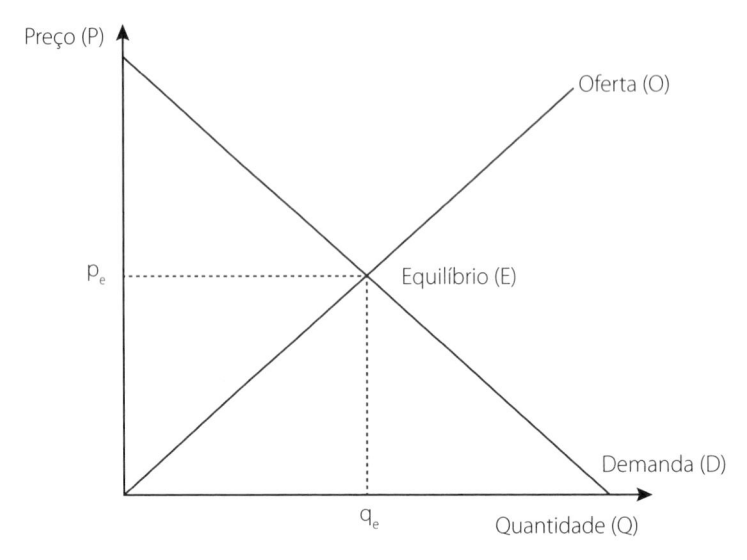

Gráfico 2.6 O equilíbrio de mercado.

A interação das curvas de oferta (O) e demanda (D) determina o **equilíbrio de mercado** no ponto E. Em termos práticos, o equilíbrio mostra o preço p_0 pelo qual a quantidade do bem q_e está sendo efetivamente comercializada. Qualquer outro preço diferente de p_e colocará em funcionamento as forças de mercado que o levarão de volta ao equilíbrio. Essa dinâmica pode ser visualizada pelo Gráfico 2.7.

No gráfico, suponha que o preço seja p_1, maior do que p_e. A esse preço, a oferta é maior do que a demanda. Os produtores, ao observarem o acúmulo de estoques indesejáveis, irão reduzir a produção e a oferta, o que levará o preço novamente ao equilíbrio. Por outro lado, um preço menor do que p_e, digamos p_2, resultará na situação em que a demanda será maior do que a oferta desejada. Os produtores, observando a disputa pelo bem entre os consumidores, irão aumentar a oferta, e o equilíbrio será reestabelecido. Esses resultados sugerem que o preço de equilíbrio p_0 é estável. Qualquer outro preço colocará em funcionamento as forças de mercado, levando-o ao seu equilíbrio. Entretanto, é possível que ocorram mudanças no equilíbrio quando ocorrerem alterações nos outros fatores que determinam a oferta e a demanda, que não o preço.

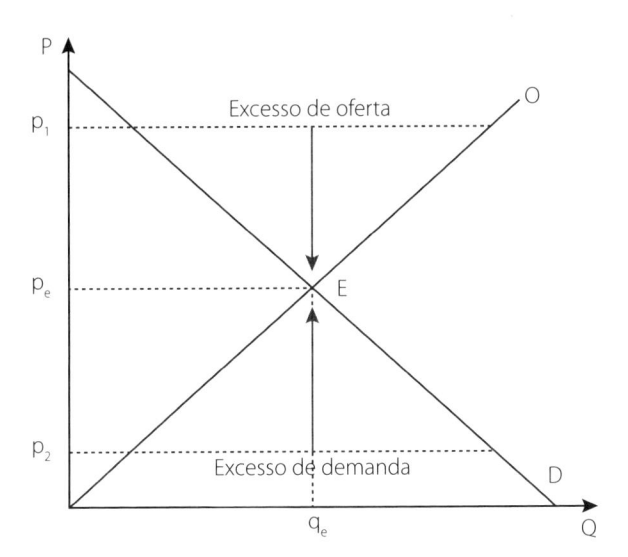

Gráfico 2.7 O equilíbrio de mercado.

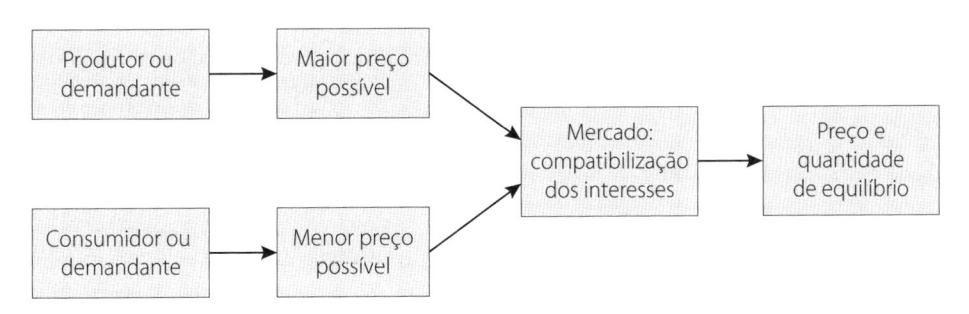

Figura 2.4 O equilíbrio de mercado.

2.6 As alterações no equilíbrio de mercado

Boxe 2.2 O crescimento chinês e seus impactos sobre o mercado mundial da soja

Por vários motivos, que serão estudados no Capítulo 13, a partir do início deste século, a China passou a experimentar forte crescimento econômico. Esse crescimento resultou no aumento da renda da população chinesa, que passou a consumir maiores quantidades de alimentos. Como a soja está presente na culinária chinesa, o país oriental, que possui a maior população do planeta, passou a comprar mais desta oleaginosa no mercado internacional, beneficiando os países produtores. Um desses beneficiários foi o Brasil, maior produtor mundial, que experimentou forte crescimento na área plantada de soja, incentivado pelo aumento do preço no mercado internacional. A elevação da demanda chinesa pela soja constitui-se num exemplo prático da aplicabilidade da análise gráfica do mercado. Considerando o Gráfico 2.2, o crescimento da renda da China pode ser representado pelo descolamento da curva de demanda de D para $D´$, o que, dada a curva de oferta, resulta na elevação do preço e quantidade ofertada de soja, conforme o Gráfico 2.8. O crescimento da renda na China também provocou a elevação da demanda de vários outros produtos, particularmente daqueles que são denominados *commodities*, que serão definidos no Capítulo 4.

O equilíbrio de mercado por si só não explica tudo. É necessário saber o que acontece com esse equilíbrio quando outras variáveis, como a renda e o preço dos bens substitutos ou complementares, no consumo e na produção, se alteram. Considere, inicialmente, os impactos da alteração da renda do consumidor no caso de um bem normal. A consequente alteração do equilíbrio, neste caso, pode ser visualizada no Gráfico 2.8:

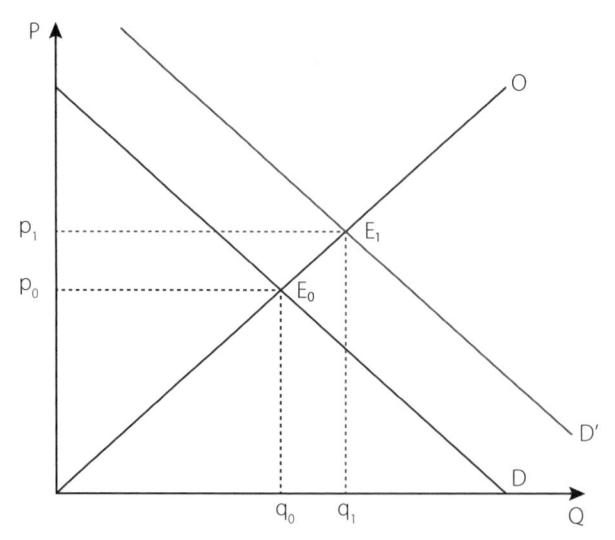

Gráfico 2.8 Mudança no equilíbrio de mercado para um bem normal supondo o aumento da renda do consumidor.

Suponha, inicialmente, que as curvas de oferta e de demanda estejam na posição O e D. A interação dessas curvas produz o equilíbrio E_0. Considere agora o aumento da renda do consumidor. Como o bem é normal, a curva de demanda se deslocará de D para D'. Como resultado, o novo equilíbrio E_1 será dado pela interação das curvas O e D'. Neste caso, o aumento da renda do consumidor elevará o preço de p_0 para p_1, e quantidade comercializada do bem de q_0 para q_1.

A mudança de equilíbrio visualizada no Gráfico 2.8 também pode ser considerada para o caso do aumento no preço do bem substituto. Supondo que as curvas de oferta e de demanda representadas no gráfico se refiram à gasolina, o aumento no preço do etanol deslocará a curva de demanda do combustível fóssil para a direita, resultando no aumento do seu preço e quantidade comercializada. Como destacado anteriormente, quando o preço do etanol se eleva, os consumidores tendem a substituí-lo pela gasolina.

A análise gráfica pode também ser considerada para o caso dos bens inferiores. No Gráfico 2.9, o aumento da renda desloca a curva de demanda pelo bem inferior para a esquerda, de D para D'', o que reduz o preço de p_0 para p_2, e a quantidade de equilíbrio de q_0 para q_2. O resultado será o mesmo para o caso do aumento no preço do bem complementar.

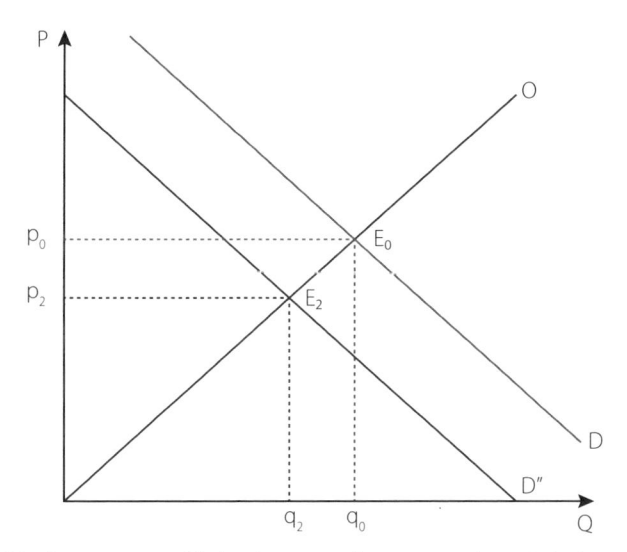

Gráfico 2.9 Mudança no equilíbrio de mercado para um bem inferior supondo um aumento da renda do consumidor.

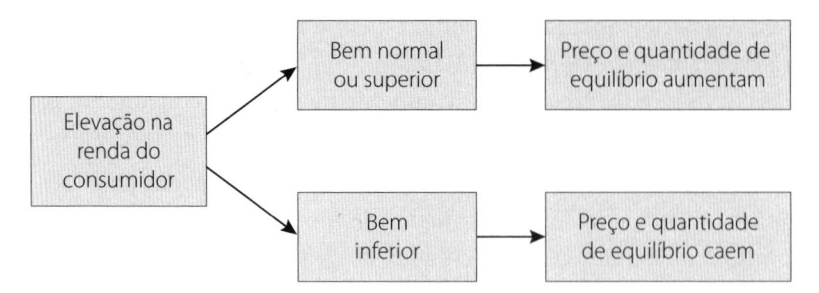

Figura 2.5 Bens normais, superiores e inferiores e as alterações no equilíbrio de mercado.

Também é possível avaliar os impactos, sobre o equilíbrio, das alterações provocadas pelos outros fatores que exercem influência sobre a oferta, que não o preço. Esse é o caso da queda nos custos provocados pela redução no preço de um insumo importante ou pelas inovações nas técnicas de produção. O Gráfico 2.10 mostra essas possibilidades:

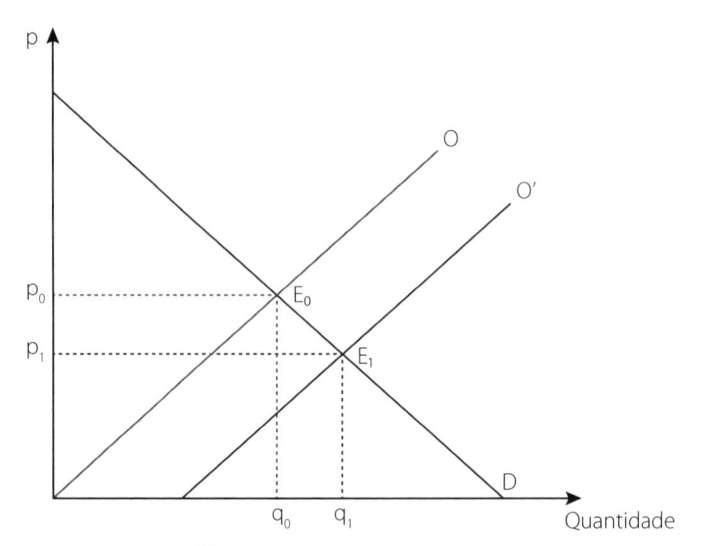

Gráfico 2.10 Mudanças no equilíbrio decorrentes da queda no custo de produção.

Pelo gráfico, a redução no custo de produção resulta no deslocamento da curva de oferta de O para O'. Como resultado, o preço irá se reduzir de p_0 para p_1, e a quantidade comercializada se elevará de q_0 para q_1.

Suponha agora que ocorra a elevação nos custos de produção. O Gráfico 2.11 considera essa possibilidade. Com a elevação dos custos, a curva de oferta se deslocará de O para O''. Como resultado, o preço se elevará de p_0 para p_2, e a quantidade comercializada cairá de q_0 para q_2.

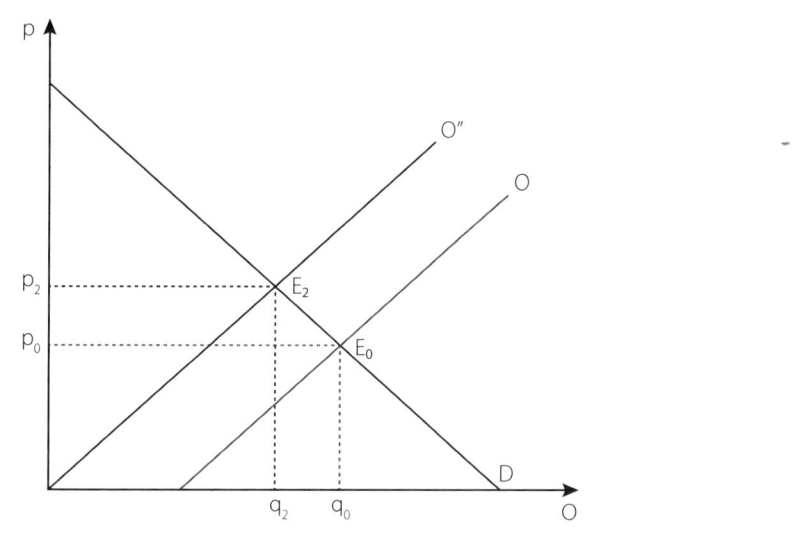

Gráfico 2.11 Mudanças no equilíbrio decorrentes da elevação nos custos de produção.

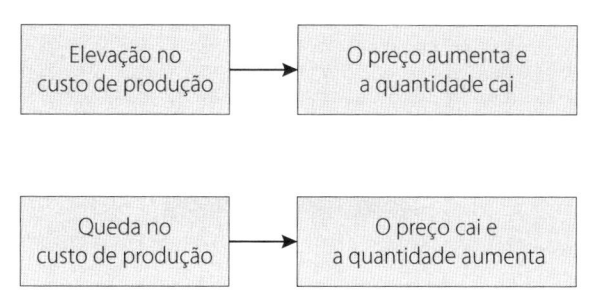

Figura 2.6 Os custos de produção e as alterações do equilíbrio de mercado.

Existem várias outras possibilidades na análise dos deslocamentos das curvas da oferta e da demanda e que resultam em mudanças no equilíbrio de mercado. Algumas delas serão tratadas nos exercícios deste capítulo. O mais importante é considerar que o mercado permite a compatibilização dos interesses dos consumidores e produtores, mesmo que ocorram alterações em outras variáveis, que não o preço do bem. São esses mecanismos que explicam o mistério da "mão invisível", de Adam Smith.

Boxe 2.3 A formação do preço do transporte de Uber

Fundada em 2009, a empresa norte-americana *Uber Technologies Inc.* provocou verdadeira revolução nos mercados de transporte público em várias cidades do mundo. Com a utilização de aplicativo no celular, hoje os consumidores têm a opção de utilizar o Uber como substituto dos serviços de táxi, beneficiando-se com os preços mais atrativos do novo serviço. Mas o mais interessante é o processo de formação do preço do transporte de Uber. Ao longo do dia, esse preço varia conforme a oferta e a demanda. Em momentos de baixa procura, o preço tende a ser menor do que o do táxi. Porém, em horários de pico, quando a demanda pelo serviço cresce significativamente, o preço se eleva. Esse preço também é influenciado pelo número de ofertantes: quanto maior for o número de carros Uber, menor será o preço do serviço. Ou seja, a todo momento, o preço segue uma dinâmica que resulta no equilíbrio entre a oferta e a demanda em todos os momentos do dia. O serviço de Uber pode ser analisado a partir do gráfico que representa o equilíbrio de mercado. Supondo determinado padrão de oferta e demanda pelo transporte, pode-se considerar o equilíbrio dado pelo Gráfico 2.6. Quando a demanda se eleva nos horários de pico, a curva de demanda se desloca de *D* para *D´*, conforme o Gráfico 2.8, o que resulta na elevação do preço e a quantidade de equilíbrio. Esse exemplo demonstra o quão pode ser útil a análise gráfica no entendimento dos mercados no mundo real.

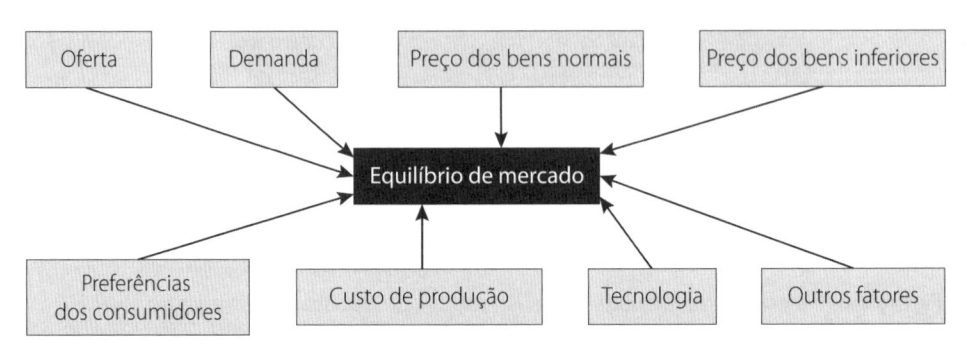

Figura 2.7 Os vários fatores que determinam o equilíbrio de mercado.

2.7 Considerações finais: o que se pode aprender com os mercados

A partir da análise realizada neste capítulo, o aluno tem agora em mãos os instrumentos básicos necessários para a compreensão do funcionamento das leis que regem os mercados. A abordagem gráfica foi utilizada com o intuito de facilitar o entendimento dessas leis, permitindo a compreensão do conceito de equilíbrio de mercado. A abordagem também possibilitou avaliar os fatores que podem alterar esse equilíbrio. Ou seja, se em um primeiro momento, utilizou-se, na análise, da hipótese simplificadora expressa pela hipótese *ceteris paribus*, posteriormente essa hipótese foi relaxada, o que permitiu aproximar a teoria da realidade. Ou seja, o *ceteris paribus*, ao contrário do que muitos imaginam, permite a compreensão dos fenômenos de mercado presentes no mundo real.

As aplicações da análise de mercado são amplas e os exemplos práticos são vários. Os mercados agrícolas, de automóveis, de computadores e de muitos outros bens e serviços presentes no universo de consumo das pessoas comuns podem ser mais bem compreendidos a partir dos conceitos aqui estudados, que formam a base da microeconomia. Mas não apenas. Existem resultados que podem ser considerados em outras áreas da Economia. Este é o caso do mercado de trabalho, do mercado cambial, ou mesmo nos mercados financeiros em geral, nos quais se destacam a oferta e a demanda por moedas, títulos, ações e demais ativos.

É importante lembrar que o equilíbrio de mercado deve ser entendido como a situação em que os interesses antagônicos dos consumidores e ofertantes são compatibilizados. Trata-se de ferramenta fundamental para se entender os mistérios em torno da mão invisível. Mas ainda existe um longo caminho a ser percorrido. Não se falou, por exemplo, das inclinações das curvas de oferta e demanda e suas implicações sobre as mudanças de equilíbrio. Também nada foi dito sobre as estruturas de mercado, que são caracterizadas, dentre outros fatores, pelo número de firmas ofertantes. Existem ainda imperfeições que podem comprometer determinados interesses de ofertantes e demandantes. Essas e outras situações e conceitos serão considerados nos próximos capítulos, de forma que, ao final do Capítulo 7, o aluno terá todos os instrumentos básicos necessários à análise microeconômica.

EXERCÍCIOS

1. Qual o significado da racionalidade no comportamento dos consumidores e dos produtores no mercado?

2. Qual o significado das leis que regem o mercado?

3. O que explica as inclinações das curvas da oferta e da demanda?

4. Qual o significado do equilíbrio de mercado?

5. Mostre os impactos, sobre o equilíbrio de mercado, de alterações: i) na renda do consumidor; ii) no preço dos bens substitutos e complementares no consumo

e na produção; iii) do aumento nos custos de produção; e iv) das alterações nas preferências dos consumidores.

6. O que diferencia os bens normais dos inferiores?

7. O que diferencia os bens normais dos superiores?

8. Apresente 3 exemplos, diferentes daqueles considerados no capítulo, de bens substitutos e complementares no consumo. Faça o mesmo para o caso dos bens substitutos e complementares na produção.

9. Como a moda em relação ao uso de um determinado bem altera o seu equilíbrio de mercado?

10. Analise graficamente o impacto da elevação dos preços do petróleo sobre a demanda de automóveis. Considere, em sua resposta, a possibilidade de se ter carros mais econômicos.

Referências

GOOLSBEE, Austan; LEVITT, Steven; SYVERSON, Chad. *Microeconomia*. 2. ed. Rio de Janeiro: Editora Atlas/Gen, 2018.

MANKIW, N. Gregory. *Introdução à Economia*: princípios de micro e macroeconomia. 2. ed. Rio de Janeiro: Elsevier, 2001.

PINDICK, Robert S.; RUBINFELD, Daniel L. *Microeconomia*. 8. ed. São Paulo: Editora Saraiva, 2013.

TIMM, Luciano Benetti (organizador). *Direito e Economia no Brasil*. São Paulo: Editora Atlas, 2012.

VARIAN, Hal R. *Microeconomia, uma abordagem moderna*. 9. ed. São Paulo: Editora Campus, 2015.

VASCONCELLOS, Marco Antônio Sandoval de. *Economia*: macro e micro. 6. ed. Rio de Janeiro: Editora Atlas/Gen, 2015.

VASCONCELLOS, Marco Antônio Sandoval de; GUENA, Roberto; BARBIERI, Fábio. *Manual de microeconomia*. 3. ed. Rio de Janeiro: Editora Atlas/Gen, 2011.

3

O conceito de elasticidade

Assista ao vídeo do autor sobre o tema deste capítulo

uqr.to/fdi5

OBJETIVOS DO CAPÍTULO:

- Apresentar o conceito de elasticidade.
- Definir as elasticidades preço e renda da demanda.
- Definir a elasticidade-preço da oferta.
- Analisar os determinantes das elasticidades.
- Considerar as diferenças entre as elasticidades no curto e no longo prazo.
- Mostrar as várias formas que as elasticidades podem assumir.
- Mostrar as aplicações práticas das elasticidades.
- Apresentar os fundamentos da análise dos mercados.

3.1 Introdução

Os conceitos estudados no capítulo anterior são fundamentais para o entendimento dos fatores que exercem influência sobre a oferta, a demanda e os preços dos bens e serviços. Porém, eles ainda não são suficientes para a adequada compreensão dos mercados no mundo real. Até agora, estudou-se principalmente o equilíbrio de mercado e os fatores que alteram esse equilíbrio. Mas é necessário ir além, buscando a resposta para a seguinte pergunta: qual a intensidade ou o grau de reação da oferta e da demanda em relação às alterações de preços ou da renda do consumidor? Dependendo da importância do bem, o aumento do preço pode provocar forte redução na demanda, com impactos negativos sobre a receita e o lucro da firma. Existem também questões relacionadas com a resposta da oferta frente às alterações de preços. A produção de determinados bens não pode ser elevada da noite para o dia, o que traz consequências para as mudanças no equilíbrio de mercado. Essas questões podem ser mais bem compreendidas a partir do conceito de elasticidade.

São várias as possibilidades no estudo das elasticidades. Neste capítulo, serão consideradas três delas: a elasticidade-preço da demanda, a elasticidade-renda da demanda e a elasticidade-preço da oferta.

Boxe 3.1 A tese da CEPAL da deterioração dos termos de troca e a defesa da industrialização da América Latina no Pós-Guerra

No final dos anos 1940, a Comissão Econômica para a América Latina e Caribe (CEPAL) apresentou interessante interpretação acerca dos problemas enfrentados pelos países especializados na produção primária. Com base em série de dados históricos, essa Comissão concluiu que os preços dos alimentos e matérias-primas apresentavam crescimento menor do que os preços das manufaturas ou bens industrializados. O fenômeno foi explicado a partir do conceito de "deterioração dos termos de troca", que indicava que, à medida que a renda mundial crescia, a demanda por bens primários também crescia, porém em ritmo menor do que a demanda por bens industrializados. Essa deterioração foi explicada pela evidência da baixa elasticidade-renda da demanda por bens primários no mercado internacional. Com base em seus argumentos, a Comissão deu início a vários estudos que tiveram como objetivo defender a industrialização na América Latina no período do Pós-Guerra.

No século atual, o crescimento da China tem demonstrado que a tese cepalina não necessariamente é válida, tendo em vista o excepcional aumento dos preços das denominadas *commodities* no mercado internacional. De qualquer forma, a análise realizada pela CEPAL demonstra a importância do conceito de elasticidade e sua aplicação na análise dos mercados no mundo real. Interessante notar que esse conceito, presente na análise microeconômica, foi aqui utilizado no âmbito da Economia internacional. Isso demonstra que nem sempre as divisões em áreas encontradas na Ciência Econômica resultam em conjuntos mutuamente excludentes.

3.2 O conceito matemático de elasticidade

De forma geral, define-se a elasticidade entre duas variáveis X e Y como a medida ou o número que permite avaliar a intensidade da variação de Y em relação à variação de X. Utilizando o símbolo ε_{xy} para representar a elasticidade de Y em relação a X, pode-se considerar a seguinte fórmula matemática para representar esse conceito geral:

$$\varepsilon_{xy} = [\text{variação percentual de } Y/\text{variação percentual de } X] \quad (3.1)$$

A elasticidade ε_{xy} é um número. A partir do seu valor e sinal, pode-se concluir acerca da direção e intensidade com que se relacionam as variáveis Y e X. Esse conceito pode ser mais bem compreendido a partir da função $Y = f(X)$. Suponha, por exemplo, que X varie 10%, e que, como consequência dessa variação, Y varie 20%. Neste caso, $\varepsilon_{xy} = 2$ (ou 20%/10%). Como conclusão, é possível afirmar que existe alta elasticidade de Y em relação a X; ou seja, Y varia mais do que proporcionalmente à variação de X. Suponha agora que, dados os mesmos 10% de variação de X, Y varie apenas 5%. Neste caso ε_{xy} será igual a 0,5. Neste caso, existe baixa elasticidade de Y em relação a X.

O conceito dado pela relação 3.1 pode ser mais bem entendido a partir da utilização de uma notação mais apropriada. A variação de X pode ser representada pela expressão ΔX. Se X passa de X_0 para X_1, então $\Delta X = X_1 - X_0$. Neste caso, para se chegar à variação percentual, deve-se calcular $(X_1 - X_0)/X_0$. Por exemplo, se $X_0 = 10$ e $X_1 = 11$, então a variação percentual em X será de $(11 - 10)/10 = 0,1$ ou 10%. Com base nessa notação, pode-se então reescrever a Equação dada 3.1 como:[1]

$$\varepsilon_{xy} = \cfrac{\dfrac{\Delta Y}{Y}}{\dfrac{\Delta X}{X}} \quad (3.2)$$

---

[1] Considerando variações infinitesimais em y e x, então $\varepsilon_{xy} = (dy/y)/(dx/x)$.

ou ainda:

$$\varepsilon_{xy} = \frac{\Delta Y}{\Delta X} \cdot \frac{X}{Y} \qquad (3.2')$$

> A elasticidade entre duas variáveis permite avaliar a intensidade ou o percentual de variação de uma em relação à outra.

O conceito de elasticidade, quando considerado na Economia, apresenta inúmeras possibilidades. A variável Y, por exemplo, pode representar a demanda ou a oferta de determinado bem, e X o preço desse bem, ou mesmo a renda do consumidor. Essas possibilidades serão consideradas a seguir.

3.3 A elasticidade-preço da demanda

Define-se a **elasticidade-preço da demanda** como a medida que permite avaliar a variação percentual da demanda em decorrência da variação percentual do preço do bem. Utilizando o símbolo ε_p para representar esse conceito e fazendo Q^d = quantidade demandada e P = o preço do bem, tem-se então que:

ε_p = [variação percentual da demanda/variação percentual do preço]   (3.3)

Como alternativa à Equação 3.3, pode-se utilizar a seguinte fórmula:

$$\varepsilon_p = \frac{\dfrac{\Delta Q^d}{Q^d}}{\dfrac{\Delta P}{P}} \qquad (3.4)$$

ou ainda:

$$\varepsilon_p = \frac{\Delta Q^d}{\Delta P} \cdot \frac{P}{Q} \qquad (3.4')$$

Antes da apresentação das possibilidades em torno dos valores, convém considerar a questão do sinal de ε_p. Sabe-se que a relação entre o preço e a quantidade demandada é inversa, ou seja, quando P cai, Q^d sobe, e vice-versa. Nesse sentido, o valor de ε_p será sempre negativo. Para evitar a utilização desse sinal, a análise de ε_p é feita considerando apenas o seu valor numérico absoluto. Isso pode ser feito com a utilização do operador "módulo", representado por "$|\,.\,|$", que transforma um **número negativo em positivo.** Feita essa observação, considere as seguintes possibilidades:

> A elasticidade-preço da demanda é um número que mede a variação percentual da demanda em decorrência da variação percentual do preço do bem.

Seja $|\varepsilon_p| < 1$. Este caso representa a **demanda inelástica em relação ao preço.** Como exemplo, considere que $|\varepsilon_p| = 0,5$. Esse número indica que o aumento de 10% no preço resultará na queda de 5% na quantidade demandada. Em geral, os bens ou serviços de demanda inelástica são aqueles essenciais, como determinados alimentos, a energia elétrica, a demanda por água, aquecimento a gás em cidades de clima frio, alguns tipos de medicamentos ou bens com poucos ou nenhum substituto. Incluem-se também nesse grupo aqueles bens que possuem baixa participação no orçamento do consumidor. O exemplo clássico desse caso é o da caixa de fósforo. Se o seu preço aumentar de R$ 0,25 para R$ 0,50, não haverá grandes impactos sobre as vendas.

Seja $|\varepsilon_p| > 1$. Este caso representa a **demanda elástica em relação ao preço.** Como exemplo, considere que $|\varepsilon_{dp}| = 2$. Esse número indica que o aumento de 10% no preço resultará na queda de 20% na quantidade demandada. Em geral, a alta elasticidade-preço da demanda refere-se aos bens que possuem muitos substitutos no consumo. Como exemplo, pode-se citar o serviço de táxi. Se houver grande aumento no preço desse serviço, a demanda tenderá a sofrer forte redução.

> $|\varepsilon_p| > 1 \Rightarrow$ demanda elástica: bens com muitos substitutos; alta participação na renda.
>
> $|\varepsilon_p| < 1 \Rightarrow$ demanda inelástica: bens essenciais; poucos substitutos; baixa participação na renda.

Isso porque as pessoas podem substituir o táxi pelo Uber, metrô ou ônibus. Também são aqueles bens que possuem grande participação na renda do consumidor. Por exemplo, o aumento de 50% no preço do automóvel provavelmente terá grande impacto sobre suas vendas.

Existe ainda o caso em que $|\varepsilon_p| = 1$, que representa a **demanda com elasticidade unitária em relação ao preço.** Neste caso, o aumento de 10% no preço resultará na queda de exatos 10% na demanda.

> Quanto maior for o número de substitutos maior será a elasticidade-preço da demanda.

Deve-se destacar que, na análise da elasticidade-preço da demanda aqui realizada, foram consideradas elevações nos preços. Ou seja, no caso em que $|\varepsilon_p| < 1$, a demanda pouco se reduz em resposta ao aumento do preço. Deve-se tomar cuidado, entretanto, quando ocorre a redução no preço. Nesse caso, a demanda pouco sobe.

Boxe 3.2 O controle dos preços dos medicamentos no Brasil

No Brasil, os preços de vários medicamentos são controlados pela Agência Nacional de Vigilância Sanitária (ANVISA), por meio da Câmara de Regulação de Mercado de Medicamentos. Uma das justificativas para esses controles reside na percepção da baixa elasticidade-preço da demanda por determinados remédios, particularmente aqueles necessários ao tratamento de doenças graves e que possuem poucos concorrentes substitutos no mercado. Nesses casos, as elevações nos preços acabam por prejudicar os pacientes em tratamento, particularmente aqueles de baixa renda. Ainda que a análise dessa regulamentação demande mais definições no âmbito da microeconomia, ela reflete a importância prática do conceito de elasticidade. Neste caso, o conceito foi utilizado na formulação de políticas públicas. Nos próximos capítulos, as discussões em torno da regulamentação do mercado de medicamentos no Brasil serão retomadas, considerando questões relacionadas à concorrência no setor.

3.4   A elasticidade-renda da demanda

O conceito de elasticidade também pode ser utilizado para se medirem os impactos das alterações na renda do consumidor sobre a demanda. Neste caso, tem-se a **elasticidade-renda da demanda**, que mede a variação percentual da demanda em resposta à variação percentual na renda do consumidor. Utilizando o símbolo ε_y para representar esse conceito e fazendo Q^d = quantidade demandada e Y = a renda do consumidor, tem-se então que:

$$\varepsilon_y = [\text{variação percentual da demanda/variação percentual da renda}] \qquad (3.5)$$

Como alternativa à Equação 3.5, pode-se utilizar a seguinte fórmula:

$$\varepsilon_p = \frac{\dfrac{\Delta Q^d}{Q^d}}{\dfrac{\Delta Y}{Y}} \qquad (3.6)$$

ou ainda:

$$\varepsilon_p = \frac{\Delta Q^d}{\Delta Y} \cdot \frac{Y}{Q^d} \qquad (3.6')$$

O valor da elasticidade-renda da demanda depende da classificação dos bens nas categorias normal (ou superior) e inferior estudada no capítulo anterior. Diferentemente da elasticidade-preço da demanda, nessa relação o sinal de ε_y deve ser considerado na análise. Para os bens normais ou superiores, o aumento da renda provocará o aumento na demanda do bem, e ε_y será positivo. Para os bens inferiores, o aumento da renda provocará uma redução na demanda, e ε_y será negativo. A seguir, são apresentados os possíveis valores para ε_y e seus significados.

> A elasticidade-renda da demanda é um número que mede a variação percentual da demanda em resposta à variação percentual na renda do consumidor.

Seja $\varepsilon_y > 1$. Esse é o caso da demanda com **alta elasticidade-renda**. Se, por exemplo, $\varepsilon_y = 2$, o aumento de 10% na renda do consumidor produzirá o aumento de 20% na demanda. Esse é o caso dos bens superiores, cuja demanda se eleva mais do que proporcionalmente ao aumento da renda do consumidor. Em geral, os bens que possuem alta elasticidade-renda são considerados de luxo.

Seja $0 < \varepsilon_y < 1$. Esse é o caso da **demanda com baixa elasticidade-renda**. Se, por exemplo $\varepsilon_y = 0,5$, o aumento de 10% na renda provocará o aumento de apenas 5% na demanda. Trata-se daqueles bens cuja demanda pouco se altera quando há variações na renda do consumidor. Esse é o caso de alguns alimentos. Se a renda do consumidor dobrar, ele provavelmente não irá dobrar a quantidade consumida de arroz e feijão em sua refeição diária.

> $\varepsilon_y > 1 =>$ demanda com alta elasticidade em relação à renda: bens superiores.
>
> $\varepsilon_y = 1 =>$ demanda com elasticidade unitária em relação à renda: bens normais.
>
> $0 < \varepsilon_y < 1 =>$ demanda inelástica em relação à renda: alguns alimentos.
>
> $\varepsilon_y < 0 =>$ demanda com elasticidade negativa em relação à renda: bens inferiores.

Seja $\varepsilon_y = 1$. Esse é o caso da **demanda com elasticidade-renda unitária**. Neste caso, o aumento de 10% na renda do consumidor produzirá o aumento na demanda pelo bem na mesma proporção, ou seja, de 10%. Pode-se então considerar uma definição mais precisa para os bens normais: são aqueles cujo valor da elasticidade-renda da demanda é igual ou próximo de um.

Seja $\varepsilon_y < 0$. Esse é o caso da **demanda com elasticidade-renda negativa**. Se, por exemplo, $\varepsilon_y = -1$, então o aumento de 10% na renda provocará a queda de 10% na demanda. Esse caso representa os bens inferiores ou de baixa qualidade.

As elasticidades preço e renda da demanda são de grande importância na definição de estratégias de mercado. Na precificação dos bens, os empresários devem estar atentos ao valor da elasticidade-preço, já que aumentos em determinados preços podem resultar na queda da receita com as vendas. É possível também observar, em épocas de crescimento econômico, os impactos da elevação da renda dos consumidores sobre a demanda de diferentes bens e serviços. Existem métodos econométricos que permitem encontrar o valor dessas elasticidades. Considerando os objetivos deste livro, esses métodos não serão aqui considerados. Mas com a observação atenta acerca do comportamento das vendas, é possível se ter uma ideia acerca dos valores (ver Boxe 3.3).

> **Boxe 3.3** A importância das elasticidades para a tomada de decisões empresariais e alguns procedimentos simples para calculá-las
>
> Com os conceitos de elasticidade, já é possível apresentar alguns princípios para a análise dos mercados com resultados práticos. Se o bem ofertado apresenta alta elasticidade-preço da demanda, aumentos de preços podem reduzir a receita com as vendas. Ou seja, o conceito de elasticidade-preço da demanda é fundamental nas políticas de precificação dos bens pelas firmas. No Capítulo 5, essa conclusão será considerada para o caso de uma firma monopolista.
>
> O valor da elasticidade-renda da demanda também se constitui em importante critério nas estratégias de mercado. Por exemplo, um pequeno vendedor ambulante sabe diferenciar os locais na cidade onde ele pode ter melhor desempenho em suas vendas, utilizando, ainda que de forma intuitiva, o conceito de elasticidade-renda da demanda. O mesmo vale para grandes supermercados, que podem cobrar preços diferenciados em diferentes postos de venda em uma mesma cidade de acordo com a renda dos moradores.
>
> Outra informação importante diz respeito às alterações dos valores das elasticidades. O empresário atento poderá tirar conclusões importantes acerca das mudanças na elasticidade-preço da demanda. Se o valor dessa elasticidade estiver se elevando, é possível inferir pelo aparecimento de produtos substitutos no mercado. Neste caso, algumas estratégias, como a diferenciação do produto ou investimentos em *marketing*, podem ajudá-lo a permanecer na mesma posição no mercado.
>
> Conforme afirmado, é possível calcular o valor das elasticidades-preço e renda da demanda a partir de determinados procedimentos econométricos. Entretanto, o empresário pode ter uma ideia dos valores sem a utilização desses procedimentos. Para isso, basta estar atento aos números do mercado. Por exemplo, o dono de um

supermercado pode reduzir alguns preços e anotar o crescimento das vendas. Fazendo isso, será possível estimar o valor para a elasticidade-preço da demanda. Isso pode ser feito em épocas de liquidação. Por exemplo, se o preço for reduzido em 10% e for observada a elevação de 15% nas vendas, então, pode-se concluir que $|\varepsilon_p| = 1,5$. Repetindo o procedimento, é possível ainda alcançar maior precisão com o cálculo da média dos valores obtidos. Em épocas de crescimento econômico, quando a renda do consumidor aumenta, é possível identificar quais os produtos que apresentam maiores vendas, o que pode ser útil nas estratégias de investimento produtivo ou mesmo para a concessão de empréstimos. Todas as informações colhidas devem ser anotadas e comparadas. Ainda que não se tenha a precisão da econometria, o exercício constante da observação pode levar a números próximos da realidade. Ou seja, anotar os valores no dia a dia do negócio pode ser um diferencial em ações que busquem ampliar as vendas e os lucros. Entretanto, se for possível, deve-se utilizar a econometria, principalmente nos grandes negócios.

3.5 A elasticidade-preço, a inclinação da curva de demanda e mudanças no equilíbrio de mercado

A elasticidade-preço da demanda pode também ser estudada a partir da inclinação da curva de demanda. Neste caso, o valor da elasticidade determina essa inclinação. O gráfico mostra duas possibilidades:

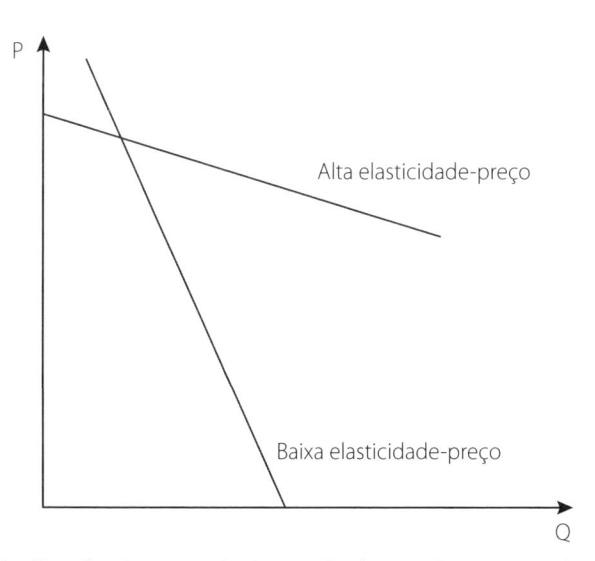

Gráfico 3.1 A inclinação da curva de demanda de acordo com o valor da elasticidade--preço da demanda.

Alta elasticidade-preço => curva de demanda menos inclinada (próxima da horizontal).

Baixa elasticidade-preço => curva de demanda mais inclinada (próxima da vertical).

A inclinação da curva da demanda traz implicações importantes para as mudanças no equilíbrio de mercado. Dependendo da inclinação dessa curva, deslocamentos na curva de oferta podem exercer alto ou baixo impacto sobre o preço e a quantidade de equilíbrio. Para a compreensão desses impactos, considere, como exemplo, uma curva demanda com baixa elasticidade-preço. O Gráfico 3.2 apresenta essa possibilidade:

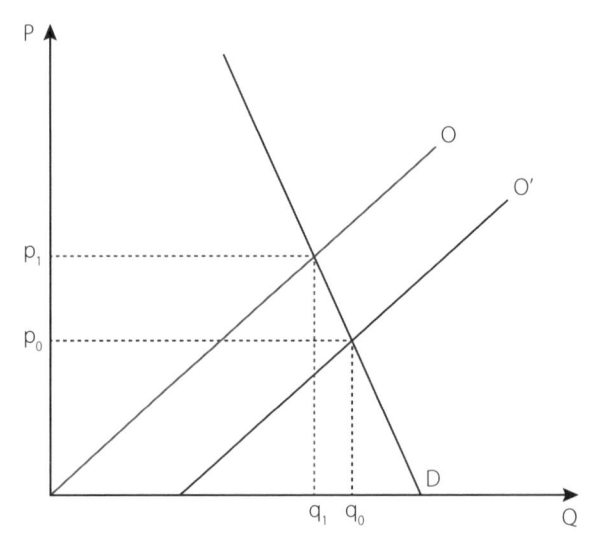

Gráfico 3.2 Deslocamento da oferta com uma demanda com baixa elasticidade-preço.

Pode-se notar, a partir do gráfico, que o deslocamento da oferta de O para O' resultará em queda expressiva do preço, mas terá pequeno impacto sobre a quantidade comercializada. Neste caso, os produtores saem prejudicados, já que não conseguem elevar as vendas na mesma proporção da queda do preço do produto. Situação oposta pode ser considerada a partir de uma curva de demanda com alta elasticidade-preço, conforme Gráfico 3.3:

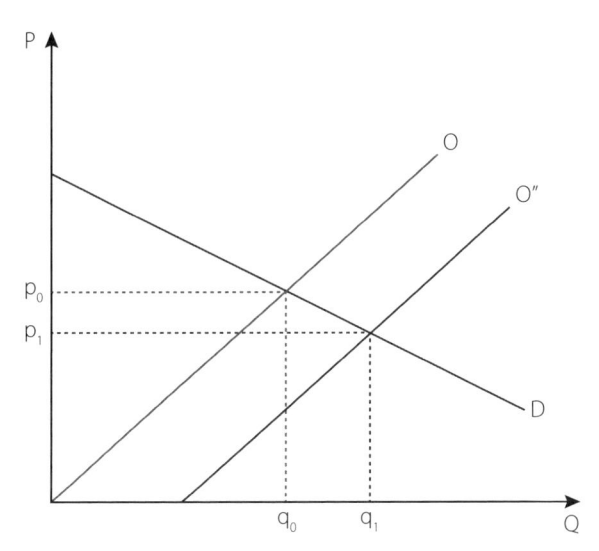

Gráfico 3.3 Deslocamento da oferta com uma demanda com alta elasticidade-preço.

Pelo gráfico, o deslocamento da curva de oferta de O para O'' resulta em grande aumento na quantidade de equilíbrio, mas exerce pouco efeito sobre o preço. Nesse caso, os produtores se beneficiam com a alta elevação nas vendas em decorrência da queda do preço do bem.

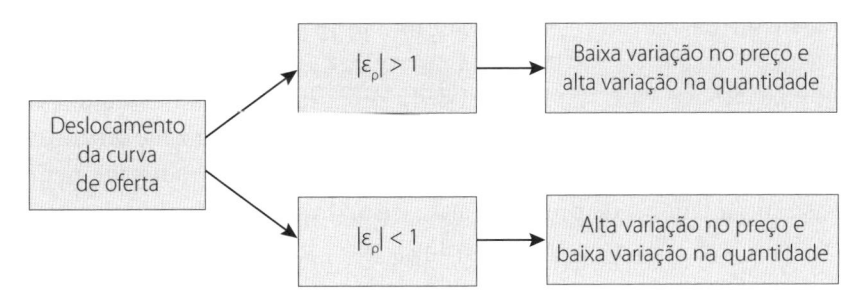

Figura 3.1 A elasticidade-preço da demanda e as alterações no equilíbrio de mercado.

3.6 A elasticidade ao longo da curva de demanda

É possível ainda avaliar a elasticidade-preço da demanda ao longo da curva de demanda. Considere o Gráfico 3.4, que contém formato específico para a curva que intercepta os eixos P e Q:

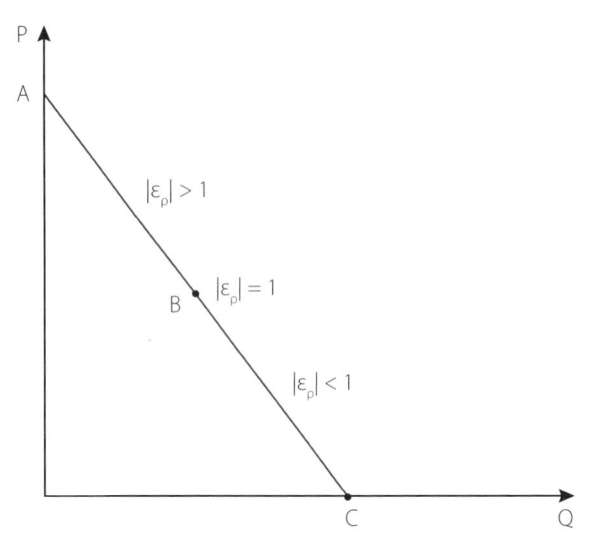

Gráfico 3.4 A elasticidade-preço ao longo da curva de demanda.

No ponto *A*, *Q* = zero. Considerando o valor de $|\varepsilon_p|$ dada pela fórmula 3.4´, percebe-se que, quando *Q* é zero, $|\varepsilon_p|$ tenderá ao infinito.[2] Por outro lado, no ponto *C*, *P* = zero, o que resulta em $|\varepsilon_p|$ = zero.[3] Esses resultados sugerem que, no ponto *B*, $|\varepsilon_p|$ = 1, entre os pontos *A* e *B*, $|\varepsilon_p|$ > 1, e entre os pontos B e C, $|\varepsilon_p|$ < 1. A variação da elasticidade-preço da demanda ao longo da curva traz implicações importantes nas estratégias de precificação dos bens que são comercializados no mercado. Conforme será estudado nos próximos capítulos, em mercados competitivos, as firmas são tomadoras de preço, e, nesse caso, o valor da elasticidade-preço da demanda não tem relação com as escolhas. Mas, no caso do monopólio, essas elasticidades importam.

> Quanto maior for o preço ao longo da curva de demanda, maior será o valor, em termos absolutos, da elasticidade-preço da demanda.

3.7 A elasticidade-preço da oferta

De forma semelhante ao que foi considerado para a demanda, é possível avaliar a intensidade da resposta da oferta em decorrência do aumento do preço

---

[2] Para chegar a esse resultado, basta considerar uma variação muito pequena de *Q* na fórmula, como, por exemplo, *Q* = 0,000000001, e verificar o resultado.

[3] Já que a expressão $\Delta Qd/\Delta P$ da fórmula 3.4´ será multiplicada por zero. Esses resultados podem ser facilmente encontrados com a utilização de cálculo diferencial.

do bem ofertado. Nesse caso, tem-se o conceito da elasticidade-preço da oferta, que pode ser representada pela fórmula:

η_p = [variação percentual da oferta/variação percentual do preço] (3.7)

Fazendo Q^s = quantidade ofertada e P = preço do bem, como alternativa à Equação 3.7, pode-se utilizar a seguinte fórmula:

$$\eta_p = \frac{\dfrac{\Delta Q^s}{Q^s}}{\dfrac{\Delta P}{P}} \qquad (3.8)$$

ou ainda:

$$\eta_p = \frac{\Delta Q^s}{\Delta P} \cdot \frac{P}{Q^s} \qquad (3.8')$$

O valor da elasticidade-preço da oferta depende de determinadas características presentes no processo de produção e oferta do bem. Em uma primeira análise, poder-se-ia considerar que a resposta da produção às elevações de preços seria imediata, já que os produtores buscam o maior lucro possível. Porém, em alguns casos, a capacidade e o tempo de resposta da produção são limitados no curto prazo. Esse é o caso da agricultura. Uma vez que se realiza o plantio, a oferta de alimentos já está determinada. Podem-se considerar também os casos em que a oferta adicional depende da ampliação da fábrica ou da compra de máquinas e equipamentos, o que não pode ser realizado da noite para o dia. Um exemplo interessante diz respeito à oferta de imóveis novos. A construção de um prédio residencial, por exemplo, pode levar vários meses ou mesmo anos (ver Boxe 3.4). Quando a oferta é totalmente inelástica, a elevação da demanda terá impacto somente no preço do bem.

A elasticidade-preço da oferta mede a intensidade da variação percentual da oferta em resposta à variação percentual no preço do bem.

Boxe 3.4 A oferta inelástica dos imóveis no curto prazo

Um caso interessante acerca das implicações da existência da oferta inelástica pode ser encontrado no mercado de imóveis. No curto prazo, pode-se considerar que a oferta no setor imobiliário é totalmente inelástica em relação ao preço, já que ela depende de novas construções, o que leva vários meses ou anos. Graficamente, a curva de oferta de curto prazo nesse mercado é vertical e traduz a ideia de que, qualquer que seja o preço, a oferta de imóveis será a mesma. Se a demanda se elevar, o impacto será unicamente sobre os preços. O Gráfico 3.5 traduz esse caso:

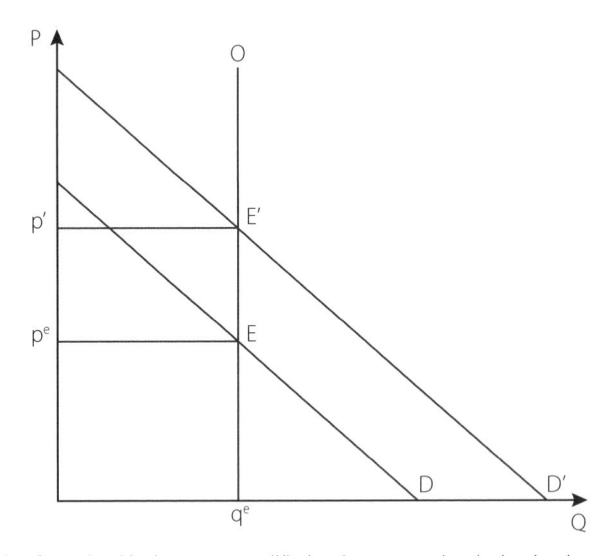

Gráfico 3.5 A oferta inelástica e o equilíbrio de mercado de imóveis.

No gráfico, considere o deslocamento da curva de demanda de D para D' em decorrência do aumento na renda dos consumidores. Como a oferta de imóveis é fixa e representada pela reta horizontal O, o resultado final será apenas a elevação dos preços dos imóveis de p^e para p'. Preços mais altos, entretanto, estimularão novas construções, e, com o tempo, a curva de oferta se deslocará para a direita, resultando em novo equilíbrio de mercado. O resultado final dependerá da intensidade do deslocamento da curva de oferta. As evidências empíricas apontam, entretanto, que a tendência será de elevação nos preços, principalmente nas grandes cidades onde a expansão imobiliária é limitada pelo espaço físico (já o crescimento populacional parece não ter qualquer limite).

3.8 As elasticidades no curto e no longo prazo

Os valores das elasticidades também podem se alterar ao longo do tempo. Conforme visto anteriormente, o aparecimento de bens substitutos pode elevar a elasticidade-preço da demanda. Há também as preferências dos consumidores. A crescente preocupação com a saúde, por exemplo, tem reduzido a demanda por determinados alimentos processados. Pode-se também citar o caso do mercado de imóveis, conforme discutido no Boxe 3.4. Mas o caso mais interessante foram as implicações, sobre a demanda de gasolina, dos choques do petróleo que ocorreram no mercado mundial nos anos 1970. Considerando a dependência das sociedades por este combustível, a demanda pouco se alterou em decorrência da forte elevação nos preços no mercado internacional, revelando a baixa elasticidade-preço da demanda pelo combustível fóssil. Com o tempo, os consumidores passaram a buscar alternativas de transporte mais econômicas. Muitos optaram pelos transportes públicos. Outros passaram a utilizar carros mais econômicos. Com o tempo, surgiram os biocombustíveis. Tais alternativas resultaram na elevação da elasticidade-preço da demanda pela gasolina ao longo do tempo, e a crise perdeu fôlego já no final dos anos 1980. Muitos empresários viram na crise oportunidades de ganhos com a exploração de novas fontes de petróleo (o caso da exploração em águas profundas pela Petrobras S/A.) ou novos produtos (o caso do etanol e outros biocombustíveis).

Boxe 3.5 A elasticidade-preço da demanda e as políticas de combate às drogas

O consumo de drogas constitui-se num dos principais problemas presentes nas sociedades modernas. As drogas prejudicam a saúde, impondo altos custos para os sistemas de saúde dos países. Também contribuem para a intensificação da violência, elevando os gastos com a segurança pública e privada. Na grande maioria dos países, existem duras leis contra a venda e o consumo de substâncias ilícitas. Em geral, o problema é tratado como sendo de polícia. Mas também se trata de um problema econômico. A proibição tende a elevar o preço das drogas. Isso porque elas possuem baixa elasticidade-preço da demanda, tendo em vista o vício que causam nos consumidores (o mesmo vale para os cigarros e as bebidas alcoólicas). Mesmo com a forte repressão, a demanda continua existindo. Essa evidência sugere que a solução do problema deve ser buscada em políticas que busquem reduzir a demanda, ou seja, é necessário também atuar no comportamento dos consumidores. Ações de conscientização acerca dos efeitos prejudiciais das drogas, em todos os níveis educacionais e classes sociais, podem ajudar a elevar a elasticidade-preço da demanda por drogas. Também deve-se pensar na possibilidade de criação de alternativas de lazer para os jovens, principalmente em áreas de baixa renda. Há ainda a possibilidade de se criarem medicamentos que reduzam os efeitos do vício. Ainda que não se tenha a certeza acerca da eficácia dessas medidas, o debate mostra como determinadas questões econômicas podem contribuir para o desenvolvimento de pesquisa nas áreas de saúde e segurança pública. Tais possibilidades reforçam a ideia de que a Economia pode ser útil em outras áreas do conhecimento humano.

3.9 Considerações finais: o que se pode aprender com o conceito de elasticidade

As elasticidades possuem ampla aplicação prática. Conhecer os seus valores e os fatores que as determinam podem ajudar na tomada de decisões e estratégias de mercado por parte de empresários e executivos. Os exemplos considerados demonstram que elas também podem ser úteis em outras áreas do conhecimento humano. Este capítulo considerou três das principais elasticidades estudadas no âmbito da Economia. Existem outras, representadas pelas elasticidades cruzadas, que consideram os efeitos das alterações de preços dos bens substitutos e complementares, no consumo e na produção. Nos exercícios, serão considerados alguns desses casos.

Com a leitura deste e dos dois capítulos anteriores, o leitor já tem as ferramentas básicas para a compreensão, com algum grau de densidade, dos vários aspectos relacionados com o funcionamento dos mercados. Já se sabe sobre as relações entre a oferta, a demanda e o preço do bem. Também é possível entender os impactos das alterações da renda, das preferências do consumidor, dos custos de produção e das inovações tecnológicas sobre o equilíbrio de mercado. O analista, conhecendo as características do bem comercializado, pode inferir sobre algumas mudanças que podem ocorrer no mercado. Por exemplo, é possível identificar os setores que mais se beneficiam com o crescimento da Economia. Isso porque o aumento da renda da população tende a beneficiar determinados setores que produzem bens normais ou superiores. É possível ainda realizar análises sofisticadas com base no conceito de elasticidade. O aumento no valor da elasticidade-preço da demanda, por exemplo, pode sugerir o aparecimento de produtos substitutos, impondo determinadas estratégias para a sobrevivência da firma no mercado. É bem verdade que toda essa análise demanda um olhar mais atento sobre os números. Na análise econômica, existe a Econometria, que representa importante método na estimação das curvas de demanda, de oferta e das elasticidades. Entretanto, a intuição já pode ser suficiente para se ter alguma ideia dos valores. Enfim, o leitor já tem em mãos alguns dos mais importantes fundamentos necessários para a construção de cenários de mercado e tomada de decisões. Mas ainda falta considerar as estruturas de mercado. É o que será feito nos próximos três capítulos.

EXERCÍCIOS

1. Como se pode caracterizar a demanda por um bem a partir do conceito de elasticidade?

2.   Quais as possíveis fórmulas para representar os vários conceitos de elasticidade?

3.   Cite três exemplos de bens com baixa elasticidade-preço da demanda. Faça o mesmo para a elasticidade-renda da demanda.

4.   Qual a relação entre a elasticidade-preço da demanda e o preço do bem?

5.   Mostre por que a elasticidade-preço da demanda se altera ao longo da curva de demanda.

6.   Qual a relação entre o número de substitutos na demanda por determinado bem e elasticidade-preço da demanda?

7.   Como as elasticidades podem se alterar ao longo do tempo?

8.   Defina a elasticidade-preço cruzada, considerando os bens substitutos e complementares.

9.   O que explica a baixa elasticidade-preço da oferta?

10.   Como o conceito de elasticidade foi utilizado para justificar a industrialização substitutiva de importações na América Latina?

Referências

GOOLSBEE, Austan; LEVITT, Steven; SYVERSON, Chad. *Microeconomia*. 2. ed. Rio de Janeiro: Editora Atlas/Gen, 2018.

MANKIW, N. Gregory. *Introdução à Economia*: princípios de micro e macroeconomia. Rio de Janeiro: Elsevier, 2. ed., 2001.

PINDICK, Robert S.; RUBINFELD, Daniel L. *Microeconomia*. 8. ed. São Paulo: Editora Saraiva, 2013.

TIMM, Luciano Benetti (organizador). *Direito e Economia no Brasil*. São Paulo: Editora Atlas, 2012.

VARIAN, Hal R. *Microeconomia, uma abordagem moderna*. 9. ed. São Paulo: Editora Campus, 2015.

VASCONCELLOS, Marco Antônio Sandoval de. *Economia*: macro e micro. 6. ed. Rio de Janeiro: Editora Atlas/Gen, 2015.

VASCONCELLOS, Marco Antônio Sandoval de; GUENA, Roberto; BARBIERI, Fábio. *Manual de microeconomia*. 3. ed. Rio de Janeiro: Editora Atlas/Gen, 2011.

4

A concorrência perfeita

Assista ao vídeo do autor
sobre o tema deste capítulo

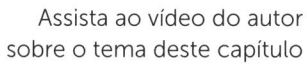

uqr.to/fdi8

OBJETIVOS DO CAPÍTULO:

- Apresentar o modelo de concorrência perfeita.
- Discutir as hipóteses que justificam a concorrência perfeita.
- Apresentar o conceito de lucro econômico.
- Apresentar o conceito de custo de oportunidade.
- Discutir as diferenças entre lucro econômico e lucro contábil.
- Mostrar que no mercado de concorrência perfeita, o lucro econômico é zero.
- Mostrar as relações entre receita marginal, custo marginal e o preço em um mercado competitivo.
- Comparar o equilíbrio de mercado com o equilíbrio da firma em um mercado competitivo.
- Mostrar a importância da concorrência perfeita para a regulação dos mercados.

4.1 Introdução

A análise realizada nos dois últimos capítulos baseou-se principalmente no estudo do equilíbrio de mercado a partir da interação entre a oferta e a demanda. Mas nada foi dito sobre o número de firmas existente no mercado e o comportamento de cada uma em relação ao preço cobrado e ao lucro obtido. Tais conceitos, dentre outros, permitem qualificar melhor o equilíbrio e determinados aspectos relacionados ao comportamento das firmas em ambiente de grande concorrência. Neste capítulo, será estudada a mais popular das estruturas de mercado: a concorrência perfeita.

Os aspectos teóricos em torno da concorrência perfeita, apesar de apresentarem certa distância da realidade, são de grande importância para o entendimento dos mercados no mundo real. As aplicações práticas são inúmeras. As hipóteses em torno do modelo são fundamentais na definição dos princípios que devem nortear a regulação dos mercados, particularmente na busca da eliminação de práticas abusivas que podem prejudicar consumidores e firmas. O modelo permite ainda a compreensão de alguns dos fundamentos do comércio internacional. Enfim, trata-se de uma estrutura cujo interesse transcende o estudo da Economia, sendo fundamental para as áreas do Direito e das Relações Internacionais, dentre outras, no processo de construção de algo ideal para a sociedade. Como diz um ditado popular: quanto mais concorrência melhor.

Boxe 4.1 As carroças e a abertura do mercado brasileiro nos anos 1990

No início da década de 1990, a palavra "carroças" se popularizou na designação dos carros fabricados no Brasil. Havia a percepção de que os carros nacionais, que apresentavam altíssimos preços de venda, estavam tecnologicamente defasados em relação àqueles fabricados em outros países. Ou seja, os altos preços não justificavam a qualidade dos nossos automóveis. Naquele momento, intensificavam-se os debates em torno da abertura comercial como forma de dar um "choque tecnológico" na produção industrial do Brasil. De fato, a Economia brasileira era fechada ao resto do mundo e sua industrialização havia ocorrido sob a proteção de altas taxas de importação. Os anos 1980, considerados como "a década perdida", constituiu-se no período de baixo crescimento econômico e de altas taxas de inflação, situação que foi considerada como resultado desse processo de industrialização tido como ineficiente. Para superar o atraso, era necessário encontrar um novo modelo. A abertura comercial se colocou como uma das alternativas. A ideia era elevar a concorrência na indústria, e a automobilística foi colocada no centro do debate. A abertura, ainda que insuficiente para muitos, veio. Inicialmente, o mercado foi abastecido por grande número de marcas e modelos de automóveis. Posteriormente, muitas firmas estrangeiras instalaram fábricas no país. Se antes havia poucas alternativas, a abertura permitiu ampliar o leque de escolhas. Hoje, são mais de 30 fabricantes de automóveis presentes no país. Há também inúmeras opções para a compra de carros importados. Ainda que os preços dos automóveis sejam relativamente altos no Brasil, mesmo porque a indústria automobilística não possa ser caracterizada como de concorrência perfeita, os carros nacionais de hoje apresentam qualidade e tecnologia que podem ser comparadas com aqueles fabricados no exterior, não havendo mais a defasagem tecnológica do passado. Este exemplo serve para ilustrar a importância do conceito de concorrência, não apenas para as firmas em suas decisões estratégicas de mercado, mas também na formulação de políticas de crescimento econômico.

4.2   A concorrência perfeita: hipóteses básicas

Para que a estrutura de mercado seja caracterizada como de concorrência perfeita, são necessárias algumas hipóteses. Elas não se verificam no mundo real. Entretanto, servem como referências para um modelo ideal que traz benefícios principalmente para os consumidores. Mas mesmo as firmas podem se beneficiar com elas. A seguir, são apresentadas quatro hipóteses necessárias para a caracterização dessa estrutura.[1]

1ª. Hipótese: A existência de grande número de firmas e consumidores no mercado. Quanto maior for o número de ofertantes e demandantes, nenhum deles conseguirá, isoladamente, afetar o preço do bem comercializado. Ou seja, essa hipótese garante que os agentes, no modelo de concorrência perfeita, são tomadores de preço, que é determinado pelas forças de mercado.[2]

2ª. Hipótese: O bem comercializado deve ser homogêneo e igual para todos. Essa hipótese significa que os bens devem ser substitutos perfeitos no consumo e na produção. Tomando como exemplo o mercado de soja, deve-se considerar essa oleaginosa como um produto homogêneo, sem qualquer diferenciação de cor, tamanho ou tipo.

---

[1] Em geral, os livros de introdução à Economia consideram apenas as duas ou três primeiras hipóteses aqui listadas. A quarta, apesar de poder ser suprida, possibilita análises mais sofisticadas sobre os mercados.

[2] Até agora, utilizou-se principalmente os termos "produtores" ou "ofertantes". A partir de agora, será considerada a palavra "firma", que é mais adequada ao estudo das estruturas de mercado.

3ª. Hipótese: Não existe barreiras à entrada de firmas no mercado. As barreiras à entrada são restrições que impendem uma firma de atuar como ofertante no mercado. Elas decorrem, por exemplo, de altos investimentos necessários para o início da atividade produtiva ou de restrições tecnológicas que possam dificultar a entrada de novas firmas no mercado. Em análise mais sofisticada, podem-se considerar outras barreiras, como a necessidade de altos gastos com propaganda e *marketing*, existência de patentes, tarifas de importação ou outras "proibições" legais e ilegais.

4ª. hipótese: Existe informação perfeita e simétrica para todos os agentes envolvidos no mercado. Como informação perfeita, entende-se a disponibilidade, sem qualquer custo, de todas as informações necessárias à produção e às transações de compra e venda. Como informação simétrica, entende-se a disponibilidade equitativa das informações para todos os agentes no mercado. Essa hipótese é necessária para que o consumidor tome a decisão ótima em suas compras. Também é necessária para a firma em sua decisão de entrar ou sair do mercado.

Essas quatro hipóteses garantem a existência da concorrência perfeita. Nessa estrutura, deve-se destacar o processo de formação dos preços, que é impessoal e determinado pela interação entre a oferta e a procura.

Conforme afirmado anteriormente, as hipóteses necessárias para a existência da concorrência perfeita são difíceis de serem encontradas no mundo real. Mas mesmo assim devem ser consideradas como referência na avaliação das estruturas de mercado. Em estudos sobre os mercados agrícolas, por exemplo, pode-se verificar que os produtores rurais não conseguem exercer, individualmente, influência sobre os preços dos alimentos produzidos, que são determinados pelo volume do plantio e pela sazonalidade da oferta. Em épocas de safra, os preços dos alimentos tendem a cair, voltando a subir na entressafra. De fato, os mercados agrícolas são aqueles que mais se aproximam do mundo da concorrência perfeita. A sazonalidade também pode estar no consumo: no final de ano, alguns alimentos sobem de preço, tendo em vista o aumento da demanda decorrente das festividades.

> Em um mercado em concorrência perfeita, não existem barreiras à entrada de novas firmas, o bem comercializado é homogêneo, a informação é perfeita e simétrica e os agentes são tomadores de preço.

A concorrência perfeita também serve como referência para as práticas em torno da regulação dos mercados. É possível que, de forma artificial, determinada firma utilize seu poder para dificultar a entrada de novas firmas no mercado.

Também é possível a formação de cartéis, que são acordos em torno do preço e da quantidade produzida. Essas possibilidades serão abordas nos próximos capítulos.

Outra questão a ser considerada refere-se ao bem-estar dos consumidores. Já foi dito que, quanto maior a concorrência, mais justo será o preço para o consumidor. Não é necessário ser economista para tirar essa conclusão. Basta ir a uma feira livre, cujos preços dos alimentos ofertados costumam ser menores do que aqueles praticados em alguns supermercados varejistas; ou em uma feira de livros, cujos preços encontrados são bastante atrativos quando comparados com os encontrados em algumas livrarias.

A questão do bem-estar também pode ser avaliada por outro resultado do modelo de concorrência perfeita: a existência do lucro econômico zero, que difere do lucro contábil, necessário às atividades empresariais. Essa diferença será considerada a seguir.

Boxe 4.2 A definição de *commodity*

No Capítulo 2, foi apresentado o caso referente ao aumento da demanda pela soja no mercado internacional provocado pelo forte crescimento experimentado pela China. Esse produto foi definido como *commodity* e tem relação direta com duas das hipóteses apresentadas nesta seção. Define-se *commodity* como sendo um produto que possui características físicas homogêneas, cujo preço é determinado no mercado internacional, que possui alta concorrência quando comparada com o mercado interno. As *commodities* são, em geral, produtos primários, como a soja, o café, o trigo, o açúcar, o ouro e o petróleo. Considerando que, no mercado internacional, existem inúmeros ofertantes e demandantes, nenhum produtor ou consumidor individual consegue exercer influência sobre o preço da *commodity*. No caso da soja ou do açúcar, por exemplo, muitos produtores brasileiros acompanham diariamente os preços nas principais bolsas de mercadorias internacionais, como as bolsas de Chicago e Nova Iorque. Também monitoram os estoques mundiais dos produtos e as condições climáticas dos principais países produtores. Essa monitoração constitui-se uma das formas de se realizar alguma previsão acerca do comportamento dos preços. O petróleo é um caso à parte. Mesmo sendo considerado como *commodity*, a história mostra que é possível manipular o seu preço. Mas essa manipulação só é possível por algum tempo. No Capítulo 6, será considerado esse caso.

4.3   O lucro econômico zero e o equilíbrio no mercado competitivo

Ao estudar microeconomia, o estudante se depara com um mistério que é resultado do modelo de concorrência perfeita: a existência do denominado **lucro**

econômico zero. De fato, a ausência de lucro econômico é uma das implicações das hipóteses discutidas na seção anterior. A lógica é a seguinte: se determinada firma apresenta lucro "acima do normal", essa informação será compartilhada por todas. Em busca de vantagens, outras firmas entrarão no mercado. Com o consequente aumento da concorrência, o preço do mercado e o lucro de cada uma se reduzirá. Por outro lado, se há prejuízo, muitas firmas se sentirão desmotivadas e sairão do mercado, o que pressionará o preço para cima e reduzirá o prejuízo para as que ficarem. Esse processo de ajuste resultará no equilíbrio, onde não haverá nem a entrada nem a saída de firmas no mercado. Também não haverá nem lucro nem prejuízo econômico para todas as firmas que permanecerem, apenas o lucro "normal" ou contábil. Para melhor compreensão dessa lógica, é necessário diferenciar os conceitos de **lucro econômico** e **lucro contábil**.

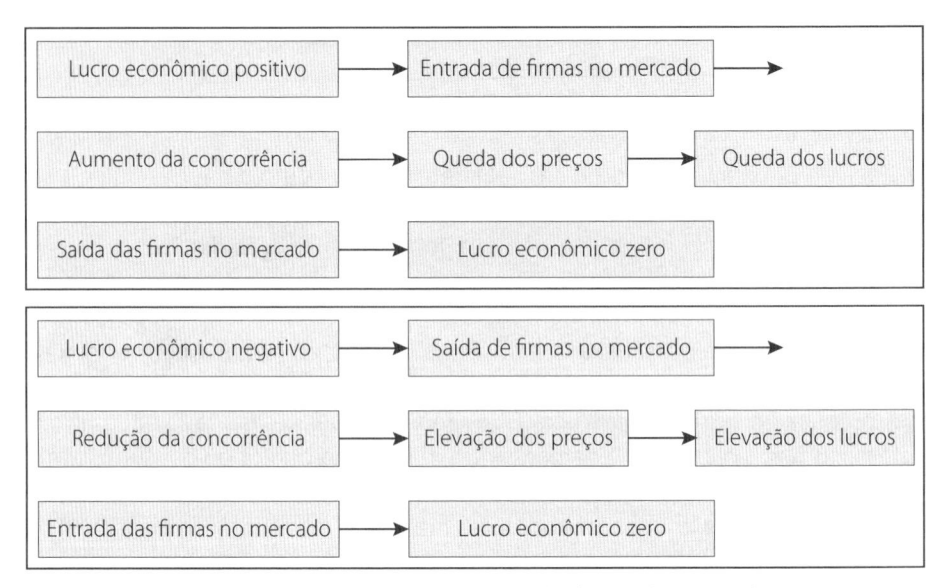

Figura 4.1 O lucro econômico e a entrada e saída de firmas do mercado.

De forma bem simples, pode-se definir o lucro contábil como sendo a diferença entre as receitas das vendas e os custos de produção e comercialização do bem. Nessa definição, todos os custos podem ser mensurados contabilmente e, por isso, também são denominados **custos explícitos**. Eles decorrem, por exemplo, dos gastos com as matérias-primas, com a utilização da mão de obra, com o uso de energia no processo produtivo, com o aluguel da fábrica ou com o transporte de mercadorias, dentre outras despesas. O lucro econômico diferencia-se do lucro contábil exatamente pelo que se entende como custo. No seu cálculo, são considerados, além dos custos explícitos, aqueles que não envolvem desembolso monetário, também denominados **custos implícitos**. Para o melhor entendimento deste último conceito, é necessário considerar outro: o **custo de oportunidade**.

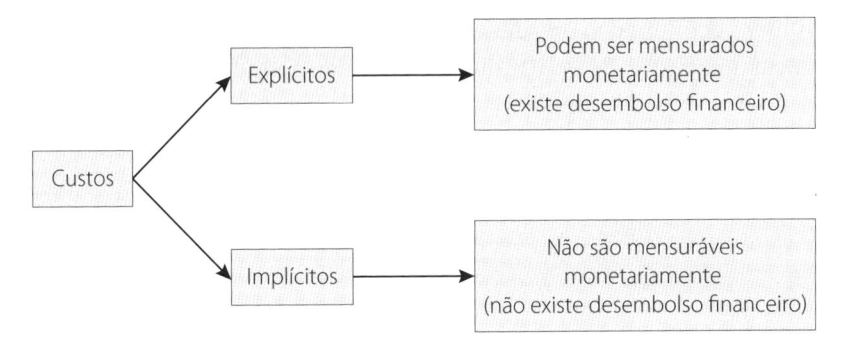

Figura 4.2 Custos explícitos x custos implícitos.

Conforme estudado no Capítulo 1, pode-se definir custo de oportunidade como sendo aquilo que se abre mão em decorrência de determinada ação. Por exemplo, quando o estudante se debruça na leitura de um livro, ele abre mão de gastar o seu tempo com outras práticas de lazer. Quando o empresário utiliza a sala comercial de sua propriedade para o exercício da advocacia, ele abre mão da possibilidade de alugar essa sala para outro indivíduo. O próprio tempo dispendido no exercício da atividade profissional pode ser considerado como custo de oportunidade: o advogado poderia usar tempo de exercício da profissão para realizar, por exemplo, uma viagem de turismo ou exercer outra atividade profissional.

> Custo de oportunidade: aquilo que se abre mão quando se realiza determinada ação.

No contexto da Economia, todos os dispêndios realizados no processo produtivo representam custos de oportunidade. Por exemplo, quando o empresário utiliza determinado insumo, o dinheiro gasto em sua aquisição poderia ser utilizado na compra de algum outro bem. Isso é válido para qualquer despesa ou custo que pode ser contabilmente auferido ou explicitado em termos monetários. Entretanto, existem aqueles que não envolvem dispêndios monetários, ou seja, os custos implícitos. Quando uma pessoa se dedica à determinada atividade empresarial, ela abre mão de outro possível negócio. Essa alternativa ou oportunidade não pode ser auferida contabilmente, pois não existe desembolso financeiro. Mas deve ser considerada nas decisões de permanecer ou não na atividade, já que implica custo de oportunidade. Deve-se destacar que o custo de oportunidade depende das preferências dos agentes econômicos. Ou seja, ele pode ser diferente entre as pessoas ou firmas.

Mesmo tendo algum lucro contábil, o empresário pode experimentar lucro econômico zero ou mesmo negativo. Nesse sentido, torna-se importante a diferenciação dos dois conceitos. O lucro contábil considera apenas os custos explícitos. Já o lucro econômico considera, além dos custos explícitos, os implícitos em decorrência dos custos de oportunidade que não são auferidos monetariamente. O Quadro 4.1 resume as possibilidades em torno desses conceitos:

Quadro 4.1 Conceitos relacionados ao lucro econômico e contábil

> Lucro (conceito genérico) = receita - custos
>
> Lucro contábil = receita - custos explícitos
>
> Lucro econômico = receita - [custos explícitos + custos implícitos]
>
> Lucro econômico = receita - [custos de oportunidade totais]
>
> Lucro econômico zero = lucro normal

No modelo de concorrência perfeita, o equilíbrio de mercado depende do lucro econômico. Para a compreensão dessa afirmação, é necessário diferenciar dois períodos: o curto e o longo prazo. No contexto desta análise, o curto prazo deve ser entendido como sendo o período em que é possível a existência de lucro econômico para alguma firma individual.[3] É esse lucro que irá motivar a entrada de novas firmas no mercado, o que pode levar algum tempo. Já no "longo prazo", isto é, decorrido o tempo de ajuste, o lucro econômico será zero. Logo, quando se fala em lucro econômico zero, considera-se o tempo decorrido até o equilíbrio, que é a situação definida quando não há alterações no número de firma no mercado. Nesse sentido, as relações contidas no Quadro 4.1 devem ser relativizadas considerando o prazo de ajuste, conforme o Quadro 4.2:

> O lucro contábil considera apenas os custos explícitos. Já o lucro econômico considera, além dos custos explícitos, os implícitos em decorrência dos custos de oportunidade que não são auferidos monetariamente.

---

[3] Aqui é importante considerar a diferença entre curto e longo prazo na Economia. Na definição desses prazos, na grande maioria das vezes, não é possível estabelecer critérios concretos, isto é, determinar o número de meses ou anos. É necessário também considerar o contexto da análise. Aqui, o longo prazo refere-se ao tempo de ajuste para que se estabeleça o lucro econômico zero para cada firma. Em outros modelos, essa questão temporal é diferente. Neste livro, sempre que necessário, será apresentado um breve comentário sobre essa questão temporal.

Quadro 4.2 Relação entre o lucro econômico e a entrada e saída de firmas no mercado competitivo

> Lucro econômico > 0 => entrada de firmas no mercado
>
> Lucro econômico < 0 => saída de firmas no mercado
>
> Lucro econômico = 0 => equilíbrio de longo prazo no mercado

4.4 O preço de equilíbrio para a firma em concorrência perfeita

A partir das hipóteses do modelo de concorrência perfeita e do conceito de lucro econômico, é possível analisar o equilíbrio de mercado para cada firma individual. Incialmente, deve-se considerar o conceito de lucro total, definido como sendo a diferença entre a receita e o custo total. Fazendo LT = lucro total, RT = receita total e CT = custo total, tem-se então que:

> Para uma firma em concorrência perfeita, no "longo prazo", isto é, decorrido o tempo de ajuste, o lucro econômico será zero.

$$LT = RT - CT^4 \tag{4.1}$$

Considere agora dois outros conceitos: o da receita marginal, que será representada por Rmg, e o do custo marginal, Cmg. Define-se receita marginal como sendo o acréscimo da receita total em decorrência do acréscimo, na produção, de uma unidade do bem. O mesmo conceito pode ser utilizado para a definição de custo marginal, ou seja, o acréscimo do custo total em decorrência do acréscimo de uma unidade na produção. Utilizando o símbolo Δ para esses acréscimos e a letra q para a quantidade produzida do bem, tem-se que:

$$Rmg = \frac{\Delta RT}{\Delta q} \tag{4.2}$$

---

[4] Aqui cabe uma observação importante em torno da relação dada pela Equação 4.1. Pode-se considerar que todas a variáveis da equação são funções da quantidade produzida. Por exemplo, à medida que a firma altera sua produção, o seu lucro também se altera. Nesse sentido, pode-se considerar que $LT = f(q)$, onde q representa a quantidade produzida do bem. Em geral, os livros de microeconomia substituem a letra "f" pela mesma notação do lado esquerdo da igualdade. Logo, a função pode ser reescrita como $LT = LT(q)$. O mesmo vale para RT e CT. Com as novas notações, a Equação 4.1 pode ser reescrita como: $LT(q) = RT(q) - CT(q)$. Esta nova equação permite que os custos sejam analisados graficamente. Neste livro, será considerado apenas a função custo marginal, que será apresentada na próxima seção.

e

$$Cmg = \frac{\Delta CT}{\Delta q} \qquad (4.3)$$

De posse desses conceitos, é possível agora estabelecer algumas importantes relações que podem ser encontradas em um mercado competitivo. À medida que a firma aumenta a produção do bem, tanto a receita total quanto o custo total crescem. Enquanto o acréscimo da receita total for maior do que o acrescimento do custo total, ou seja, se $Rmg > Cmg$, então valerá a pena para a firma continuar aumentando a produção. Por outro lado, se ocorrer a situação em que $Rmg < Cmg$, então a firma estará produzindo de forma ineficiente e deverá reduzir a produção. Essa dinâmica permite concluir que a firma irá escolher o nível ótimo de produção quando $Rmg = Cmg$. Nessa posição, seu lucro será máximo.[5] Obviamente, há muita coisa implícita nessa dinâmica. Entretanto, a simplicidade aqui adotada não compromete o entendimento dos conceitos. O mais importante aqui é considerar os resultados.

Figura 4.3 Receita e custos marginais e o equilíbrio na produção.

Torna-se necessário agora considerar a relação entre a receita marginal da firma e o preço cobrado pela venda do bem. Considerando que a firma é tomadora de preço (lembre-se que o preço é determinado pelas forças do mercado), então a receita marginal será exatamente igual ao preço do bem vendido. Para entender essa igualdade, basta lembrar que a firma irá receber exatamente o preço pela venda de uma unidade adicional do bem. Nesse sentido, pode-se considerar a seguinte igualdade:

O equilíbrio para a firma em concorrência perfeita ocorrerá quando $Cmg = P$

$$Rmg = P \qquad (4.4)$$

---

[5] O lucro máximo aqui é calculado utilizando os custos explícitos. No caso do lucro econômico, ele será zero, o que não faz sentido utilizar a palavra "máximo".

Considerando que o nível de produção ótima é alcançado quando $Rmg = Cmg$, então pode-se concluir que, para a firma que atua no mercado competitivo, o aumento da produção irá ocorrer até o ponto em que o custo marginal for igual ao preço, ou seja:

$$Cmg = Rmg => Cmg = P \qquad (4.5)$$

A tabela apresenta um exemplo numérico que pode exemplificar esse resultado:

Tabela 4.1 Simulação em torno da *Rmg* e *Cmg* e o equilíbrio da firma

Quantidade Q	Preço P	Receita Total RT	Custo Total CT	Lucro Total (contábil) $LT = RT - CT$	Receita Marginal $Rmg = \Delta RT/\Delta Q$	Custo Marginal $Cmg = \Delta CT/\Delta Q$
1	8	8	3	5	8	3
2	8	16	5	11	8	2
3	8	24	10	14	8	5
4	8	32	16	16	8	6
5	8	40	24	16	8	8
6	8	48	34	14	8	10
7	8	56	46	10	8	12

A partir dos dados do quadro, percebe-se que a receita marginal será igual ao preço quando a firma alcançar a produção de 5 unidades do produto. Ou seja, no equilíbrio, $P = Rmg = Cmg = 8$. Note que, a este preço, o lucro total da firma é igual a 16, que é o valor máximo comparado com os outros níveis de produção. Em outras palavras, no equilíbrio, a firma maximiza o seu lucro contábil.

No Capítulo 2, foi apresentado o equilíbrio de mercado a partir da interação das curvas de oferta e

> No equilíbrio de mercado, o lucro (contábil) para cada firma é máximo.

demanda. Naquele contexto, não se considerou o número de firmas ou de consumidores. Mas agora é possível considerar esse número. Fazendo isso, pode-se comparar o equilíbrio de mercado como o equilíbrio para uma firma individual. Para tanto, deve-se considerar o custo marginal como função da quantidade produzida. O exemplo numérico apresentado anteriormente sugere que o custo marginal cresce com a produção. Pode-se então generalizar esse resultado, representando o custo marginal por uma curva positivamente inclinada. Por outro lado, a receita marginal, para a firma individual, é uma reta horizontal e igual ao preço de equilíbrio de mercado. A partir dessas relações, equilíbrio simultâneo de mercado e para a firma individual pode ser visualizado a partir dos gráficos:

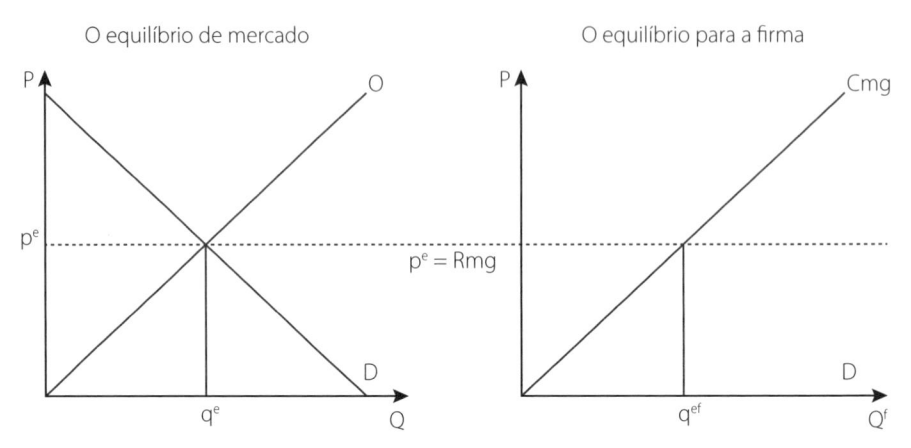

Gráficos 4.1 e 4.2 A comparação entre equilíbrio de mercado e o equilíbrio para uma firma individual em concorrência perfeita.

No gráfico da esquerda, o equilíbrio de mercado ocorre pela interação das curva D e O, que resulta no preço p^e, onde a quantidade comercializada total é igual a q^e. O gráfico da direita representa o equilíbrio para a firma individual (Equações 4.4 e 4.5). A curva horizontal representa a função Rmg, que é igual ao preço determinado pelo mercado (lembre-se mais uma vez que a firma, em um mercado competitivo, é tomadora de preço). O Cmg é representado pela reta positivamente inclinada. A interação entre Cmg e Rmg determina o nível de produção ótima para a firma, ou seja, q^{ef}.

Boxe 4.3   O comércio ambulante de cerveja em um carnaval de rua

Em um carnaval de rua, pode-se notar alguns fenômenos econômicos interessantes. São inúmeros foliões buscando se divertir ao som das marchinhas carnavalescas. A alegria, a irreverência e o respeito são as únicas regras. Algumas pessoas, entretanto, dirigem-se à folia com sérios objetivos. São aqueles que buscam algum ganho ou lucro com a venda de cerveja. Trata-se de atividade informal que se utiliza apenas de uma caixa de isopor com gelo, carregada por um único indivíduo. Tem-se então, no meio da folia, o mercado de cerveja. Nesse mercado, os foliões querem se divertir, desejando pagar o menor preço possível pela bebida; e os vendedores procuram vender o maior número de latas de cerveja ao maior preço possível. Na rua, que pode ter mais de um quilômetro de extensão, poder-se-ia esperar grandes diferenças no preço da cerveja entre os ambulantes. Porém, isso não ocorre. O que se percebe é que o preço tende a ser igual entre os vendedores, mesmo que eles não se comuniquem (e não se comunicam considerando o alto volume da música). Ou seja, nenhum vendedor individual obterá lucros extraordinários, já que será grande a concorrência no mercado. É possível, entretanto, que, no segundo dia de folia, o número de vendedores ambulantes seja maior ou menor. Tudo vai depender do preço e da percepção do lucro auferido no primeiro dia de carnaval. Esse exemplo serve para mostrar que, mesmo considerando interesses diversos (além do "caos" da folia), existe o equilíbrio, como se fosse determinado pela "mão invisível".

Quadro 4.3 Resumo das principais características da concorrência perfeita

Número de firmas	Muitas
Barreiras à entrada	Não existe
Política de preço	Tomador de preço: $P = Rmg$
Lucro econômico no curto prazo	Positivo, zero ou negativo
Lucro econômico no longo prazo	Zero
Exemplos	Agricultura, serviços de restaurante, feiras livres, *commodities*

4.5 Considerações finais: o que se pode aprender com a concorrência perfeita

Existem vários argumentos que apontam para os benefícios da concorrência perfeita para a sociedade. Conforme indicado no início deste capítulo, parece não haver dúvidas de que os consumidores se beneficiam com as possibilidades de escolha. Quanto maior o número de firmas ofertando o produto desejado, maiores serão as opções de compra. Já a concorrência entre as firmas resulta no lucro econômico zero, que é uma vantagem sob o ponto de vista do bem-estar social. Também cria incentivos para a busca de formas alternativas de atrair os consumidores, o que tende a elevar a eficiência na produção e comercialização do bem. Esses argumentos constituem-se as bases da defesa do livre mercado.

A concorrência também pode ser importante referência no estudo da regulação dos mercados. No mundo real, não existe a perfeição aqui considerada. Porém, o modelo pode servir ao legislador na avaliação de práticas que atrapalham a concorrência, como a existência de barreira à entrada de firmas no mercado ou a combinação de preços. Ou seja, tudo o que atrapalha a concorrência de forma artificial deve ser evitado.

O modelo também serve como referência para o estudo das vantagens do livre comércio internacional. Isso porque a abertura comercial tende a elevar a concorrência na oferta de determinados produtos, reduzindo os preços e melhorando a qualidade do produto no mercado interno. Essa última conclusão pode ser utilizada, por exemplo, para explicar o debate em torno da abertura comercial que ocorreu no Brasil no início da década de 1990, conforme estudo de caso apresentado no início deste capítulo.

Mas nem tudo é tão perfeito assim. Em alguns mercados, simplesmente não existe a livre entrada de firmas. Essa inexistência pode decorrer de questões técnicas relacionadas com o modo de produção. Por exemplo, a oferta de alguns bens e serviços demanda estruturas produtivas cujas características impedem a existência de grande número de firmas no mercado. Este é o caso da produção de aviões ou mesmo o serviço de transporte aeroviário. No transporte entre duas cidades, pode não haver espaço para muitas empresas aéreas, pois cada avião voaria com um número limitado de passageiros, e a passagem aérea teria que ser extremamente alta para cobrir os altos custos do serviço. Em um caso extremo, é possível que exista espaço apenas para uma única firma no mercado. A diferenciação de produtos também é uma realidade. Por exemplo, se considerarmos o perfume como produto homogêneo, então seu mercado se aproximaria da concorrência perfeita. Essa homogeneidade, entretanto, não faz sentido. Cada firma diferencia o seu perfume, ou seja, tem o monopólio da fragrância. Essas considerações sugerem que a inexistência de concorrência perfeita não necessariamente constitui-se algo prejudicial a ser evitado. Essa afirmação será mais bem qualificada nos dois próximos capítulos no contexto do monopólio e do oligopólio.

EXERCÍCIOS

1. Quais as hipóteses necessárias para a existência da estrutura de concorrência perfeita?

2. Cite três exemplos de mercados que se aproximam da concorrência perfeita.

3. Qual a importância da hipótese da informação perfeita e simétrica para a existência de concorrência perfeita?

4. Como é determinado o preço para a firma em um mercado de concorrência perfeita?

5. Defina lucro econômico a partir do conceito de custo de oportunidade.

6. Qual a diferença entre o lucro econômico e o lucro contábil?

7. Por que, no modelo de concorrência perfeita, o lucro econômico é zero?

8. Qual a relação entre o custo marginal, a receita marginal e o preço para uma firma em um mercado de concorrência perfeita?

9. Defina o que é uma *commodity*.

10. Qual a importância do modelo de concorrência perfeita para a regulação dos mercados?

Referências

GOOLSBEE, Austan; LEVITT, Steven; SYVERSON, Chad. *Microeconomia*. 2. ed. São Paulo: Atlas, 2018.

MANKIW, N. Gregory. *Introdução à Economia*: princípios de micro e macroeconomia. 2. ed. Rio de Janeiro: Elsevier, 2001.

PINDICK, Robert S.; RUBINFELD, Daniel L. *Microeconomia*. 8. ed. São Paulo: Editora Saraiva, 2013.

TIMM, Luciano Benetti (organizador). *Direito e Economia no Brasil*. São Paulo: Atlas, 2012.

VARIAN, Hal R. *Microeconomia, uma abordagem moderna*. 9. ed. São Paulo: Editora Campus, 2015.

VASCONCELLOS, Marco Antônio Sandoval de. *Economia: macro e micro*. 6. ed. São Paulo: Atlas, 2015.

VASCONCELLOS, Marco Antônio Sandoval de; GUENA, Roberto; BARBIERI, Fábio. *Manual de microeconomia*. 3. ed. São Paulo: Atlas, 2011.

5

O monopólio

Assista ao vídeo do autor
sobre o tema deste capítulo

uqr.to/fdi9

OBJETIVOS DO CAPÍTULO

- Apresentar o modelo de monopólio.
- Discutir as fontes do monopólio.
- Estudar os fatores que resultam na barreira à entrada de firmas no mercado.
- Apresentar o conceito de economias de escala.
- Definir o monopólio natural.
- Mostrar como se dá a formação de preços no monopólio.
- Mostrar a relação entre o preço do monopólio e a elasticidade--preço da demanda.
- Considerar a estrutura de concorrência monopolística.
- Apresentar o conceito de monopsônio.
- Considerar o monopólio no debate sobre a regulação dos mercados.
- Comparar o monopólio com a concorrência perfeita.

5.1 Introdução

Ao estudar as vantagens da concorrência perfeita, o aluno pode ser levado a concluir que todos os bens e serviços deveriam ser ofertados em mercados competitivos. Qualquer outra estrutura seria prejudicial à sociedade, pois resultaria em lucros abusivos e preços injustamente altos para os consumidores. Entretanto, essa conclusão nem sempre é verdadeira. Existem estruturas de mercado onde a concorrência não é possível, em decorrência de determinadas características relacionadas com o processo de produção. Esse é o caso do monopólio.

Dentre os fatores que explicam a existência do monopólio, destacam-se as economias de escala, que ocorrem quando o custo médio cai à medida que a firma aumenta sua produção. Dependendo do tamanho do mercado, não haverá espaço para muitas firmas. No limite, apenas um ofertante será viável no mercado, estabelecendo-se assim o monopólio. Este capítulo contempla o monopólio, suas principais características, suas fontes de existência e determinados aspectos relacionados ao lucro e à formação do preço.

No capítulo anterior, foi introduzido alguns pontos relacionados com o debate em torno da regulação dos mercados. Esse debate torna-se ainda mais importante no estudo do monopólio. Ainda que o mercado monopolista seja uma estrutura que se impõe pela existência de economias de escala, o poder da firma sobre o preço do bem pode reduzir o bem-estar dos consumidores. Nesse caso, o Estado pode assumir o papel de monopolista no mercado. Essas questões serão discutidas ao longo do capítulo.

Boxe 5.1 O monopólio da Petrobras

No ano de 1953, foi criado no Brasil, por meio da Lei 2.004, a empresa estatal Petrobras S/A., que passou a exercer, no país, o monopólio da exploração, produção, refino e transporte do combustível fóssil e derivados. Durante décadas, a empresa se firmou como uma das maiores do mundo, desenvolvendo tecnologias de exploração, particularmente em áreas profundas. Apesar de ser um símbolo de grandeza para o país, seu poder de monopólio foi questionado por muitos economistas liberais. A partir da década de 1990, com a onda liberal, também denominada neoliberalismo, que passou a predominar no país, tais críticas ganharam força. No ano de 1997, por meio da Lei 9.478, o monopólio da Petrobras foi quebrado. A Lei permitiu que outras empresas pudessem participar na exploração da matéria-prima. Além disso, foi criada a Agência Nacional do Petróleo, Gás Natural e Biocombustíveis (ANP), com o objetivo de fiscalizar a atividade. Passadas mais de duas décadas da publicação da Lei, as possibilidades criadas pela nova legislação parecem não ter surtido os efeitos esperados. A Petrobras ainda se coloca como se fosse a única no setor. Esse exemplo sugere que existe muita coisa por detrás das atividades de um monopólio. Algumas dizem respeito às características técnicas do processo produtivo, no qual os grandes investimentos realizados no passado pratica-mente impedem a entrada de novos concorrentes. Também existe o fato de ser uma empresa pública criada por Lei e que administra uma matéria-prima indispensável ao crescimento do país. Ou seja, a existência de um monopólio está longe de ser trivial e sua quebra não se coloca apenas como uma medida jurídica ou política. Entender essa estrutura demanda estudos que vão além da simples ideia do poder de mercado.

5.2 O monopólio: características gerais e fontes

O monopólio é definido como a estrutura de mercado onde existe apenas uma firma ofertando determinado bem ou serviço. Sua existência não decorre necessaria-mente de práticas desleais que impedem a entrada de novas firmas no mercado, mas de determinadas características que podem ser encontradas no processo produtivo. Dentre elas, destaca-se a existência das denominadas **economias de escala**.

A compreensão das economias de escala demanda algumas definições em torno dos custos de produção. No capítulo anterior, foi sugerido que o *custo total* cresce com o aumento da produção. Entretanto, é possível que o *custo médio* caia com esse aumento. Quando ocorre essa possibilidade, diz-se que a firma produz com economias de escala. O Gráfico 5.1 mostra o comportamento do custo médio total na faixa de produção onde ocorrem as economias de escala:

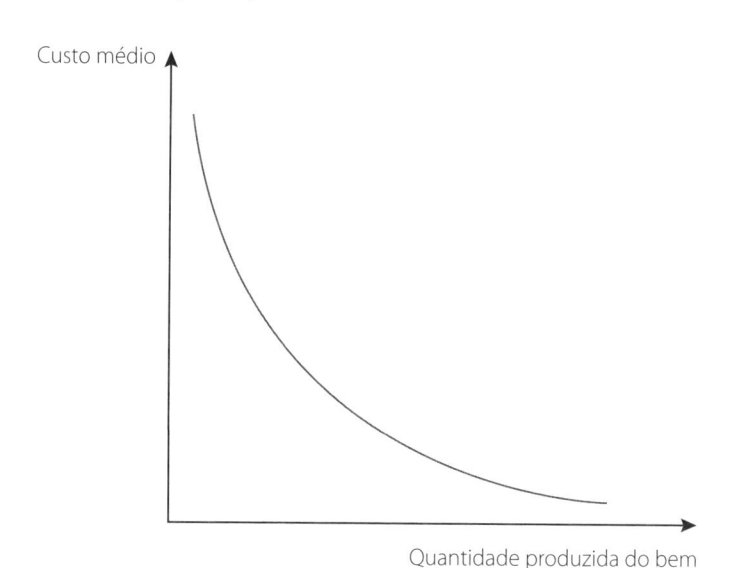

Gráfico 5.1 O custo médio quando há economias de escala na produção.[1]

---

[1] O Cme considerado neste capítulo refere-se ao custo médio total da firma.

Na relação representada no Gráfico 5.1, cada unidade adicional produzida apresenta um custo médio ou unitário menor do que o da produção da unidade anterior. Nessa situação, faz sentido a firma aumentar a produção do bem, já que com isso ela aumentará o seu lucro total. A questão é saber se há mercado para absorver essa crescente produção. Pode não haver consumidores suficientes. Nesse caso, o tamanho do mercado limita a exploração das economias de escala. Se o seu

> Existem economias de escala quando, ao longo de determinada faixa de produção, o custo médio cai quando a firma eleva a produção.

tamanho é pequeno, não haverá espaço para muitas firmas, já que cada uma somente conseguirá vender apenas parte da produção total do mercado. Em outras palavras, se existem economias de escala na produção, a existência de mais firmas no mercado torna ineficiente a produção de cada uma; e nesse caso, o custo médio total delas será maior. No limite, apenas uma firma será capaz de explorar as econo-mias de escala. Se ela se estabelece primeiro, não haverá espaço para outras. Surge então o monopólio ou, mais precisamente, o **monopólio natural**.

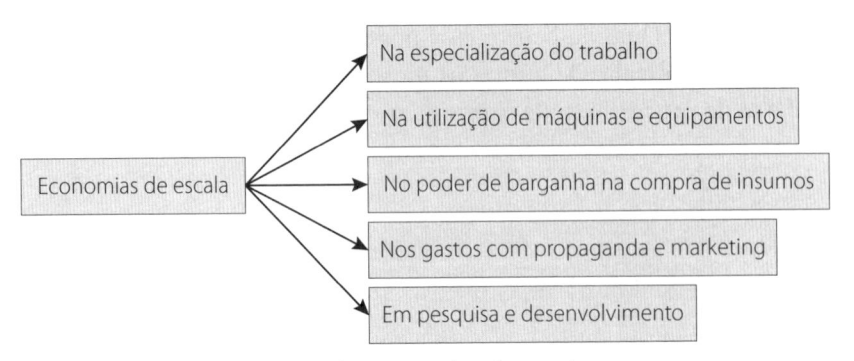

Figura 5.1 Fontes para a existência de economias de escala.

A existência de economias de escala tem várias explicações. Uma delas diz

> Monopólio natural: ocorre quando apenas uma firma é capaz de explorar as economias de escala; ou seja, ela é capaz de ofertar o bem ou serviço para a totalidade do mercado com um custo médio menor do que duas ou mais firmas.

respeito à especialização do trabalho. Em grandes firmas, altos níveis de produção permitem maior especialização, o que eleva a produtividade do tra-balho. Pode haver também economias na utilização de máquinas e equipamentos. Dada a indivisibilidade do capital físico, sua plena utilização em altos níveis de produção evita o desperdício da ociosidade. Gran-des empresas podem ainda se beneficiar do poder de barganha na compra de determinados insumos. Também há a possibilidade de se ter economias com a divulgação do produto a partir de determinadas estratégias de propaganda e *marketing*. Por fim, grandes empresas podem ter maiores ganhos com pesquisas no desenvolvimento de tecnologias de produção.

Na definição de monopólio natural, o termo "natural" refere-se às barreiras naturais à entrada de novas firmas no mercado. Um exemplo clássico diz respeito ao fornecimento de água para uma cidade. Dados os altos investimentos com a infraestrutura de captação e distribuição de água, que inclui ampla cadeia de encanamentos e outros materiais e tecnologia, uma vez que determinada firma inicia a oferta do serviço, outras não conseguirão entrar no mercado. Ou seja, no monopólio natural, não existem grandes preocupações com a entrada de outras firmas no mercado.

Existem outros exemplos de monopólios naturais no mundo real. Pode-se pensar, por exemplo, em uma autoestrada unindo duas cidades distantes em algumas centenas de quilômetros. Tal como o exemplo da oferta de água, considerando o elevado custo da construção da rodovia, uma vez realizado o investimento por uma única firma, ela se posicionará como monopolista na exploração dos serviços de pedágio. Mas essa posição não estará garantida ao longo do tempo. Com o crescimento da população das duas cidades, a ampliação das necessidades de deslocamento intermunicipal poderá viabilizar o surgimento de outra firma. De fato, é comum a existência de mais de uma opção de deslocamento entre duas grandes cidades no Brasil, particularmente em regiões de grande densidade populacional, como no Estado de São Paulo. Esse exemplo serve para mostrar que nada garante a vida eterna dos monopólios. Nesse caso, o tamanho do mercado determinará o número de firmas ofertantes.

Existem ainda outras causas para a existência do monopólio. Nesses casos, a utilização da palavra "natural" talvez não faça sentido. Uma dessas causas diz respeito à propriedade de algum recurso necessário ao processo produtivo. Esse é o caso da empresa estatal brasileira Petrobras (Boxe 5.1). É possível também considerar a propriedade de determinada tecnologia essencial à oferta do bem ou serviço. Aqui, pode-se citar, como exemplo, a empresa norte-americana *Microsoft*, de propriedade do empresário Bill Gates, que detém o monopólio do programa *Windows*. Durante muito tempo, a utilização de computadores pessoais dependeu deste programa. Somente recentemente surgiu uma alternativa: o programa *Linux*, que proporcionou alguma concorrência no mercado de programas de computadores. Neste exemplo, as inovações tecnológicas foram responsáveis pela quebra do monopólio.

A propriedade de determinada tecnologia por parte de uma única firma remete a análise à questão das patentes. As patentes são consideradas por muitos como fundamentais para as inovações tecnológicas e são concebidas pelo Estado via legislação específica. Sua existência, entretanto, não é consenso. Alguns economistas liberais, particularmente aqueles adeptos da Escola Austríaca, defendem a não existência de patentes como forma de estimular a concorrência na inovação.[2] O fato é que no mundo inteiro elas são previstas na legislação. Esse ponto será considerado mais adiante.

O Governo pode também atuar diretamente como monopolista a partir das denominadas empresas estatais. Esse é o caso da já citada empresa estatal brasileira Petrobras, que durante décadas explorou com exclusividade a extração e comercialização do petróleo e alguns de seus derivados. O Brasil também teve inúmeras empresas estatais em atividades como o fornecimento de água, energia e comunicação (muitas delas com a terminação "bras": Telebras, Eletrobras etc.). Em geral, utiliza-se do argumento dos interesses da sociedade para justificar a existência dessas empresas públicas como monopólio. Entretanto, argumentos como o da ineficiência produtiva e do aumento dos gastos públicos, que poderiam ter usos alternativos, têm-se apresentado como importantes contrapontos. O programa de privatizações, implantado no país a partir da década de 1990, serve como exemplos para a força desses argumentos.

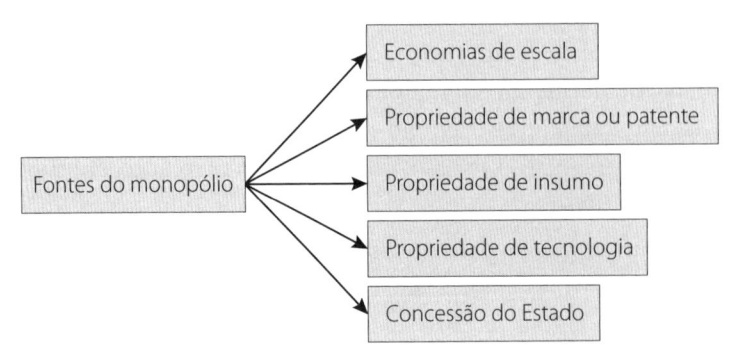

Figura 5.2 As fontes do monopólio.

Por fim, um monopolista pode existir simplesmente pela concessão do Estado. A questão é saber os motivos para essa posição privilegiada. Existem inúmeros exemplos na história em que o poder de uma firma era determinado pelo Rei. Um dos mais famosos é o caso das *Companhia das Índias Orientais*, que, no início do século XV, recebeu, por concessão da Rainha Isabel I, o monopólio do comércio

---

[2] Ver, por exemplo, artigo no *site* do Instituto Misses do Brasil, que representa as ideias da Escola Austríaca: https://www.mises.org.br/Article.aspx?id=17.

marítimo com as denominadas "índias orientais". Existem vários outros exemplos na história da expansão do capitalismo mercantil e mesmo na história contemporânea.

Enfim, não há uma única explicação para a existência do monopólio. As economias de escala constituem-se, sem dúvida, no principal motivo para essa estrutura de mercado. Mas existem outras, e entendê-las constitui-se condição necessária para as discussões sobre a regulação ou possíveis quebras do poder de monopólios.

Resta agora analisar como se dá a formação de preços e lucros em uma firma monopolista.

Boxe 5.2 O filme "O Exterminador do Futuro" e o monopólio do ar em Marte

Uma das causas do monopólio é a propriedade exclusiva de algum recurso natural essencial à vida das pessoas. Essa situação foi explorada no filme de ficção científica *Total Reccal* (lançado no Brasil no ano de 1990 sob o título "O Vingador do Futuro"), tendo como astro principal o ator Arnold Schwarzenegger no papel de herói. O filme se passa no planeta Marte, em um futuro distante, que abriga uma sociedade marcada por conflitos em torno do ar respirável, de propriedade de apenas uma empresa, que restringe a oferta para a obtenção de altos lucros e se manter no poder. Após muita violência, opressão e mortes, características de um bom filme de ação, no final da história o monopólio é quebrado pelo herói. Obviamente, trata-se de uma situação que somente pode ser concebida na ficção científica. Mas a história serve para ilustrar a dificuldade de se pensar em algum exemplo de monopólio na oferta de um recurso essencial à sobrevivência humana, tendo como objetivo exclusivamente o lucro. Mas existem monopólios no fornecimento de água e energia. Contudo, em geral, a oferta desses recursos é feita pelo Estado, sob o argumento dos interesses da sociedade.

5.3 O preço e o lucro sob o monopólio

De forma semelhante ao que foi realizado na análise do modelo de concorrência perfeita, na análise do monopólio deve-se estabelecer algumas relações entre o lucro e o preço. Para tanto, considere a simples relação entre o lucro total (LT), a receita total (RT) e o custo total (CT) dada pela Equação 5.1:

$$LT = RT - CT \qquad\qquad (5.1)$$

Para se chegar ao resultado que é relevante na análise do monopólio, pode-se utilizar um simples artifício matemático para alterar a forma de apresentação da

Equação 5.1: se o lado direito da equação for, ao mesmo tempo, multiplicado e dividido por Q, sua igualdade não se altera, ou seja:

$$LT = [(RT/Q) - (CT/Q)] \times Q \qquad (5.2)$$

A expressão (RT/Q) da Equação 5.2 pode ser entendida como sendo o preço cobrado pela venda de uma unidade do bem (basta considerar que a receita total representa a receita da venda de todos os bens produzidos; já a receita da venda de uma unidade, ou seja, RT/Q, é exatamente o preço que se recebe por essa venda). Por outro lado, a expressão (CT/Q) pode ser entendida como sendo o custo médio total (CMe). Nesse sentido, pode-se reescrever a Expressão (5.2) como:

$$LT = (P - CMe) \times Q \qquad (5.3)$$

A partir dessa última expressão, é possível concluir que o monopolista terá lucro sempre que o preço por ele cobrado for superior ao custo médio total, ou seja, quando $P > CMe$. Logo, a firma monopolista buscará sempre obter uma determinada margem de lucro na precificação do bem por ela ofertada.

O equilíbrio para o monopólio pode ser visualizado graficamente. Considere como exemplo que a firma determine a produção em 40 unidades do bem ao preço de R$ 8,00 cada. Suponha que, neste nível de produção, o custo médio total seja igual a R$ 4,00. Essa situação é representada no Gráfico 5.2.

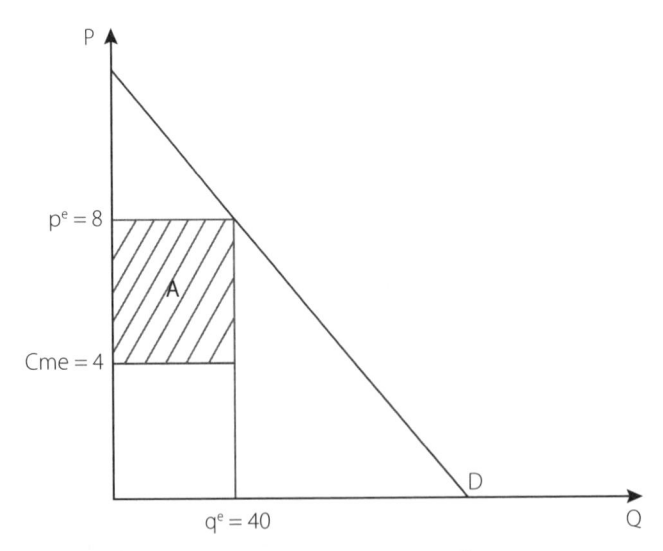

Gráfico 5.2 Equilíbrio e lucro para a firma monopolista.

Na análise do gráfico, não foi necessário explicitar o custo e a receita marginais. Deve-se apenas considerar que, na escolha da produção, $Rmg = Cmg$. Pelo gráfico, a firma escolhe produzir 40 unidades do bem ao preço igual a R$ 8,00 cada. Nesse nível de produção, o custo médio = R$ 4,00, o que implica um lucro igual a R$ 160,00. Esse lucro é representado pela área do retângulo A.[3]

> A firma monopolística terá lucro sempre que o preço cobrado por ela for maior do que o custo total médio.

No exemplo dado pelo Gráfico 5.2, a firma estabeleceu uma margem de lucro de 100% sobre o preço. A ideia de que existe uma margem de lucro na definição do preço pelo monopólio nos remete ao conceito de *mark-up* (expressão em inglês para "margem de lucro"). Nesse sentido, pode-se considerar a seguinte expressão para o preço determinado pela firma monopolista:

$$P = (1 + \text{taxa de } mark\text{-}up) \times Cme \qquad (5.4)[4]$$

Quando se fala no lucro do monopólio, considera-se o lucro econômico, já que existe apenas uma firma no mercado. No modelo de concorrência perfeita, a firma não pode escolher o preço do bem ofertado, que é determinado pelo mercado; e neste caso o lucro econômico é zero. Já o monopolista tem o poder de escolha. O preço por ele cobrado será determinado pela sua estrutura de custos ou pela margem de lucro (taxa de *mark-up*). Logo, haverá lucro econômico para a firma monopolista.

Existe ainda uma importante relação entre a elasticidade-preço da demanda e a receita marginal da firma monopolista na determinação do preço por ela cobrado. Conforme estudado no Capítulo 3, a elasticidade-preço varia ao longo da curva da demanda. Para preços mais altos, a demanda tende a ser mais elástica. Esse resultado tem uma implicação importante na política de preços do monopolista. Para compreender essa implicação, existe uma conhecida fórmula para a receita marginal. Ela é determinada a partir de alguns procedimentos algébricos realizados a partir da Equação 5.3 e não serão considerados aqui. O mais importante são as implicações dessa fórmula, que é dada pela equação a seguir:

---

[3] A análise contida no gráfico foi realizada na medida necessária para exemplificar determinada estratégia de preço do monopólio. Nos livros de microeconomia, essa análise é feita considerando, além da curva de demanda, as curvas de custo marginal, custo médio total e receita marginal.

[4] Essa expressão não decorre da Equação 5.3. Ela é apenas uma representação que relaciona a margem de lucro ao custo médio da firma.

$$Rmg = P - P(1/|\varepsilon_p|) \qquad (5.5)$$

A partir dessa fórmula, pode-se concluir que, se a demanda for inelástica, ou seja, se $|\varepsilon_p| < 1$, a receita marginal será negativa (por exemplo, se $|\varepsilon_p| = 0,5$ e $P = 5$, então $5 - 5/0,5) < 0$). Por outro lado, se a demanda for elástica, ou seja, se $|\varepsilon_p| > 1$, a receita marginal será positiva (por exemplo, se $|\varepsilon_p| = 2$ e $P = 5$, então $5 - 5/2 > 0$). Já quando a demanda possui elasticidade unitária, a receita marginal será igual a zero. Ou seja, a receita total se elevará se a demanda for elástica, permanecerá igual se a demanda possuir elasticidade unitária e se reduzirá se a demanda for inelástica. Esse resultado significa que, enquanto a demanda for inelástica, valerá a pena o monopolista reduzir a produção e aumentar o preço do bem ofertado. Isso significa que o monopolista não irá operar no segmento inelástico da curva da demanda. Note que, no Gráfico 5.2, a firma opera na parte elástica da curva de demanda D.

É possível também estabelecer uma relação entre o preço do monopólio e a elasticidade-preço da demanda. Considerando que no equilíbrio $Rmg = Cmg$, então a Equação 5.5 pode ser reescrita como:

$$P = Cmg/[1 - (1/|\varepsilon_p|)] \qquad (5.6)$$

A relação dada pela Equação 5.6 revela um interessante resultado. À medida que $|\varepsilon_p|$ cresce, a expressão $[1 - (1/|\varepsilon_p|)]$ se aproxima de um e o preço do custo marginal. No limite, quando $|\varepsilon_p|$ tende ao infinito, e considerando que para qualquer firma o equilíbrio será dado pela igualdade $Rmg = Cmg$, o preço cobrado pelo monopolista será igual ao preço que seria cobrado por uma firma em concorrência perfeita. Como conclusão, pode-se afirmar que quanto maior for a elasticidade-preço da demanda, mais próximo o preço do monopólio será do preço em concorrência perfeita.

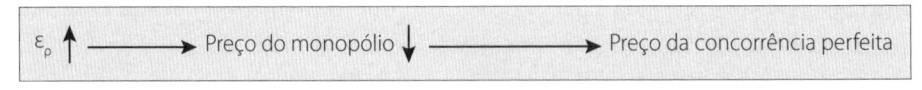

Figura 5.3 A elasticidade-preço da demanda e o preço do monopólio.

Ainda que a análise feita nos últimos parágrafos desta seção seja avançada para os propósitos deste livro, deve-se considerar que o monopolista leva em conta a elasticidade-preço da demanda em sua política de precificação do bem ofertado. Essa prática difere daquela realizada pela firma em concorrência perfeita, na qual a firma é tomadora de preço.

5.4 O monopólio e a regulação dos mercados

Boxe 5.3 A quebra de patentes e os medicamentos genéricos no Brasil

O Brasil tem sido referência mundial na quebra de patentes de medicamentos. Essa prática teve início nos anos 1990, com a quebra da patente de um medicamento que, na época, era a principal referência ao combate da Aids. Em 1999, com a publicação da Lei 9.787, a intervenção foi ampliada com a introdução dos medicamentos genéricos no país. Tais medicamentos possuem as mesmas características farmacológicas encontradas no produto de marca registrada, apresentando na embalagem o nome do principal componente ativo. A Lei introduziu ainda o conceito de medicamento similar, que pode ser vendido com o nome de outra marca. O principal argumento para essas mudanças na indústria farmacêutica foi combater o poder de monopólio que algumas empresas tinham na fabricação e oferta de remédios essenciais ao tratamento de várias doenças. Hoje, qualquer consumidor pode optar pelo medicamento original, pelo genérico ou pelo similar. Como resultado dessa intervenção, os preços ficaram mais competitivos. Ampliou-se também o número de ofertantes, com benefícios evidentes para os consumidores. No início das mudanças, vários pacientes e médicos desconfiaram da qualidade dos novos produtos. Porém, e a partir do monitoramento realizado pela Agência de Vigilância Sanitária (ANVISA), essas desconfianças se reduziram ao longo dos anos. Essa experiência demonstra que a quebra de patentes pode ser algo favorável ao funcionamento dos mercados, como advogam alguns economistas liberais.

É comum as críticas dos consumidores em relação aos monopólios. De fato, a firma monopolista obtém lucros superiores em relação àquelas que trabalham na concorrência perfeita. Essas críticas, entretanto, devem ser relativizadas. Isso porque, conforme já discutido, a existência do monopólio pode ser consequência de determinadas características do processo produtivo, como a existência de economias de escala. Mas não se pode evitar a conclusão de que o monopólio acarreta alguma perda sob o ponto de vista social. Esse caráter negativo ocorre particularmente quando o bem é essencial, como a água ou determinados medicamentos, dentre outros produtos essenciais à sobrevivência ou à qualidade de vida das pessoas. Nesses casos, a intervenção nos mercados, por parte do Governo, coloca-se como uma alternativa.

Uma das possibilidades de intervenção consiste em o Estado assumir o monopólio da oferta do bem ou serviço por meio das empresas estatais. Essas empresas são comuns principalmente em economias menos desenvolvidas e foram muitas no Brasil durante boa parte da sua história contemporânea. Entretanto, as empresas estatais podem apresentar outros custos relacionados com a ineficiência, com a elevação do déficit público ou mesmo com a corrupção. Esses custos têm justificado os processos de privatização no Brasil.

Outra possibilidade consiste em o Estado intervir no mercado, via legislação, em torno da concorrência. Desde a década de 1990, o Brasil vem aprimorando essa legislação, com a criação das agências reguladoras. O tema da regulação dos mercados é complexo, mas sugere a existência de um meio-termo entre a liberdade de escolha da empresa monopolista e o que seria ótimo sob o ponto de vista da sociedade. Esse ponto será retomado no próximo capítulo.

Existem casos em que o monopólio estatal pode ser substituído pela concorrência entre empresas privadas. O caso da telefonia no Brasil é um bom exemplo. Até a década de 1980, a telefonia no país era administrada pela Empresa Telebras, que detinha o monopólio da regulação e oferta do serviço a partir de subsidiárias regionais. Em 1998, o sistema foi privatizado, o que resultou no aparecimento de várias empresas privadas atuando no setor de telefonia. Os benefícios foram evidentes para o consumidor brasileiro. Antes, adquirir um telefone no Brasil era difícil e caro, principalmente nas grandes cidades, onde a demanda é alta. Hoje, essa aquisição é significativamente mais fácil, e os preços são muito menores quando comparados com a época do monopólio. Deve-se destacar que as inovações tecnológicas nas comunicações ampliaram as possibilidades de concorrência no setor, particularmente com o aparecimento da telefonia celular e com a comunicação via *internet*.

Outra possibilidade de intervenção governamental consiste na quebra de patentes. Esse processo tem sido comum no Brasil, que adotou o conceito de medicamentos genéricos, aumentando a concorrência no setor farmacêutico (ver Boxe 5.3). Hoje, ao comprar um medicamento, o consumidor brasileiro depara-se com várias possibilidades de escolha. Entretanto, a quebra das patentes, como sugerido anteriormente, não é consenso, mesmo entre os economistas liberais. Alguns defendem as patentes como forma de estimular as inovações tecnológicas. Outros as consideram como uma restrição à concorrência e às inovações. Trata-se, enfim, de tema complexo e com argumentos por vezes contraditórios. Deve-se destacar que, no Brasil, as patentes ainda são respeitadas. No caso de uma invenção aplicada à atividade industrial, por exemplo, o prazo de exploração de uma patente pode chegar a 20 anos.[5]

Existe ainda a possibilidade de o Governo não fazer nada e deixar o monopólio livre para atuar no mercado. Essa possibilidade baseia-se na ideia de que

---

[5] A legislação sobre patentes pode ser encontrada no *site* do Instituto Nacional da Propriedade Industrial, do Governo federal. Um texto detalhado sobre perguntas e respostas pode ser encontrado no *site*: http://www.inpi.gov.br/servicos/perguntas-frequentes-paginas-internas/perguntas-frequentes-patente#patente.

as inovações tecnológicas e o crescimento da população podem criar condições para a entrada de outras firmas no mercado. Esse é o já citado exemplo de uma autoestrada que liga duas cidades. Já as inovações tecnológicas podem possibilitar novas técnicas de produção que barateiam o custo de produção.

O Quadro 5.1 resume algumas dessas explicações e algumas possibilidades de quebra do poder absoluto de uma firma monopolista.

Quadro 5.1 Argumentos que justificam a existência de um monopólio e as possibilidades de sua extinção

Argumentos para a existência de um monopólio	Possibilidades de quebra do monopólio
Economias de Escala	Aumento no tamanho do mercado/inovações tecnológicas
Propriedade de um recurso	Inovações tecnológicas/ legislação
Propriedade de tecnologia	Inovações tecnológicas/quebra de patentes
Empresas estatais	Privatização

5.5 Comparando o monopólio com a concorrência perfeita

Neste ponto, já é possível estabelecer um quadro comparativo entre as duas estruturas de mercado até aqui estudadas. As diferenças encontram-se nas hipóteses que são utilizadas na caracterização de cada modelo. O Quadro 5.2 contempla essa comparação.

Quadro 5.2 Comparação entre o monopólio e a concorrência perfeita

	Monopólio	Concorrência Perfeita
Número de firmas	uma	Inúmeras (no limite, infinitas)
Barreiras à entrada	Existente (economias de escala, propriedade de recurso, legislação)	Inexistente
Lucro econômico	positivo	zero
Preço	$P > Cmg = Rmg$	$P = Cmg = Rmg$
Estratégia de precificação	Determinado com base no Cme, na elasticidade-preço da demanda ou no *mark-up*.	Tomadora de preço

É importante lembrar que essa comparação não deve ser utilizada como argumento para a conclusão acerca da superioridade de uma estrutura sobre a outra. É necessário considerar vários aspectos teóricos e exemplos da realidade. No caso do monopólio, o alto preço cobrado pode representar um custo relativamente alto para os consumidores. Entretanto, a questão é saber se existe a possibilidade de mais firmas no mercado. Neste caso, não há como realizar uma comparação adequada. No Capítulo 7, retomaremos essa discussão, ampliando as possibilidades de comparação com outras estruturas de mercado.

5.6 O monopólio na demanda: o conceito de monopsônio

A prática de monopólio pode ser aplicada para o caso em que existe apenas um comprador de determinado bem ou serviços ofertados por várias firmas. Neste caso, utiliza-se o conceito de **monopsônio**. Define-se o monopsônio como sendo a estrutura de mercado em que existe um único comprador de várias firmas vendedoras. Nesta situação, o demandante possui grande poder sobre o preço. Pode-se citar mais uma vez a Petrobras como exemplo. Em suas atividades de exploração em águas profundas, a empresa estatal brasileira era a única a demandar determinados componentes para a construção das plataformas em águas profundas. O conceito de monopsônio também pode ser utilizado quando o mercado é restrito a determinada região. Esse é o caso de uma cooperativa de produtores rurais de área agrícola restrita. A cooperativa funciona como monopsônio por ser a única compradora da produção dos seus cooperados. Temos ainda o caso da demanda por mão de obra especializada demandada por uma única empresa presente em determinada cidade ou região específica.

> Monopsônio: caso em que existe apenas um comprador de um determinado bem ou serviços ofertados por várias firmas.

Considerar o monopsônio como uma prática desleal é algo complexo. No caso das cooperativas, os produtores, em geral, beneficiam-se da condição de cooperados. No exemplo da única empresa empregadora, a população pode não ter alternativa de emprego. Talvez por esse motivo, os monopsônios quase não são estudados nos cursos de microeconomia (imagine o que pode ser relevante no caso da existência de um único comprador e um único vendedor). De qualquer jeito, trata-se de uma possibilidade, particularmente para aqueles que se preocupam com estudos referentes à economia regional.

5.7 Uma interessante estrutura: a concorrência monopolística

Existe uma estrutura de mercado que pode ser vista tanto como monopólio quanto como concorrência perfeita. Ela é denominada **concorrência**

monopolística. Define-se concorrência monopolística como a estrutura de mercado em que os produtos são diferenciados, porém substitutos muito próximos a ponto de poderem ser considerados como homogêneos; mas eles não são. Cada firma possui o monopólio da marca ou atributo específico. Ou seja, a definição dessa estrutura depende da forma como se olham as características do bem comercializado. Considere, como exemplo, o mercado de sabonetes, ofertados por inúmeras firmas. Se o produto é considerado como homogêneo, esse mercado pode ser estudado a partir do modelo de concorrência perfeita. Na prática, porém, essa homogeneidade não existe. Cada marca de sabonete possui atributos específicos. Alguns possuem creme hidratante. Outros são feitos de glicerina. Existem ainda os mais sofisticados pela sua qualidade e perfume. Tais atributos justificam os diferentes preços das marcas. Mas não apenas. Cada marca com suas características específicas é de propriedade de uma única firma. Logo, não faz sentido considerar esse mercado como concorrencial. Também não se pode considerá-lo como monopólio.

Existem outras características inerentes ao produto que podem caracterizar a existência da concorrência monopolística. Pode-se destacar, por exemplo, a localização das firmas, a reputação do produto ou marca, a embalagem ou mesmo algumas características destacadas pela propaganda. O serviço de fornecimento de refeições pelos restaurantes pode ser tomado como exemplo. Neste caso, a localização pode ser o diferencial do serviço. No caso de enlatados, a facilidade de abertura da lata pode também ser um critério de diferenciação. No mercado de refrigerantes de cola, a propaganda pode realçar algumas vantagens de determinada marca. Esse é o caso da *Coca-Cola*. Existem no mercado várias marcas de refrigerante com semelhante atributo da famosa marca: a mesma cor, sabores quase idênticos, os mesmos componentes etc. Mas é difícil imaginar que eles são iguais. Além disso, os gastos com propaganda realizados pela empresa norte-americana constituem-se em barreira à entrada de novas firmas no mercado, já que uma marca sem reputação teria que incorrer em altos recursos com a divulgação do produto.

> Define-se **concorrência monopolística** como a estrutura de mercado em que os produtos são diferenciados, porém substitutos muito próximos. Cada firma possui o monopólio da marca com os atributos específicos.

Não é somente a diferenciação do produto que caracteriza a estrutura de concorrência monopolística. A questão do lucro econômico também é importante na análise, e, neste caso, o tempo importa. No curto prazo, essa estrutura pode ser estudada a partir do modelo de monopólio: cada firma tem a exclusividade da marca e, consequentemente, aufere lucro econômico positivo. No longo prazo, a ausência de barreiras à entrada de novas firmas faz com que o lucro econômico tenda a zero.

Boxe 5.4 A concorrência monopolística e o comércio internacional

Em geral, o comércio internacional é estudado a partir do princípio das vantagens comparativas. Segundo esse princípio, os países devem exportar aqueles produtos em que apresentam custos relativos menores. Por exemplo, o país que possui abundância de terra tende a exportar alimentos e importar manufaturas de países que possuem abundância relativa de capital físico. Esse padrão de comércio também é denominado *inter-indústria*. Mas existe outro padrão. Muitos países exportam e importam a mesma mercadoria. Os Estados Unidos, por exemplo, compram e vendem automóveis de outros países. Nesse caso, tem-se o padrão de comércio denominado *intra-indústria*. A prática de o país exportar e importar um mesmo produto pode ser estudada a partir do modelo de concorrência monopolística. Isso porque as pessoas demandam alguma característica presente no bem produzido em outro país e que não é, por vários motivos, encontrado no produto nacional. Essa prática, além de ampliar as possibilidades para o consumidor, aumenta a concorrência interna. No Brasil, por exemplo, o consumidor pode optar por consumir a cerveja nacional ou aquelas produzidas na Alemanha ou na Holanda.

5.8 Considerações finais: o que esperar do monopólio

Até aqui foram consideradas duas das principais estruturas de mercado: a concorrência perfeita e o monopólio (além do monopsônio e da concorrência monopolista, que são variantes dessas duas). Os vários exemplos apresentados demonstram que determinados aspectos teóricos relacionados aos mercados possuem ampla aplicabilidade prática. Ou seja, o estudo das estruturas de mercado é de grande importância para os profissionais que atuam ou intentam atuar em determinado ramo da atividade empresarial. Os conceitos estudados também são relevantes para aqueles que se interessam pelo Direito da Concorrência.

Em várias partes deste capítulo, tomou-se o cuidado no julgamento do monopólio como algo negativo para a sociedade. Conforme estudado, sua existência pode ser inevitável. Essa possibilidade alerta para os riscos de se tomar algum juízo de valor de forma apressada e com base em análises superficiais baseadas no senso comum. Em Economia, conclusões apressadas podem resultar em estratégias, políticas ou leis que pioram o bem-estar da sociedade. Isso não significa que a legislação sobre a concorrência não deve existir. Mas é necessário ficar atento para o fato de que determinados fenômenos econômicos são mais complexos do que a simples imaginação popular.

Os estudos das estruturas de mercado apresentadas nestes dois últimos capítulos não esgotam as possibilidades que podem ser encontradas no mundo real. Existe um caso particular que pode ser considerado como intermediário entre o monopólio e a concorrência perfeita. Ele é denominado Oligopólio e será estudado no próximo capítulo.

EXERCÍCIOS

1. Quais as condições para a existência do monopólio?

2. Defina o monopólio natural.

3. Quais as barreiras à entrada de novas firmas na estrutura de monopólio?

4. O que são economias de escala?

5. O que justifica a existência de economias de escala?

6. Por que o monopólio não é necessariamente uma estrutura a ser evitada?

7. Como se dá a formação de preço no monopólio?

8. Como é possível quebrar o poder de um monopólio?

9. Qual a importância da elasticidade-preço da demanda na política de preços do monopólio?

10. Quais as características da concorrência monopolística?

Referências

GOOLSBEE, Austan; LEVITT, Steven; SYVERSON, Chad. *Microeconomia*. 2. ed. São Paulo: Atlas 2018.

MANKIW, N. Gregory. *Introdução à Economia*: princípios de micro e macroeconomia. 2. ed. Rio de Janeiro: Elsevier, 2001.

PINDICK, Robert S.; RUBINFELD, Daniel L. *Microeconomia*. 8. ed. São Paulo: Editora Saraiva, 2013.

TIMM, Luciano Benetti (organizador). *Direito e Economia no Brasil.* São Paulo: Editora Atlas, 2012.

VARIAN, Hal R. *Microeconomia, uma abordagem moderna.* 9. ed. São Paulo: Editora Campus, 2015.

VASCONCELLOS, Marco Antônio Sandoval de. *Economia:* macro e micro. 6. ed. São Paulo: Atlas, 2015.

VASCONCELLOS, Marco Antônio Sandoval de; GUENA, Roberto; BARBIERI, Fábio. *Manual de microeconomia.* 3. ed. São Paulo: Atlas, 2011.

6

Os oligopólios e a regulação dos mercados

Assista ao vídeo do autor sobre o tema deste capítulo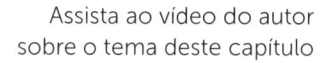

uqr.to/fdia

OBJETIVOS DO CAPÍTULO:

- Apresentar o conceito de oligopólio.
- Mostrar as consequências da cooperação entre firmas oligopolistas.
- Apresentar os princípios básicos da Teoria dos Jogos.
- Definir o equilíbrio de *Nash*.
- Mostrar por que os cartéis têm vida curta.
- Dar continuidade ao debate sobre a regulação dos mercados.
- Comparar as estruturas de mercado até agora estudadas neste livro.

6.1 Introdução

Se o leitor desejar contratar um serviço de telefonia móvel no Brasil, ele terá poucas opções. Isso porque esse serviço é ofertado em um mercado oligopolista, caracterizado pela existência de poucas firmas. Os oligopólios contemplam inúmeros setores da indústria, como a automobilística, de eletroeletrônicos, de bebidas, além de determinados serviços de transporte aéreo, seguros, bancos, planos de saúde e telefonia, dentre outros.

Os oligopólios fazem parte do conjunto denominado, em Economia, de concorrência imperfeita. Em seus aspectos gerais, pode ser considerado como algo intermediário entre o monopólio e a concorrência perfeita. Tal como no monopólio, a existência dos oligopólios é explicada pela existência de barreiras à entrada de novas firmas no mercado, principalmente por trabalharem com economias de escala. Entretanto, existe alguma concorrência entre as firmas oligopolistas.

Os oligopólios não devem ser caracterizados como estruturas que sempre praticam a concorrência desleal. Assim como no caso do monopólio, algumas características presentes no processo produtivo simplesmente não abrem espaço para a existência de muitas firmas no mercado. Existe, entretanto, a possibilidade de formação de cartéis, que se constituem prática ilegal e que é combatida em vários países, principalmente nas grandes economias. Este capítulo contempla as principais características dos oligopólios, além de algumas de suas possíveis estratégias de mercado. Também retoma o debate em torno da regulação dos mercados. No final do capítulo, o aluno será capaz de diferenciar as várias estruturas estudadas neste e nos capítulos anteriores.

Boxe 6.1 **Os carros chineses no mercado de automóveis no Brasil**

Até a década de 1980, o mercado de automóveis no Brasil era dominado por apenas quatro grandes empresas: a Ford, a Volkswagen, a Fiat e a Chevrolet. Com o processo de internacionalização da Economia brasileira a partir da década seguinte, o mercado passou a contar com algumas fábricas europeias, como a Renault, a Peugeot e a Citroën. Depois vieram as asiáticas, como as japonesas Honda e Toyota, e a coreana Hyundai, dentre outras. No ano de 2011, foi a vez da chinesa JAC Motors, com a intenção de ofertar no Brasil carros com preços populares. Posteriormente, vieram outras marcas chinesas, como a Chery, a Lifan e a BYD, dentre outras. No início, houve grande desconfiança acerca da qualidade dos carros chineses. Essa desconfiança, entretanto, diminuiu ao longo de poucos anos, e hoje os carros chineses têm sido importantes para o estímulo da concorrência no mercado automobilístico do Brasil. Atualmente, o mercado brasileiro conta com mais de trinta fabricantes de automóveis. A Associação Nacional dos Fabricantes de Veículos Automotores (ANFAVEA), por exemplo, agrega

27 associadas.[1] Já a Associação Brasileira das Empresas Importadoras e Fabricantes de Veículos Automotores (ABEIFA), é formada por 16 empresas fabricantes (muitas são membros das duas associações).[2] Ainda que o mercado de automóveis seja classificado como oligopólio, a história recente demonstra que é possível elevar a concorrência em um mercado dominado por poucas empresas. Esse exemplo também mostra que as vezes o aumento da concorrência em determinado mercado dificulta a classificação das estruturas de mercado.

6.2 O significado da concorrência imperfeita e os oligopólios

A concorrência imperfeita surge quando algumas das hipóteses do modelo de concorrência perfeita estudadas no Capítulo 2 não são válidas. Em outras palavras, ela surge quando: i) o número de firmas é pequeno; ii) existem barreiras à entrada de novas firmas no mercado; e iii) cada firma pode exercer influência sobre os preços. Alguns livros consideram o monopólio como exemplo de concorrência imperfeita. Entretanto, essa designação talvez seja inapropriada para uma estrutura que contempla somente uma firma. Mas existe o oligopólio, que se encaixa no conceito (além da concorrência monopolista). Nessa estrutura, existe concorrência, mas ela é limitada pelo pequeno número de ofertantes.

Define-se **oligopólio** como sendo a estrutura de mercado onde existem poucas firmas ofertando o mesmo produto, considerado como homogêneo ou com pouca diferenciação. Nessa estrutura, cada firma detém algum controle sobre o preço, podendo mantê-lo acima do custo marginal, obtendo assim lucro econômico positivo. No oligopólio, cada firma pode auferir lucros sem se preocupar com a entrada de novas firmas no mercado, pelo menos no curto prazo. As barreiras à entrada, em geral, ocorrem quando existe a necessidade de se realizarem grandes investimentos para a produção. Ou seja, a estrutura também contempla o conceito de economias de escala.

> Define-se um oligopólio como sendo a estrutura de mercado onde existem apenas poucas firmas ofertando um mesmo produto homogêneo ou com pouca diferenciação.

Entender a formação de preços no oligopólio não é algo trivial. Segundo alguns economistas, não existe uma única regra para as escolhas, e a compreensão de como a firma oligopolista se comporta em relação ao

---

[1] Dados disponíveis no Anuário da Indústria Automobilística Brasileira da ANFAVEA, disponível em http://www.virapagina.com.br/anfavea2018/.

[2] Dados disponíveis em http://www.abeiva.com.br/Associados.

lucro demanda mais estudos empíricos.[3] A análise se complica ainda mais quando existe a possibilidade de acordo entre as firmas em torno da produção e preço. De qualquer forma, existe algum consenso de que os oligopólios consideram uma margem de lucro (taxa de *mark-up*) sobre o custo médio total.

O mais interessante na análise do oligopólio é o fato de a concorrência poder aumentar ao longo do tempo. Mesmo que se tenham barreiras à entrada de novas firmas no mercado, é possível que o número de ofertantes no oligopólio aumente, seja em decorrência dos altos lucros, das inovações tecnológicas ou pelo aparecimento de firmas estrangeiras no mercado doméstico. O crescimento da economia chinesa nas últimas décadas, por exemplo, tem intensificado a concorrência em mercados de vários produtos industrializados no mundo, como nos casos dos automóveis, computadores, aparelhos celulares, instrumentos musicais etc. (ver Boxe 6.1).

> Com o tempo, dado os altos lucros, as inovações tecnológicas ou a entrada de firmas estrangeiras no mercado doméstico, é possível que a concorrência se eleve no oligopólio.

Em suma, no oligopólio as firmas detêm algum controle sobre os preços dos bens por elas ofertados. Esse controle é menor do que no caso de um monopólio, mas significativamente maior em comparação à concorrência perfeita. No longo prazo, entretanto, com a possibilidade do aumento da concorrência, pode-se considerar a tendência de lucro zero nessa estrutura de mercado.

> No oligopólio, existe lucro econômico no curto prazo. Mas, no longo prazo, com a possibilidade de elevação da concorrência, a tendência é que esse lucro seja zero.

Analisando os interesses dos consumidores e das firmas, pode-se verificar a existência de uma situação conflituosa: o que é bom para um grupo não necessariamente é bom para o outro. Para a firma oligopolista, a concorrência pode ser prejudicial. Para os consumidores, a baixa concorrência é vista como uma situação negativa, pois o preço maior reduz o seu bem-estar. Por esses motivos, os oligopólios são objetos de atenção por parte dos legisladores que atuam no Direito da Concorrência.

O que torna interessante a análise do oligopolista é a interdependência existente entre as firmas nas estratégias de mercado. Como existe alguma concorrência, a redução do preço por parte de uma firma afeta o lucro das demais. Por outro lado,

---

[3] Essa conclusão foi extraída do livro VASCONCELLOS, Marco Antônio Sandoval de; GUENA, Roberto; BARBIERI, Fábio. *Manual de microeconomia*. 3. ed. São Paulo: Atlas, 2011, p. 233.

a cooperação pode ser uma alternativa nas estratégias de ampliação dos lucros no oligopólio. Mas essa possibilidade não necessariamente serve como incentivo para a adoção de uma ou outra estratégia.

Quando as práticas de cooperação giram em torno da combinação da produção e dos preços, elas, em geral, são consideradas abusivas. Neste caso, é possível se ter pelo menos duas situações. Quando as firmas estabelecem acordos em relação à precificação dos bens, como, por exemplo, intervalos de variação ou a definição de um preço mínimo para o bem ofertado, tem-se a prática definida como **conluio**. Quando elas fixam um único preço para o mercado, a situação é definida como **cartel**.

> A cooperação entre firmas em um oligopólio pode elevar o lucro de cada uma.

Os cartéis são as práticas que demandam grande atenção no estudo dos oligopólios. Existe a percepção de que eles não se sustentam ao longo do tempo. Para entender a dinâmica dos cartéis, é necessário analisar as estratégias e resultados em torno da cooperação entre as firmas oligopolistas em comparação com as ações individuais. Para tanto, existe a Teoria dos Jogos, que vem sendo cada vez mais utilizada no estudo da microeconomia.

> Em um oligopólio, existe a possibilidade de práticas de conluio e de cartel, onde os preços são elevados artificialmente.

6.3 Teoria dos Jogos, a cooperação entre as firmas e o dilema dos prisioneiros

Conforme afirmado anteriormente, dada a existência de poucas firmas no mercado, elas podem cooperar em torno de interesses comuns, seja estabelecendo intervalos para as variações dos preços ou fixando um único preço a ser praticado por todas. A formação de cartéis é a mais comum das práticas e se manifesta pela redução combinada na produção e oferta do bem. Essa redução pode ser entendida pelo deslocamento da curva de oferta para a esquerda, o que resulta na elevação do preço e redução da quantidade de equilíbrio de mercado. A questão é saber se essa prática se sustenta ao longo do tempo.

Existe grande contradição quando se fala em acordos de preços entre firmas. Ela reside na tensão entre os benefícios da cooperação e os interesses individuais. Nesse sentido, "cooperação" pode resultar em um equilíbrio instável: se por um lado o aumento dos preços eleva o lucro de todas as firmas, por outro uma firma individual pode auferir benefícios ao reduzir o preço e aumentar a oferta do bem. Esse raciocínio explica o resultado que pode ser encontrado em qualquer livro que trata da concorrência imperfeita: os cartéis costumam ter vida curta.

A contradição em torno dos acordos de produção e preços entre as firmas pode ser mais bem estudada a partir de uma ferramenta bastante útil para a análise de estratégias de mercado: a **teoria dos jogos**. De forma bem simples e no contexto dos oligopólios, define-se um "jogo" como o modelo de decisão com os seguintes elementos: i) os jogadores, que podem ser as firmas; ii) as estratégias, que podem ser cooperar ou não cooperar em torno da definição dos preços; iii) os resultados, que podem ser os lucros resultantes de cada estratégia. Na teoria dos jogos, são estudadas as várias possibilidades em termos de estratégias a serem seguidas pelos jogadores e o resultado final do jogo. Um desses resultados é conhecido como **equilíbrio de *Nash***.

> Existe uma contradição nos cartéis: a cooperação em torno da produção do preço beneficia todas as firmas. Porém, uma firma pode melhorar de situação não cumprindo o acordo, elevando a produção e reduzindo o preço.

A expressão "equilíbrio de *Nash*" é uma homenagem ao matemático norte-americano John Forbes Nash Jr. (1928-2015), Prêmio Nobel em Economia em 1994, e um dos grandes responsáveis pelo desenvolvimento da Teoria dos Jogos. O mais popular dos equilíbrios é encontrado a partir do jogo conhecido como **dilema dos prisioneiros**.

No dilema dos prisioneiros, dois suspeitos são presos pela evidência de um crime cometido por ambos. Como se trata apenas de evidência, a condenação de cada suspeito depende da confissão do ato criminoso por ambos. Como então fazer com que os suspeitos confessem o crime? Para que essa estratégia seja adotada pelos "jogadores", o delegado responsável pelo caso coloca ambos em celas separadas de forma que eles não possam se comunicar.

> Equilíbrio de Nash: cada jogador toma a melhor decisão, dadas as decisões tomadas pelos outros jogadores.

O delegado então propõe o seguinte acordo para cada um dos prisioneiros: "se você confessar e o seu cúmplice também confessar, ambos pegarão três anos de prisão; porém, e como prêmio pela sinceridade, se você confessar e o seu cúmplice não, você sairá livre e ele amargará seis anos de prisão. Mas, se nenhum dos dois confessarem, manterei ambos na cadeia por um ano, que é o período para o encerramento da investigação".

As possibilidades colocadas pelo delegado podem ser visualizadas a partir da matriz representada pelo Quadro 6.1. Os números entre parênteses representam os anos de prisão para os prisioneiros denominados A e B, respectivamente e de acordo com as estratégias escolhidas.

A partir dos números ou resultados da matriz de decisão, percebe-se que, se ambos confessarem, cada um pegará três anos de cadeia. Se ambos não confessarem, cada um ficará apenas um ano preso. Se o suspeito A confessar, ele sairá livre no caso de o suspeito B não confessar, sendo que este pegará seis anos. Já se B confessar e A não, B sairá livre e seu cúmplice ficará seis anos preso. Qual será então o resultado desse jogo? Sob o ponto de vista dos suspeitos, a melhor estratégia seria que ambos não confessassem, pegando cada um um ano de prisão. Porém, esse não será o resultado do jogo. Dadas as estratégias e as demais regras do jogo, ambos confessarão e ficarão três anos presos. Para entendermos esse "estranho" resultado, deve-se considerar o conceito de "equilíbrio de *Nash*".

Quadro 6.1 Matriz de resultados no jogo "dilema dos prisioneiros"

		Suspeito B	
		Confessar	Não confessar
Suspeito A	Confessar	(3,3)	(0,6)
	Não confessar	(6,0)	(1,1)

Pode-se definir o "equilíbrio de *Nash*" como sendo o resultado de um jogo não cooperativo em que os jogadores tomam as decisões utilizando o seguinte raciocínio: "farei a melhor escolha em função daquilo que meu oponente pode fazer. Nesse caso, eu não tenho como me arrepender".[4] Utilizando esta definição, o suspeito ou o jogador A deve raciocinar da seguinte forma: "se B confessar, então é melhor que eu confesse, pois assim pegarei três, em vez de seis anos de prisão; e se B não confessar, também será melhor eu confessar, pois saio livre em vez de pegar um ano de cadeia. Ou seja, para cada uma das estratégias escolhidas pelo meu cúmplice, será melhor eu confessar". Se utilizarmos esse mesmo raciocínio para o jogador B, ele também irá confessar. Ou seja, ambos confessarão e ficarão três anos presos. O mais interessante deste jogo é que o resultado não é o melhor para os jogadores. Se os dois não confessassem, cada um teria apenas um ano de prisão. Essa aparente contradição pode ser explicada por pelo menos duas carac-

---

[4] Esta definição refere-se ao contexto da análise deste capítulo. O jogo aqui apresentado também pode ser resolvido pelo conceito de "estratégias dominantes", quando o jogador toma a decisão independentemente da decisão do outro. Ou seja, existem outras possibilidades de solução dentro da Teoria dos Jogos. Aqui, escolhemos o "equilíbrio de *Nash*" por ser o mais popular. Deve-se destacar que este não é um texto sobre Teoria dos Jogos, que pode ser encontrado em livros mais avançados de microeconomia.

terísticas do jogo: i) a inexistência de cooperação, dado que cada preso não pode se comunicar (lembre-se que cada um foi colocado em uma cela separada no ato do interrogatório e sem possibilidade de comunicação); e ii) cada jogador busca a estratégia que não resulte no arrependimento.

O exemplo acima pode ser adaptado para o caso em que existe a possibilidade de acordo entre duas firmas (duopólio) em suas decisões de combinar o preço para o bem ofertado. Cada jogador pode ser considerado como uma firma oligopolista. As estratégias "confessar e não confessar" podem ser substituídas pela definição de "preço baixo e preço alto" (ou "produção alta e produção baixa"). Neste caso, o preço alto é estabelecido pela prática de cartel e resulta em lucros mais altos para ambas as firmas. Entretanto, existe a ameaça do não cumprimento do acordo. Essa ameaça acaba servindo de incentivo para o fim do cartel. No caso dos suspeitos, não há comunicação entre eles. No caso das firmas, apesar de existir alguma comunicação, ela não ocorre de forma sistemática, já que elas são concorrentes. Deve-se destacar que não se teve aqui a intenção de tratar as firmas no mundo real como suspeitas de crime. O exemplo foi utilizado apenas para mostrar os resultados das práticas de conluio ou de cartel. Tais práticas, aliás, são consideradas crimes em todas as grandes economias capitalistas.

O jogo aqui apresentado faz parte do grupo denominado "jogos não cooperativos". No caso das firmas, apesar da possibilidade de cooperação, o vislumbre de lucros maiores no caso do não cumprimento do acordo justifica a não cooperação. O resultado serve para esclarecer a conclusão anteriormente sugerida de que os conluios e cartéis têm vida curta. Essa conclusão sugere que, mesmo que a concorrência seja imperfeita, os mercados podem funcionar sem a necessidade de intervenção do Governo. Na prática, entretanto, essas intervenções existem, o que nos remete novamente à questão da regulação dos mercados.

Boxe 6.2 O cartel dos países produtores de petróleo da OPEP

A Organização dos Países Exportadores de Petróleo (OPEP), ou a sigla *OPEC* em inglês, constitui-se no mais famoso cartel da história. Criado em 1960, pela Arábia Saudita, Irã, Iraque, Kuwait, e Venezuela, principais produtores de petróleo do mundo, o cartel tinha como objetivo elevar o preço do petróleo pago pelas principais empresas compradoras do combustível fóssil. Em 1973, o acordo foi ampliado pela entrada de mais alguns países produtores. A OPEP teve uma vida bem-sucedida ao elevar o preço de pouco mais de US$ 2 em 1972 para mais de US$ 35 em 1981, em ações coordenadas em torno da redução da produção. Porém, a alta nos preços não se sustentou ao longo dos anos. As frequentes trapaças de seus membros, aliadas à redução gradual da demanda por gasolina no mundo, além do surgimento das alternativas do biocombustível, minaram o poder do cartel no controle dos preços internacionais. Ou seja, a OPEP apostou na baixa elasticidade-preço da demanda como forma de sustentar a alta dos preços do petróleo. Essa elasticidade, entretanto, e conforme visto no Capítulo 3, elevou-se ao longo do tempo. Apesar de a OPEP continuar existindo, os analistas dos mercados de combustíveis não acreditam que novos acordos sejam suficientes para exercer pressões sobre os preços do petróleo no mercado internacional. Esse exemplo ilustra a vida curta dos cartéis, além da aplicabilidade do conceito de elasticidade no mundo real.

6.4 A regulação dos mercados e o Direito da concorrência no Brasil

São várias as possibilidades de práticas abusivas nos oligopólios. Além da combinação em torno da produção e preço, existem as vendas casadas, as práticas de *dumping*, que se constituem na redução artificial do preço tendo como objetivo prejudicar determinada firma, e a divisão do mercado entre as firmas, dentre outras. Essas práticas fazem com que exista grande afinidade entre a Economia e o Direito. Nos países desenvolvidos, há leis para práticas abusivas de mercado. Nos Estados Unidos, por exemplo, existe a Lei Antitruste, cujas origens datam do final do século XIX e que prevê duras punições, como a aplicação de multas milionárias ou mesmo prisões para no caso da formação de cartéis e outras práticas que prejudicam de forma artificial a livre concorrência. Essa lei prevê ainda a fiscalização em torno de fusões e aquisições com o objetivo de evitar aumentos abusivos de preços. São inúmeros os exemplos envolvendo grandes empresas que arcaram com a aplicação da lei norte-americana. É bom lembrar que os Estados Unidos se constituem no exemplo da mais perfeita liberdade econômica, onde o lucro é considerado como prática legítima e estimulada. Ou seja, a regulação não necessariamente significa a intervenção nos mercados. Pelo contrário, boas leis regulatórias podem evitar intervenções desnecessárias do poder público.

> A regulação não significa necessariamente a intervenção nos mercados.

Os princípios gerais que regem as legislações relacionadas com a defesa da concorrência devem ser buscados nos benefícios da livre concorrência. Nos capítulos anteriores, consideraram-se alguns desses princípios. O grande desafio da regulação consiste em encontrar o equilíbrio entre os direitos das empresas e os dos consumidores; e essa tarefa nem sempre é fácil.

No Brasil, o Direito da Concorrência tem como ator principal o Conselho Administrativo de Defesa da Concorrência (Cade), criado em 1962 a partir da Lei 4.137. Em 1994, justamente no auge da abertura comercial e das privatizações, o órgão passou por importantes reformulações com a publicação da Lei 8.884. Essa lei, além de aprimorar a legislação frente ao novo ambiente econômico, deu maiores poderes ao Conselho, transformando-o em autarquia pública. Desde então, várias outras leis e normas foram criadas, com resultados práticos em inúmeros casos.[5]

No Brasil, a defesa da concorrência é de domínio do Conselho Administrativo de Defesa da Concorrência (Cade).

O Direito da Concorrência no Brasil, particularmente em relação às competências do Cade, engloba amplo conjunto de atribuições, cuja análise detalhada escapa dos objetivos deste livro. Podemos, entretanto, listar algumas práticas prejudiciais à concorrência previstas na atual legislação:

a) formação de cartéis e outras formas de cooperação prejudicial à concorrência;

b) fixação de preços abusivos;

c) fixação de tabelas de preços de revenda;

d) repartição do mercado em territórios ou grupos de consumidores;

e) vendas casadas;

f) imposição de restrições à entrada de outras empresas.

Dentre as ações mais conhecidas do Cade, encontram-se os processos de **fusões e aquisições** entre grandes empresas. As fusões podem ser definidas como operações em que duas ou mais empresas se unem para formar uma única sociedade. Se por um lado a nova e grande empresa pode ter maior eficiência produtiva com a exploração das economias de escala, por outro ela passa a ter maior poder no mercado. A questão é saber qual o resultado que irá prevalecer. Em um ambiente mais competitivo decorrente da abertura comercial, grandes empresas tendem a ter melhor desempenho em termos de eficiência e competitividade. Por esse motivo, as fusões e aquisições se intensificaram no Brasil a partir dos anos 1990. Mas a Teoria Econômica apresenta vários argumentos acerca da possibilidade de se ter práticas abusivas de mercado. Por

Dentre as ações mais conhecidas do Cade, encontra-se a monitoração dos processos de fusões e aquisições entre grandes empresas.

[5] O histórico do Cade pode ser encontrado no seu portal: www.cade.gov.br. Ver, particularmente, a publicação disponível em http://www.cade.gov.br/acesso-a-informacao/publicacoes--institucionais/cade_-_defesa_da_concorrencia_no_brasil_50_anos-1.pdf.

isso os processos que julgam as fusões de empresas costumam ser longos e não isentos de conflitos. Como afirmado anteriormente, esse aspecto da regulação dos mercados demanda grande diálogo entre os economistas e os juristas.

As fusões podem ser definidas como operações em que duas ou mais empresas se unem para formar uma única sociedade. Se por um lado a nova grande empresa pode ter maior eficiência produtiva com a exploração das economias de escala, por outro ela passa a ter maior poder no mercado.

Boxe 6.3 Fusões e aquisições no mercado de cerveja no Brasil e a criação da Ambev

No ano de 1999, as duas principais empresas concorrentes na produção de cervejas no Brasil, a Cervejaria Brahma e a Companhia Antarctica, decidiram se unir, criando a Companhia de Bebidas das Américas (Ambev). Em 2000, após intensas discussões entre técnicos do Governo, advogados da empresa e representantes da sociedade civil, a fusão foi aprovada pelo Cade. Entretanto, a união ficou condicionada à venda, por parte da nova sociedade, da popular marca de cerveja Bavaria. Essa condição teve como objetivo preservar a concorrência no mercado da bebida. Desde então, a Ambev passou a ocupar posição de liderança entre as maiores cervejarias do mundo, com atuação em vários países. Em 2004, a empresa realizou fusão com a belga Interbrew, formando a AB InBev, dando início a uma série de aquisições de marcas mundiais de cervejas. Essa nova fusão também foi objeto de deliberação pelo Cade, tendo sido aprovado no ano de 2005. Hoje a AB InBev é líder no mercado mundial de cerveja. Mas o mais interessante é que não ocorreram os aumentos esperados nos preços da bebida no mercado brasileiro. Isso porque, além do aparecimento das pequenas cervejarias no país, a abertura comercial proporcionou ampla oferta do produto nas prateleiras dos supermercados. Hoje, pode-se afirmar que, na comparação com os anos 1980, existe maior concorrência no mercado de cerveja no Brasil. Além disso, as fusões permitiram a sobrevivência da indústria nacional no novo ambiente competitivo. Esse exemplo mostra que as fusões e aquisições não necessariamente resultam em práticas abusivas de mercado.

6.5 A comparação entre as estruturas de mercado

A análise dos oligopólios completa o estudo das principais estruturas de mercado estudadas na microeconomia. É possível agora elaborar quadro comparativo mais completo acerca das principais características de cada estrutura. Essa comparação é apresentada no Quadro 6.2:

Quadro 6.2 Comparação entre as principais estruturas de mercado

	Concorrência Perfeita	Monopólio	Concorrência Monopolista	Oligopólio
Número de firmas	muitas	uma	muitas	poucas
Barreiras à entrada	Não existe	Total	Não existe, quando o bem é considerado homogêneo; existe quando o bem é diferenciado	Alta
Política de preço	Tomador de preço (P = Rmg)	Preço determinado a partir de uma margem sobre os custos (P > Rmg); depende do CmeT e da ε_p	Preço determinado pelo monopólio da marca (P > Rmg)	Preço determinado a partir de uma margem sobre os custos (P > Rmg)
Lucro econômico no curto prazo	Positivo, zero ou negativo	Positivo; tende a zero quando ε_p tende ao infinito	Positivo; ou zero ou negativo, em decorrência da concorrência	Positivo
Lucro econômico no longo prazo	Zero	Positivo	Zero	Positivo ou zero
Exemplos	Alimentos Serviços de restaurante Feiras livres	Água Energia Serviços públicos essenciais	Sabonetes Perfumes Cafés Serviços de restaurante	Automóveis Eletroeletrônicos Aviões Serviços de telefonia

No quadro, assim como feito no confronto entre o monopólio e a concorrência perfeita, foram escolhidos cinco critérios para a comparação, além da inclusão da concorrência monopolista. Nesses critérios, alguns comentários se fazem necessários. Em primeiro lugar, é possível que alguns itens comparados sejam diferentes daqueles encontrados em outros livros de microeconomia. Por exemplo, em alguns casos, o lucro econômico da firma oligopolista pode também ser zero ou negativo no curto prazo. Aqui, optou-se pelo lucro positivo, já que, na prática, as grandes empresas tendem a ser lucrativas. Também foi diferenciado o curto do longo prazo. No curto prazo, mesmo as empresas competitivas podem ter algum lucro econômico. Mas, e conforme estudado no Capítulo 3, esse lucro desaparece com a entrada de novas firmas no mercado. Aqui, o longo prazo se refere a esse período de ajuste.

O leitor poderá notar que não foi considerado qualquer critério de julgamento acerca dos benefícios ou malefícios de cada estrutura para o bem-estar do consumidor. Pode parecer óbvio que concorrência perfeita é superior às outras estruturas. Entretanto, a análise realizada para os casos do monopólio e dos oligopólios não permite uma conclusão definitiva acerca da superioridade de uma sobre a outra. Conforme afirmado, aspectos relacionados com a estrutura de custos, por exemplo, impedem que haja concorrência em determinado setor, e, dependendo do caso, o aumento no número de firmas pode piorar o desempenho de cada uma em termos do custo de fabricação do bem, com prejuízos aos consumidores. Ou seja, quaisquer julgamentos em torno dos mercados devem ser tomados com bastante cuidado.

6.6 Considerações finais: o que se pode aprender com os oligopólios

O aluno ou leitor tem agora o quadro completo das principais estruturas de mercado. Este capítulo, além de tratar dos oligopólios, apresentou o conceito de concorrência imperfeita. Em determinadas situações, essa imperfeição impede que os mercados organizem de forma eficiente os sistemas produtivos. Práticas abusivas em torno dos preços ou acordos como a formação de cartéis pioram o bem-estar dos consumidores. Por esse motivo, os monopólios e a concorrência imperfeita que decorrem da existência dos oligopólios são objeto de atenção por parte dos legisladores. Entretanto, não se deve confundir o monopólio ou o oligopólio como fontes de práticas abusivas. O monopólio não necessariamente deve ser combatido; e um cartel não deve ser confundido com um oligopólio. É importante que os conceitos sejam estudados com muito cuidado para que não se tenha conclusões erradas sobre a eficiência dos mercados.

O capítulo também apresentou alguns princípios básicos em torno da Teoria dos Jogos. Esta teoria constitui-se poderosa ferramenta na análise das estratégias tomadas pelos agentes econômicos no mercado.

Existem outras imperfeições que decorrem de situações que ainda não foram consideradas até aqui. Elas serão estudadas no próximo capítulo e fazem parte das recentes pesquisas no âmbito da microeconomia e que têm sido consideradas na relação entre a Economia e o Direito. De qualquer forma, o aluno já tem em mãos os princípios básicos para a análise dos mercados e pode utilizá-los na interpretação de vários aspectos da realidade econômica.

EXERCÍCIOS

1. Defina o oligopólio.

2. Quais os fatores que determinam a existência do oligopólio?

3. Defina um cartel.

4. Por que os cartéis têm vida curta?

5. Como se dá a formação de preços no oligopólio?

6. Como reduzir o poder que os oligopólios têm sobre o preço?

7. Quais as questões que devem ser consideradas no debate sobre a regulação dos mercados?

8. Quais as vantagens e desvantagens da fusão entre duas firmas?

9. Quais as diferenças entre o oligopólio e a concorrência monopolística?

10. Faça uma comparação entre todas as estruturas de mercado estudadas até aqui (considerando, inclusive, o monopsônio, o oligopsônio e o duopólio).

Referências

GOOLSBEE, Austan; LEVITT, Steven; SYVERSON, Chad. *Microeconomia*. 2. ed. São Paulo: Atlas, 2018.

MANKIW, N. Gregory. *Introdução à Economia*: princípios de micro e macroeconomia. 2. ed. Rio de Janeiro: Elsevier, 2001.

PINDICK, Robert S.; RUBINFELD, Daniel L. *Microeconomia*. 8. ed. São Paulo: Saraiva, 2013.

TIMM, Luciano Benetti (organizador). *Direito e Economia no Brasil*. São Paulo: Atlas, 2012.

VARIAN, Hal R. *Microeconomia, uma abordagem moderna*. 9. ed. São Paulo: Campus, 2015.

VASCONCELLOS, Marco Antônio Sandoval de. *Economia*: macro e micro. 6. ed. São Paulo: Atlas, 2015.

VASCONCELLOS, Marco Antônio Sandoval de; GUENA, Roberto; BARBIERI, Fábio. *Manual de microeconomia*. 3. ed. São Paulo: Atlas, 2011.

7

As vantagens e as imperfeições de mercado: bens públicos, externalidades e informação assimétrica

Assista ao vídeo do autor
sobre o tema deste capítulo

uqr.to/fdic

OBJETIVOS DO CAPÍTULO:

- Considerar o mercado como forma eficiente de organização produtiva.
- Apresentar o conceito de bem público.
- Considerar as externalidades no processo produtivo.
- Mostrar como é possível minimizar as externalidades negativas.
- Definir custos de transação.
- Mostrar como determinados mecanismos de incentivo podem reduzir os problemas de informação assimétrica.
- Considerar a existência de informação assimétrica nas relações econômicas.
- Apresentar os conceitos de risco moral e seleção adversa.

7.1 Introdução

Na análise dos princípios que regem o funcionamento dos mercados realizada nos capítulos anteriores, foram considerados vários exemplos retirados da realidade com o intuito de mostrar as aplicações práticas da análise microeconômica. Mesmo o modelo de concorrência perfeita, que apresenta grande abstração, apresenta-se como importante referência na busca de algo ideal para a sociedade. Consideraram-se também algumas imperfeições que servem para as discussões em torno da regulação dos mercados. Elas foram identificadas nas estruturas de monopólio e oligopólio e dizem respeito às barreiras à entrada e determinadas práticas abusivas, como a formação de cartéis. Mas existem outras imperfeições que não se relacionam com essas estruturas. Elas têm sido consideradas em recentes pesquisas no âmbito da microeconomia e buscam encontrar incentivos e arranjos institucionais que possam melhorar o desempenho dos mercados. Este capítulo tem como objetivo estudar algumas dessas imperfeições a partir dos conceitos de bens públicos, externalidades e informação assimétrica. O objetivo aqui consiste em apresentar possíveis soluções para esses problemas. O capítulo inicia com uma síntese acerca dos benefícios dos mercados que, mesmo com todas as imperfeições, podem levar a formas superiores de organização produtiva.

7.2 O mercado como instrumento de organização da atividade produtiva

Boxe 7.1 O milagre chinês e a economia de mercado

Em 1949, a China tornou-se um país socialista, substituindo o mercado pela intervenção absoluta do Estado. Na década seguinte, o Governo da então República Popular da China, liderado por Mao Tsé-Tung, implementou inúmeras medidas econômicas e culturais de cunho ideológico, com o objetivo de implantar o modo de produção comunista no país. Mas os resultados foram catastróficos, levando ao colapso da produção agrícola e da frágil atividade industrial do país. Milhões de chineses morreram de fome durante o período de intervenção absoluta do Estado na Economia. As causas desses resultados são complexas, mas sugerem o quão pode ser difícil organizar a produção para atender às inúmeras demandas de uma grande população. Com a morte de Mao Tsé-Tung, o país deu início, a partir de 1976, e agora liderado por Deng Xioping, a um amplo conjunto de reformas para a recuperação da Economia e redução do atraso tecnológico, buscando corrigir os erros do passado. Tais reformas permitiram uma maior abertura econômica da economia chinesa, além de medidas no intuito de promover a Economia de mercado no país. Ou seja, tratava-se de abandonar o comunismo, pelo menos na Economia, e levar a China a adotar o mercado como critério de alocação de recursos e organização produtiva; e foi o que aconteceu. A partir da década de 1980, a economia chinesa passou a experimentar taxas de crescimento do PIB acima de 10%, mantendo o ritmo até a primeira década do século XXI, quando o país se consolidou como a segunda maior potência econômica do mundo pelo critério do PIB, perdendo apenas para os Estados Unidos. Como exportador de manufaturas, a China ocupa a primeira posição no *ranking* mundial. Hoje, os carros, aparelhos celulares, televisões e computadores chineses, somente para citar alguns exemplos, estão em praticamente todos os países. A China também esbanja sucesso no quesito das inovações tecnológicas. Comparando com as outras economias socialistas, incluindo a Rússia, o desempenho da economia chinesa revela-se extraordinário. Apesar de inúmeras polêmicas em torno da democracia, do socialismo político, da exploração da mão de obra, poluição e direitos de propriedade, sua estratégia nos moldes de um país capitalista, com mais de 1 bilhão e 400 milhões de pessoas, mostra que o mercado pode ser um grande catalizador do crescimento econômico.

A organização da produção nas sociedades modernas não é algo trivial. São incontáveis pessoas que necessitam de alimentos, transportes, água, energia, saúde e outros bens e serviços para a sobrevivência em um planeta com recursos limitados. O problema cresce com o aumento da população. Como então organizar a atividade produtiva com o menor custo possível? Apesar das inúmeras controvérsias, o mercado surge como a principal resposta.

> O mercado constitui-se na principal instituição na organização da produção da forma mais eficiente possível.

Conforme estudado no Capítulo 1, os economistas clássicos se depararam com o mistério da organização produtiva na qual os interesses das pessoas são, na maioria das vezes, antagônicos. O ser humano, apesar de ser altruísta em inúmeras situações, carrega certa dose de egoísmo. O que diferencia o homem de um ser irracional é a capacidade de pensar e utilizar o raciocínio para criar coisas além do instinto animal. Como disse o filósofo francês René Descartes, "penso, logo existo". Mas essa capacidade, por si só, não é suficiente para garantir o mínimo de organização produtiva em um mundo de inúmeras demandas.

Ao longo da história, a humanidade se deparou com várias formas de organização econômica. No século XVIII, Adam Smith percebeu o mercado como o ambiente de compatibilização dos interesses individuais. Sua percepção levou-o a formular uma das mais intrigantes expressões encontradas na Economia: a "mão invisível". Essa mão pode ser interpretada como as forças impessoais do mercado que levam a formas de organização produtiva e evita o caos que poderia acontecer em virtude dos interesses antagônicos. De fato, quando uma pessoa necessita de determinado alimento, e desde que tenha alguma renda, ela pode ir

A "mão invisível", de Adam Smith, pode ser interpretada como as forças impessoais do mercado que levam a Economia ao equilíbrio, onde os interesses antagônicos são compatibilizados.

ao supermercado mais próximo de sua residência e encontrá-lo disponível nas prateleiras. Não é necessário se comportar como um leão faminto, que mata para se alimentar. Ao encontrar o que necessita no supermercado, o indivíduo pode formular a seguinte pergunta: "quem planejou a disponibilidade desse bem para a compra?". Não há uma única resposta para essa pergunta. Conforme estudado nos capítulos anteriores, a oferta e a demanda envolvem múltiplos fenômenos. Mas a interação dessas duas forças resulta num equilíbrio que compatibiliza os interesses dos agentes econômicos. Esse é o mistério da "mão invisível".

Nos mercados, é possível encontrar os bens necessários às necessidades humanas. Mas não apenas. Também criam inúmeros incentivos que moldam o comportamento das pessoas. No estudo do modelo de concorrência perfeita, foi possível perceber os benefícios que a competição entre firmas pode oferecer aos consumidores. A concorrência também serve como incentivo para práticas mais eficientes na produção. Mesmo em modelos que agregam estruturas não competitivas, a eficiência pode ser alcançada com elevados níveis de produção, como no caso do monopólio. Existe ainda a diversificação na qualidade dos bens que surgem da concorrência monopolística ou mesmo na estrutura oligopolista.

Os mercados criam incentivos para práticas mais eficientes na produção.

Figura 7.1 A eficiência dos mercados.

Muitos economistas contemporâneos empreenderam esforços para mostrar que a organização impessoal dos mercados se constitui na melhor forma de organização produtiva. A partir do conceito de equilíbrio geral, no qual o método matemático foi fundamental, eles demonstraram que o equilíbrio simultâneo em todos os mercados era ótimo sob o ponto de vista da eficiência e bem-estar. Essa propriedade foi popularizada pelo conceito de "ótimo de Pareto", em homenagem ao economista italiano Vilfredo Pareto (1848-1923), que foi um dos primeiros a propor a ideia da otimalidade dos mercados. O "ótimo de Pareto" é definido como a situação de equilíbrio em que nenhum indivíduo que participa do mercado pode melhorar de situação sem que ocorra a piora da situação de outro indivíduo. Essa definição, evidentemente, carrega inúmeras considerações quando se leva em conta a realidade. Mas é uma referência que se sobrepõe a vários outros argumentos contrários ao mercado.

> O "ótimo de Pareto" representa que, no equilíbrio de mercado, não é possível melhorar a situação de uma pessoa sem piorar a situação de outra.

Os críticos do capitalismo, e muitos possuem argumentos razoáveis, afirmam que os mercados não conseguem resolver os vários problemas que afligem a humanidade. A fome e miséria, a concorrência predatória, a exploração do trabalho e a má distribuição de renda são alguns dos exemplos utilizados por esses críticos e que de fato existem no mundo real. A questão é saber se eles podem ser superados a partir de outras formas de organização produtiva. Mais uma vez, a história tem demonstrado que não. As economias planificadas não têm conseguido elevar o bem-estar dos seus cidadãos. Pelo contrário, as experiências têm demonstrado que, em muitos países socialistas, problemas como a falta de produtos, ineficiência produtiva e a pobreza têm sido regras. De qualquer jeito, seria grande ingenuidade dizer que os mercados resolvem tudo. Eles não resolvem. Entretanto, substituí-los não necessariamente melhora o bem-estar da sociedade.

> Os mercados não conseguem resolver os vários problemas que afligem a humanidade. Substituí-los, entretanto, não necessariamente melhora o bem-estar da sociedade.

Muitos economistas argumentam que o problema não está nas livres forças do mercado, mas nas suas imperfeições. Nos capítulos precedentes, discutiu-se como a regulação pode melhorar, em determinadas circunstâncias, os resultados do mercado. Práticas abusivas de preços, a formação de cartéis ou a criação de barreiras artificiais à existência de novas firmas ofertantes são consideradas e combatidas por lei em todas as grandes economias capitalistas. Recentemente, muitos economistas e cientistas sociais têm argumentado que o problema não está necessariamente no funcionamento das livres forças do mercado, mas nas instituições ou regras de convivência na sociedade. Tais conclusões têm aproximado a Economia de outras

O problema não está nos mercados, mas nas suas imperfeições que impedem a alocação ótima dos recursos na Economia.

áreas do conhecimento, particularmente do Direito e da Ciência Política. Essa aproximação visa, em última análise, trazer mais humanidade ao capitalismo. Existem inúmeras controvérsias acerca dessa humanidade, e o estudo delas escapa dos objetivos deste livro introdutório. Pode-se aqui, entretanto, considerar alguns argumentos com o objetivo de auxiliar o pensamento daqueles que acreditam na livre-iniciativa e em determinadas formas de regulação dos mercados. É o que será feito nas próximas seções.

7.3   Quando os mercados não fazem sentido: os bens públicos

O lucro, sem dúvida, constitui-se na principal motivação para que uma firma atue no mercado. Esse ganho existe porque os empresários podem cobrar um preço pela oferta dos bens ou serviços acima do custo de produção. A cobrança somente é possível com existência da propriedade privada. Por exemplo, se o indivíduo compra um automóvel, ele passa a ser o proprietário desse bem. Essa propriedade impede que outro indivíduo se utilize do automóvel sem ter que pagar por ele (exceto se o proprietário assim o permitir). O automóvel, como os inúmeros bens e serviços produzidos na Economia, é definido como **bem privado**, ou seja, o seu consumo por uma pessoa exclui o consumo por outra. Existem determinados bens, entretanto, que não possuem essa exclusividade no consumo. Eles são denominados **bens públicos**.

Define-se bem público como aquele que possui duas características: ser *não rival* e *não excludente*. Como não rival, entende-se como a característica que faz com que o consumo do bem por parte de um indivíduo não impeça que outro também o consuma. Como não excludente, entende-se a impossibilidade de o indivíduo evitar o consumo do seu bem por parte de outros. Essas duas características impedem que seja cobrado um preço pela oferta do bem. Quando isso ocorre, não é possível a obtenção de lucro pela sua venda; ou seja, não há incentivos para que ele seja produzido pela iniciativa privada.

Como exemplos de bens públicos (incluído os serviços), pode-se citar a defesa nacional, o policiamento nas cidades, a iluminação de praças públicas ou a sinalização de trânsito. Quando existe demanda por um bem público, ele deve ser ofertado pelo Estado. O que se deve prestar a atenção nesse conceito é que a produção do bem público não é "de graça". Em seu processo de produção, o Estado arca com todos os custos, que são divididos pela sociedade com a cobrança de impostos. A grande questão é saber como o Estado pode ofertar esses bens de forma eficiente. Ou seja, "não existe almoço grátis".

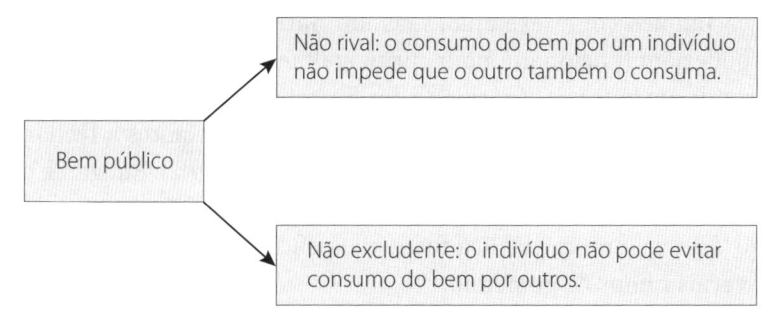

Figura 7.2 Os bens públicos.

A questão da eficiência na oferta dos bens públicos pode ser mais bem entendida a partir do exemplo da segurança pública. Em inúmeros países, particularmente nos mais pobres, a segurança pública tem se mostrado ineficiente por ser incapaz de garantir a lei e a paz dentro do território nacional. Essa ineficiência tem levado ao aparecimento da segurança privada, que, de certa forma, pode ser considerada como uma atividade ineficiente sob o ponto de vista social. Isso porque aqueles que demandam serviços de segurança privada pagam duas vezes: os impostos e o preço do serviço privado. Isso não significa que os serviços de segurança tenham que ser proibidos à iniciativa privada. Mas eles devem ser opcionais e não substitutos das ações do Estado.

> Quando existe demanda por um bem público, ele deve ser ofertado pelo Estado, que deve arcar com os custos de produção.

Determinadas atividades exercidas pelo Estado podem ser realizadas pela iniciativa privada. Essa substituição pode ocorrer a partir da privatização de empresas públicas, conforme discutido anteriormente. Mas existe outra possibilidade: a de que uma empresa privada oferte um bem ou serviço público mediante concessão. Tomemos como exemplo o serviço de oferta de sinalização de trânsito. O Estado pode ser responsável pela produção, colocação e manutenção das placas de sinalização. Tais serviços, entretanto, podem ser realizados por uma firma privada mediante a concessão. Neste caso, o Estado remunera a firma, já que ela não consegue cobrar pelo serviço. Existem vários exemplos de bens que, no passado, eram considerados públicos e que passaram a ser ofertados pela iniciativa privada por meio de concessões. Esse é o caso das rodovias. Essas e outras possibilidades passam pela avaliação dos custos e benefícios que são incorridos pela sociedade. Infelizmente muitos, por motivações ideológicas, não aceitam discuti-las.

Deve-se destacar uma relação importante nesse debate: a oferta de bens públicos pode estimular a oferta de bens privados. Mais uma vez, pode-se considerar a segurança pública como exemplo, mas em outro contexto. Muitos ramos do comércio poderiam funcionar à noite, principalmente nas grandes cidades, onde existe demanda em todos os horários do dia. Entretanto, em muitas dessas cidades, o problema da violência é grande, levando vários comerciantes a fecharem suas portas a partir de determinado horário da noite (ver Boxe 7.2). Em geral, o comércio evita áreas de risco, particularmente em bairros mais violentos ou com pouca iluminação. Se a segurança pública fosse mais eficiente, haveria mais emprego e renda em vários ramos do comércio.

Boxe 7.2 O Problema da segurança pública e as bancas de jornais e revistas 24 horas

Em conversa informal que o autor deste livro teve com o dono de uma banca de jornal em um bairro de classe média na cidade de São Paulo, uma interessante relação entre segurança pública e o emprego da mão de obra pôde ser constatada. Segundo o proprietário, até 2008 a banca funcionava 24 horas por dia. Depois desse ano, em decorrência do aumento dos assaltos, a banca passou a fechar às 21 horas. Conforme as palavras do proprietário da banca, "o lucro das vendas noturnas não compensava o risco de perda de vidas". Segundo ele, seria necessário contratar um vigilante, cujo custo inviabilizaria a atividade noturna. Com a mudança, a banca deixou de contratar mais quatro funcionários. Ainda que esta conversa não sirva como método científico para conclusões mais precisas, ilustra as consequências econômicas acerca da precária oferta de serviços de segurança pública. Ou seja, a violência pode explicar parte do fenômeno do desemprego em determinadas atividades nas grandes cidades. Não é mera coincidência que os países mais ricos são aqueles que possuem os melhores serviços públicos, incluindo a segurança. No último capítulo deste livro, essa relação será discutida em contexto mais amplo, considerando a importância das instituições para o crescimento econômico.

7.4 As externalidades do processo produtivo

Determinadas consequências das atividades de produção geram custos para a sociedade, mas que não são computadas como custo de produção. Como exemplo, pode-se citar a poluição decorrente da produção de determinado bem ou serviço. Este é o caso da poluição dos rios decorrente da produção de papéis ou a poluição do ar e sonora resultante do transporte rodoviário de cargas. Tais custos são denominados, na Economia, de **externalidades negativas**. Em termos formais, ocorrem externalidades na produção quando ela traz consequências para as pessoas que não participam do processo produtivo. As externalidades podem ser positivas, quando geram benefícios, ou negativas, quando geram custos. O interesse aqui está nessa última possibilidade.

Com a intensificação das atividades produtivas no mundo e o consequente aumento dos problemas ambientais, as externalidades negativas têm sido objeto de atenção por parte dos economistas e formuladores de políticas públicas. Pelo menos duas questões têm surgido dessa atenção: como minimizá-las e como fazer com que as firmas tenham maior responsabilidade pelas consequências negativas da produção. O economista britânico Ronald Harry Coase (1910-2013) estudou esse problema e propôs uma possível solução, que ficou conhecida como **Teorema de Coase**: na inexistência de custos de transação (que serão definidos mais adiante) e considerando direitos de propriedade bem definidos, os agentes econômicos que são afetados por externalidades podem negociar acordo mútuo de forma a minimizar as consequências negativas externas ao processo produtivo. Ou seja, a negociação pode "internalizar" o problema, levando a solução ótima para o conflito. Dessa negociação, pode resultar, por exemplo, o compartilhamento dos custos da externalidade e ações conjuntas que possam resolver os seus impactos negativos. O problema da negociação, segundo Coase, se complica quando existem ações judiciais que implicam custos de transações para os agentes. Ou seja, melhor seria se o acordo pudesse acontecer sem a necessidade dessas ações.

> Externalidades: quando a produção traz consequências para os agentes que não participam do processo produtivo. Elas podem ser positivas ou negativas.

As externalidades negativas também podem ser evitadas pelas ações de organizações não governamentais ou fundações que funcionam a partir de doações de pessoas físicas ou jurídicas. Muitas empresas, aliás, possuem fundações para tal fim. Mas nem sempre as soluções privadas garantem a solução adequada para os efeitos das externalidades. Nesse caso, torna-se necessário algum tipo de regulação. Cada vez mais as empresas tendem a ser responsabilizadas pelos danos ambientais, não apenas na forma de pagamento de multas, mas na obrigatoriedade do desenvolvimento de procedimentos que minimizem tais danos. Se, por um lado, isso implica em aumento nos custos das firmas, por outro eleva o bem-estar daqueles que prezam pela qualidade de vida em um ambiente menos poluído. O pessimismo malthusiano, que antes se

> Teorema de Coase: na inexistência de custos de transação e considerando os direitos de propriedade bem definidos, os agentes econômicos que são afetados por externalidades podem negociar acordo mútuo de forma a minimizar as consequências negativas externas ao processo produtivo.

referia à incapacidade de a produção de alimentos atender à crescente demanda, agora se coloca no meio ambiente: será que a natureza suportará a crescente necessidade de se produzirem bens e serviços para uma crescente população? Essa pergunta tem sido cada vez mais presente na análise econômica.

Boxe 7.3 O caso das sacolas de plástico dos supermercados na cidade de São Paulo

No passado, as sacolas utilizadas nas compras de supermercados eram feitas de papel. Com o barateamento dos derivados do petróleo, elas foram substituídas por sacolas de plástico. Com o tempo, a sociedade se conscientizou dos danos ambientais provocados por essas sacolas. Estima-se que elas levem até 400 anos para se decomporem na natureza e, enquanto isso, poluem os rios e mares. Com objetivo de minimizar os problemas ambientais, a Prefeitura de São Paulo elaborou, em 2011, a Lei 15.374, que limitou o uso e a venda das sacolas de plásticos pelos estabelecimentos comerciais. A Lei gerou grande polêmica e foi questionada por inúmeros empresários. Com o intuito de resolver os conflitos, a Autoridade Municipal de Limpeza Urbana, órgão vinculado à Prefeitura da Cidade, publicou em 2015 resolução regulamentando a Lei (Resolução 55/UMLURB/2015). A Resolução criou os conceitos de coleta seletiva, dividindo os resíduos em sólidos secos em dois conceitos: os recicláveis e os indiferenciados/rejeitos, que incluem os orgânicos e não recicláveis. Para o descarte desses resíduos, a Resolução criou ainda dois tipos de sacolas: as verdes, para os produtos recicláveis, e as cinzas, para os não recicláveis. Essas sacolas deveriam ter, em sua composição "51% (cinquenta e um por cento) de matéria-prima proveniente de tecnologias sustentáveis: bioplásticos, de fontes renováveis ou naturais de recomposição". A norma foi finalmente acatada pelo comércio e hoje os donos dos estabelecimentos arcam com os custos das sacolas, que não podem ter qualquer propaganda promocional. Os consumidores também fazem a sua parte, reutilizando-as para o descarte dos resíduos domésticos. Esse exemplo mostra como uma externalidade negativa pode ter seus custos sociais reduzidos e mais bem divididos com a implementação de regras inteligentes. Ou seja, a Economia pode ajudar na busca de formas eficientes de solução para determinadas imperfeições de mercado.

7.5 Informação assimétrica: seleção adversa, risco moral e custos de transação

Uma das hipóteses presentes no modelo de concorrência perfeita diz respeito à existência de informação simétrica entre os agentes de mercado, ou seja, todos devem possuir as mesmas informações relevantes à produção e às transações.

Entretanto, quando essa simetria não se verifica, podem surgir algumas imperfeições que reduzem a eficiência do mercado.

Os problemas decorrentes da existência de **informação assimétrica** podem ser mais bem compreendidos tomando como referência o contrato que rege determinada transação. Suponha, por exemplo, o contrato de crédito. Nele, têm-se, de um lado, o credor ou o ofertante do crédito, e do outro o devedor, ou o demandante do recurso financeiro. Aparentemente, não existe qualquer problema em relação às informações sobre a operação de crédito: quem empresta espera receber o dinheiro de volta, e quem toma emprestado deverá pagar o empréstimo. Mas o problema é um pouco mais complicado. Para o credor, é necessário que o devedor honre as cláusulas contratuais e, no final, pague o empréstimo com os devidos juros e demais correções pactuadas. Para tanto, ele deverá selecionar bons pagadores dispostos a aceitarem as cláusulas contratuais. Quando não é possível obter as informações necessárias à avaliação da "qualidade" do potencial devedor, o credor corre o risco de selecionar maus pagadores. Neste caso, tem-se o problema de **seleção adversa**. Uma vez selecionado o devedor, é necessário ainda monitorar suas ações. O devedor de má-fé pode tomar o empréstimo para determinada atividade produtiva e utilizar os recursos para outros fins. Quando não é possível observar as ações do devedor, ações estas que são fundamentais para o pagamento do empréstimo, tem-se o problema de **risco moral** (*moral hazard*). É importante considerar que os problemas de informação assimétrica decorrem do fato de uma das partes envolvidas na relação contratual possuir informações relevantes à transação e que não são compartilhadas pela outra parte.

> Os problemas de informação assimétrica decorrem do fato de uma das partes envolvidas na relação contratual possuir informações relevantes à transação e que não são compartilhadas pela outra parte.

Os problemas de informação assimétrica

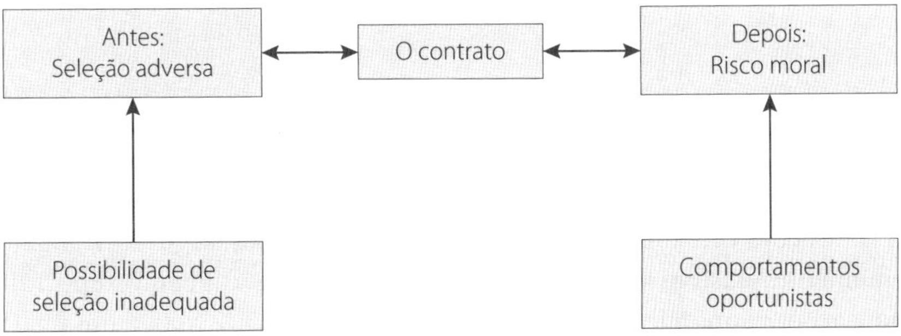

Figura 7.3 Os problemas de informação assimétrica: a seleção adversa e o risco moral.

O problema de seleção adversa foi tratado originalmente pelo economista estadunidense George Arthur Akerlof (1940-), ganhador do Prêmio Nobel de Economia no ano de 2001. Analisando os mercados de automóveis, nos quais o vendedor possui maiores informações sobre a qualidade do seu carro em relação ao potencial comprador, Akerlof demonstrou ser possível a existência de apenas carros de má qualidade disponíveis para a venda. Isso porque os compradores, por não terem certeza acerca da qualidade dos carros ofertados no mercado, dispõem-se a pagar um preço que é menor do que aquele que os proprietários de bons carros estão dispostos a receber. Esse resultado surpreendeu os economistas ao mostrar que o equilíbrio de mercado não necessariamente é ótimo sob o ponto de vista de Pareto.

A existência de informação assimétrica levou os economistas a considerar outro custo na análise econômica, não relacionado com a produção, mas com a transação do bem. Esse custo é definido como **custo de transação**.

> Custo de transação: custo que não se relaciona com a produção, mas com a transação do bem ou serviço.

Os custos de transação, como o próprio nome sugere, estão relacionados com a transação do bem ou serviço. Eles decorrem, por exemplo, dos gastos com a elaboração dos contratos, com a busca de informação ou com a monitoração de ações relevantes à transação. No caso do mercado de automóveis, o custo estaria ligado à contratação de um profissional capaz de avaliar a qualidade do carro; ou de um advogado no caso da compra de um "problema" não antecipado. No caso dos contratos de crédito, é necessário buscar informações sobre a seleção e a monitoração dos devedores.

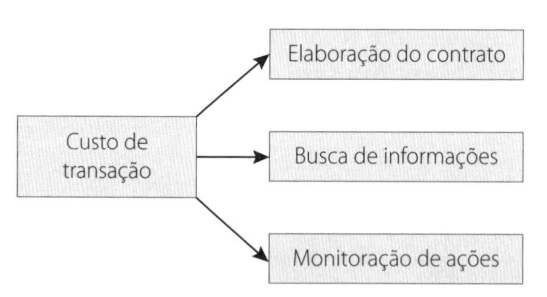

Figura 7.4 O custo de transação.

Os problemas de informação assimétrica podem ser encontrados em inúmeras transações econômicas, como no mercado de ações, seguros, trabalho etc. Evidentemente, existem leis que desencorajam os comportamentos oportunistas nas transações econômicas e na elaboração dos contratos. Mas é possível também criar determinados **mecanismos de incentivo** e que não necessariamente dependem da legislação. Esses mecanismos estão presentes, por exemplo, nos mercados de seguro de automóveis. Uma vez estando segurado contra acidentes, o proprietário do veículo poderia dirigir de forma imprudente. Esse comportamento acabaria por elevar o risco de sinistro e reduzir a expectativa de lucro por parte da seguradora. Como solução para o problema, existem dois mecanismos de incentivo, um positivo e outro negativo. Se, durante o período da vigência do contrato, o seguro não for acionado, o proprietário do carro ganha um desconto na renovação do seguro (incentivo positivo); se ele bate o carro, deverá arcar com um custo que é conhecido como franquia (incentivo negativo). Esses incentivos levam o proprietário a tomar cuidado na condução do seu veículo, mesmo estando segurado contra acidentes. No caso do contrato de crédito, existem as garantias reais ou a figura do fiador: se devedor não paga o empréstimo, ele arca com a perda de algum bem, ou o seu fiador torna-se o devedor.

> Mecanismos de incentivo: cláusulas contratuais que criam incentivos para que uma das partes interessadas revele uma informação relevante ou que tome comportamentos necessários para que o contrato seja honrado.

A necessidade de se buscarem determinadas informações necessárias ao cumprimento dos contratos tem estimulado o aparecimento de novas atividades econômicas. Nas atividades comerciais que demandam financiamento, por exemplo, existem empresas especializadas na coleta de informações acerca do risco do potencial devedor. No Brasil, existe a empresa Serasa e o Serviço de Proteção ao Consumidor (SPC), que se especializaram no fornecimento de informações sobre crédito para bancos e comerciantes. No âmbito das relações internacionais, existem as denominadas agências de classificação de risco, como a *Moody's* e a *Standard & Poor's*, especializadas em fornecer informações sobre determinadas condições econômicas de um país ou empresa para os investidores internacionais. Mas, como não "existe almoço grátis", tais atividades elevam o custo em torno das transações econômicas.

Boxe 7.4 A fiança solidária e as operações de microcrédito

O economista bengalês Muhammad Yunus (1940-), Prêmio Nobel da Paz em 2006, foi um dos pioneiros na concepção do que se conhece hoje como microcrédito. Motivado pelas dificuldades que as pessoas pobres tinham em conseguir empréstimos em uma pequena aldeia de Bangladesh, ele tomou a iniciativa de emprestar pequenas quantias às populações carentes residentes em zonas rurais. Com esses empréstimos, ele percebeu que, mesmo sem a exigência de garantias ou fiadores, a inadimplência era baixa. A partir dessas experiências, Yunus fundou, em 1983, o *Grameen Bank*, também conhecido como banco do povo, dando início à utilização do conceito de microcrédito, que vem sendo adotado nos mercados de crédito em vários países, incluindo o Brasil. O microcrédito trabalha com o conceito de fiança solidária. Como as pessoas pobres não têm como oferecer garantias reais às operações de crédito, torna-se necessário criar outros incentivos que reduzam a inadimplência. Esse é o papel da fiança solidária. A ideia geral deste tipo de fiança pode ser expressa a partir de um simples exemplo. Suponha que o indivíduo necessite do crédito para determinada atividade produtiva. O credor estará disposto a concedê-lo, porém não de forma individual, mas para um grupo de pessoas da comunidade. Inicialmente, é dado o crédito para outro indivíduo do grupo. O retorno desse crédito é condição necessária para que o primeiro interessado receba os recursos. Com isso, criam-se incentivos para que o potencial devedor busque parceiros que se dispõem a pagar o empréstimo. Por outro lado, se algum membro do grupo não pagar o empréstimo nos termos do contrato, toda a comunidade ficará sem os recursos. Criam-se assim mecanismos de autosseleção e automonitoração que reduzem os problemas de seleção adversa e risco moral. Esse exemplo mostra como determinados mecanismos de incentivos podem solucionar os problemas decorrentes da assimetria de informação.

Hoje, existem inúmeras operações de microcrédito no Brasil efetuadas por instituições sem fins lucrativos, associações e cooperativas de crédito ou mesmo por bancos comerciais, públicos e privados. O Banco Nacional de Desenvolvimento Econômico e Social, por exemplo, atua no setor desde 1996 e oferece amplo conjunto de ações e informações relacionadas com as operações nessa modalidade de empréstimos.[1]

7.6 Considerações finais: o que se pode aprender com as imperfeições de mercado

Os críticos dos mercados são muitos e existem não apenas nos países socialistas, mas também nas economias capitalistas, em países ricos e pobres. Argumentam eles que a existência das imperfeições de mercado justifica alternativas de organização produtiva na qual o Estado deve ocupar posição central. De fato, seria ingenuidade acreditar que os mercados proporcionam soluções eficientes para todos os problemas que afligem a humanidade, como a pobreza, a fome, a violência e os danos ao meio ambiente. Dentro dessa perspectiva, pelo menos três alternativas se colocam. A primeira seria a substituição dos mecanismos de

---

[1] Os interessados podem consultar a página do BNDES sobre o microcrédito: https://www. bndes.gov.br/wps/portal/site/home/financiamento/bndes-microcredito/historico-atuacao- -bndes-microcredito.

preços pelas ações do Estado. A história tem mostrado que esta opção não tem sido bem-sucedida. A segunda seria buscar entender as imperfeições de mercado e criar regras ou mecanismos de incentivos que possam melhorar o seu desempenho sob o ponto de vista da eficiência e bem-estar social. A terceira diz respeito à regulação dos mercados. Neste capítulo, foram apresentados alguns dos principais problemas presentes nos mercados e as formas de solução institucional. As experiências indicam que existem "tecnologias" que podem reduzir os efeitos das externalidades ou dos problemas relacionados com a existência de informação assimétrica nas transações econômicas. Ou seja, o mercado, junto com ações do Estado como agente regulador, pode gerar benefícios que vão além da alocação de recursos realizada pela "mão invisível". Infelizmente, o tema ainda é controverso e demanda mais pesquisas e evidências empíricas. De qualquer forma, as soluções passam pelo conhecimento dos princípios que regem os mercados.

Este capítulo encerra a parte referente à análise microeconômica. No restante do livro, serão apresentados os conceitos e modelos presentes na análise macroeconômica. Entretanto, os conhecimentos até aqui adquiridos serão fundamentais na leitura dos próximos capítulos. O leitor poderá perceber que muitos conceitos retirados da microeconomia podem e devem ser aplicados no entendimento dos fenômenos presentes na macroeconomia.

EXERCÍCIOS

1. Defina as externalidades que podem ocorrer nos processos produtivos.

2. Como é possível minimizar os problemas decorrentes das externalidades negativas?

3. Defina "bem público".

4. É possível um bem público ser ofertado por uma empresa privada?

5. Como a concorrência perfeita pode se tornar referência para a regulação dos mercados?

6. Qual o significado da assimetria de informação no contexto das relações econômicas?

7. Defina os problemas de risco moral e seleção adversa.

8. Como determinados mecanismos de incentivo podem minimizar os problemas de informação assimétrica?

9. Quais as consequências da existência de informação assimétrica nos mercados de crédito?

10. Defina custo de transação.

Referências

GOOLSBEE, Austan; LEVITT, Steven; SYVERSON, Chad. *Microeconomia*. 2. ed. São Paulo: Atlas, 2018.

MANKIW, N. Gregory. *Introdução à Economia*: princípios de micro e macroeconomia. 2. ed. Rio de Janeiro: Elsevier, 2001.

PINDICK, Robert S.; RUBINFELD, Daniel L. *Microeconomia*. 8. ed. São Paulo: Saraiva, 2013.

TIMM, Luciano Benetti (organizador). *Direito e Economia no Brasil*. São Paulo: Atlas, 2012.

VARIAN, Hal R. *Microeconomia, uma abordagem moderna*. 9. ed. São Paulo: Campus, 2015.

VASCONCELLOS, Marco Antônio Sandoval de. *Economia*: macro e micro. 6. ed. São Paulo: Atlas, 2015.

VASCONCELLOS, Marco Antônio Sandoval de; GUENA, Roberto; BARBIERI, Fábio. *Manual de microeconomia*. 3. ed. São Paulo: Atlas, 2011.

8

As variáveis macroeconômicas e outros conceitos básicos

Assista ao vídeo do autor
sobre o tema deste capítulo

uqr.to/fdie

OBJETIVOS DO CAPÍTULO:

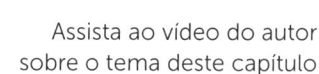

- Definir o Produto Interno Bruto (PIB).
- Considerar o PIB pelas óticas da produção, renda e demanda agregada.
- Definir o produto de pleno emprego.
- Definir a taxa de desemprego da mão de obra.
- Mostrar as relações entre o PIB de pleno emprego e a taxa de desemprego da mão de obra.
- Definir a taxa natural de desemprego.
- Apresentar a estrutura básica do balanço de pagamentos.
- Considerar a diferença entre variáveis nominais e reais.
- Mostrar como se deflaciona uma série nominal.
- Diferenciar as variáveis estoque das variáveis fluxo.

8.1 Introdução

Com este capítulo, inicia-se o estudo da macroeconomia. Assim como a microeconomia, a macroeconomia se utiliza de modelos matemáticos, principalmente de gráficos, tendo como objetivo entender determinados fenômenos, como o crescimento econômico, o desemprego e a inflação. Também busca avaliar os impactos das denominadas políticas macroeconômicas, particularmente a monetária e a fiscal.

Conforme estudado no Capítulo 1, a macroeconomia se coloca como uma das principais áreas da Economia. Diferentemente da microeconomia, que estuda os comportamentos individuais no ambiente do mercado, a macroeconomia considera os comportamentos sociais na determinação dos agregados macroeconômicos.

Desde a publicação da *Teoria geral*, de Keynes, os economistas têm buscado compreender os fatores que determinam o nível de atividade econômica e as causas das crises macroeconômicas. Mas não apenas. Também buscam compreender as relações entre as diversas variáveis. Por exemplo, alterações na atividade econômica são acompanhadas por mudanças no nível geral de preços. Já as mudanças na taxa de juros, além de impactar sobre a produção agregada, exercem efeito sobre a taxa de câmbio. Nesse sentido, é de extrema importância entender não apenas os conceitos, mas também essas relações que são consideradas nos modelos macroeconômicos.

São várias as perguntas a serem respondidas pela teoria macroeconômica. Pode-se, por exemplo, considerar as seguintes questões: i) O que determina o crescimento econômico? ii) O que causa o desemprego? iii) Por que existe a inflação? iv) Como as políticas macroeconômicas afetam o desempenho econômico do país? v) Qual a relação entre a taxa de juros e a taxa de câmbio? O objetivo deste capítulo é dar o passo inicial para que o aluno possa responder a essas e a outras perguntas. Para tanto, serão apresentados os principais conceitos que farão parte dos modelos macroeconômicos que serão estudados nos próximos capítulos. Dentre esses conceitos, destacam-se o PIB, o desemprego e o nível geral de preços.

Boxe 8.1 O crescimento econômico brasileiro nas últimas décadas

Pode-se definir o crescimento econômico como sendo a elevação do PIB ao longo do tempo.[1] O gráfico mostra o crescimento/decrescimento do PIB brasileiro desde a década de 1960 até os dias atuais.

---

[1] Essa definição de crescimento econômico traz uma sutil imprecisão. Na verdade, deve-se considerar o crescimento econômico como sendo a elevação do PIB *per capita* ao longo do tempo. Isso porque,

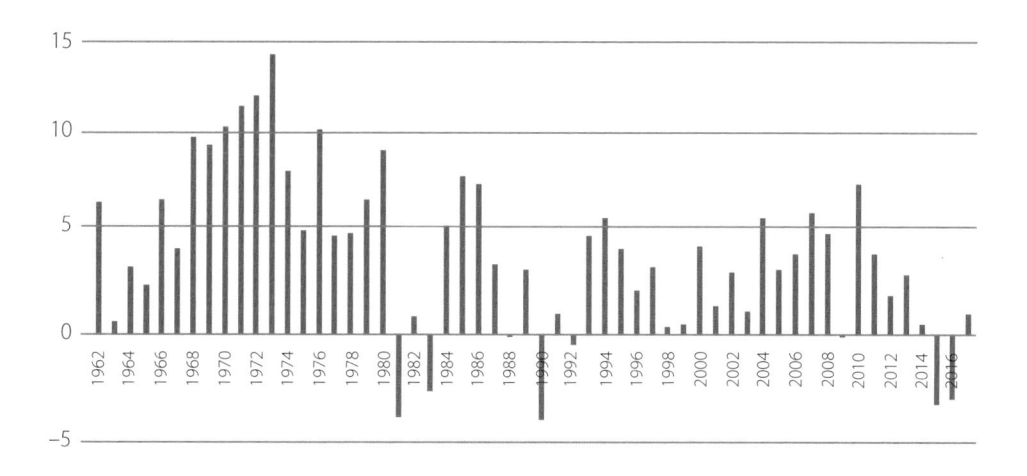

Gráfico 8.1 Evolução PIB brasileiro variação % anual

(Fonte IBGE)

Analisando o gráfico, é possível notar grande volatilidade no comportamento da taxa de crescimento anual do PIB brasileiro. As décadas de 1960 e 1970, por exemplo, comtemplam altas taxas de crescimento econômico. Esse período também foi conhecido como "o milagre econômico". Porém, o dinamismo perde fôlego a partir da década de 1980, que é considerada pelos economistas como "a década perdida". Em alguns anos desse período, o crescimento do PIB foi negativo.[2] Nos últimos tempos, é possível observar desempenhos abaixo do necessário para um país com grandes problemas sociais. Existem várias explicações para esse desempenho. Elas podem ser encontradas não apenas nas condições internas, mas também no comportamento da Economia internacional. Também se destacam as políticas macroeconômicas, particularmente a monetária e a fiscal. Mas o que determina o crescimento do PIB? Essa não é uma pergunta de resposta fácil, já que envolve inúmeros conceitos, modelos e controvérsias. A análise macroeconômica, aliás, é de certa forma menos precisa do que

---

se a Economia cresceu 1% em um determinado ano e a população cresceu 2% no mesmo período, a sociedade, na média, ficou mais pobre. Esse ponto será discutido no Capítulo 13. De qualquer forma, para que se tenha o crescimento do PIB per capita, é necessário o crescimento da produção agregada do país, ou seja, pode-se considerar a elevação do PIB como condição necessária para o crescimento econômico.

[2] A expressão "crescimento negativo" soa como algo estranho para os não economistas. Melhor seria a utilização da palavra "decrescimento". Esta, entretanto, não é comumente utilizada no jargão econômico, que optou pela primeira expressão.

a microeconomia. Mas ela explica muita coisa. De início, é importante compreender os conceitos que envolvem o PIB, seus componentes e sua interação com as outras variáveis econômicas.

8.2 O fluxo circular da renda e o Produto Interno Bruto

O Produto Interno Bruto (PIB), representa a mais importante variável macroeconômica. Seu crescimento resulta em vários benefícios para o país, como a redução do desemprego, a elevação dos salários e lucros, além do crescimento das receitas tributárias, necessárias ao Governo para a realização de políticas públicas e outras formas de intervenção na Economia.

Para a compreensão dos principais modelos presentes da análise macroeconômica, é necessário inicialmente definir de forma precisa o conceito do PIB. Ele é definido como sendo o **valor total de todos os bens e serviços finais produzidos na Economia em um determinado período de tempo**. Nessa definição, as palavras "valor", "finais" e "tempo" merecem atenção especial. A primeira palavra indica que o PIB é avaliado monetariamente. Nessa valoração, não é possível somar as quantidades produzidas, como, por exemplo, o número de automóveis e o de laranjas. Mas é possível somar o valor das produções, ou seja, o valor da produção de automóveis mais o valor da produção de laranjas, e assim por diante. A segunda palavra é necessária para mostrar que, no cálculo do PIB, não se deve somar o valor de todos os bens produzidos na economia. Se isso fosse feito, haveria o **problema da dupla contagem**. Considere como exemplo o automóvel, que agrega vários bens intermediários, como os pneus. Se o PIB contemplasse o valor do pneu, esse bem seria computado duas vezes (já o pneu produzido como peça de reposição vendido separadamente nas lojas de autopeças entraria no cálculo do PIB, por ser definido "produto final"). O mesmo vale para todos os bens intermediários. Ou seja, o PIB representa somente a produção final. Por fim, a palavra "tempo" reflete o fato de o PIB ser uma variável denominada "fluxo".

> O PIB representa o valor total de todos os bens e serviços finais produzidos na economia em um determinado período de tempo.

Ou seja, representa o processo produtivo agregado que ocorre ao longo do tempo. Em geral, o PIB é calculado anualmente com prévias semestrais e trimestrais. Mais adiante, o termo "variável fluxo" será mais bem qualificado com o contraponto da denominada "variável estoque".

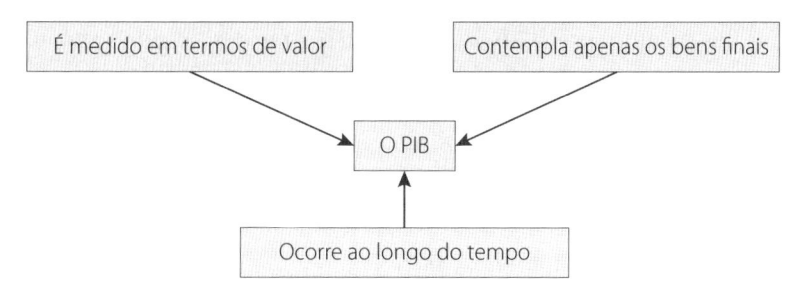

Figura 8.1 O conceito do PIB.

Outra forma de entender o PIB consiste em considerá-lo como a soma dos "**valores adicionados**" em cada etapa dos processos produtivos. Em outras palavras, as empresas, ao adquirir os insumos, ou os denominados **bens intermediários**, adicionam valor a eles, tendo como resultado o produto final disponível para a venda. Neste caso, o PIB é avaliado pela ótica da produção. Existem, entretanto, outras duas óticas para esta variável: a ótica da renda e a da demanda. O entendimento delas demanda o conhecimento do que se denomina "fluxo circular da renda".

> Ótica da produção: o PIB representa a soma dos valores adicionados na Economia em cada etapa produtiva.

O fato de o PIB ser uma "variável fluxo" nos remete a um importante esquema econômico denominado **fluxo circular da renda**. Esse fluxo permite a visualização dos aspectos gerais da interação entre as famílias e as empresas no processo produtivo. Sua forma esquemática, para uma economia fechada e sem Governo, pode ser representada a partir da seguinte figura:

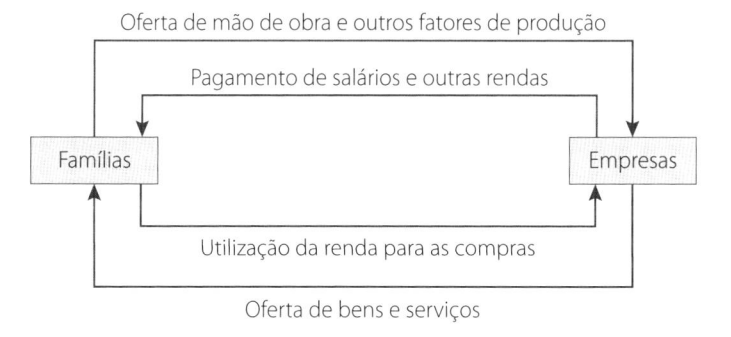

Figura 8.2 O fluxo circular da renda em uma economia fechada e sem Governo.

Nas setas presentes no fluxo, é possível notar a dinâmica geral presente na Economia. As setas maiores indicam o fluxo relacionado com a produção. A primeira seta de cima mostra a oferta de mão de obra e outros fatores de produção pelas famílias às empresas.[3] Ao utilizarem esses fatores, as empresas realizam a produção que tem como destino o consumo das famílias, conforme indicado pela última seta de baixo. Já as setas menores mostram o fluxo da renda gerado no processo produtivo. Ao utilizarem os fatores de produção, como a mão de obra, as empresas pagam os salários ou, de forma geral, a renda, conforme indicado pela seta menor de cima. Já as famílias utilizam essa renda para a compra dos bens e serviços, conforme a seta menor de baixo.

Com o fluxo circular da renda, é possível agora entender o PIB a partir de *ótica da renda*. Define-se renda como sendo a **remuneração dos fatores de produção**. São os **salários**, ou a remuneração do fator trabalho, os **lucros**, ou a remuneração da capacidade ou atividade empresarial, os **juros**, ou a remuneração do capital financeiro, e os aluguéis que representam a remuneração da propriedade física da terra e do capital físico. Pelo fluxo, percebe-se que a produção tem como contrapartida essa remuneração. Pode-se então definir o PIB como sendo o total da renda gerada na Economia, ou seja, a soma dos salários, juros, lucros e aluguéis, em um determinado período de tempo. Ou seja, o valor do PIB representa o valor total da renda gerada no país.

> Ótica da renda: o PIB representa a totalidade da renda gerada no processo produtivo.

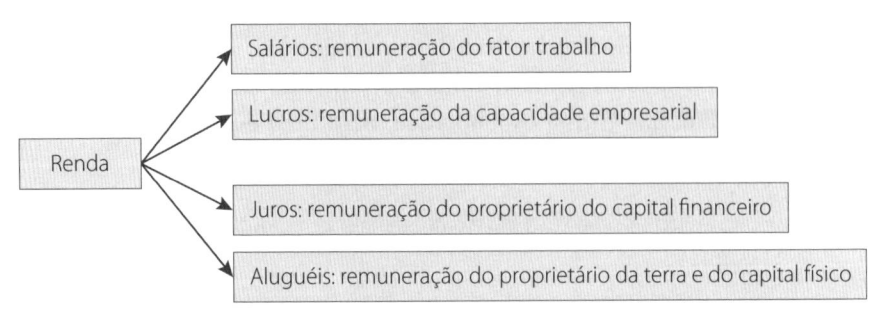

Figura 8.3 A renda gerada na economia.

Existe ainda outra forma de representar o PIB. Ela se refere à destinação da produção final: o consumo das famílias. Trata-se da **ótica da demanda**, onde o

---

[3] No fluxo circular da renda, os empresários são incluídos na categoria das famílias. Como não é a empresa que compra o bem de capital, mas o empresário, essa inclusão implica que as famílias recebem, além dos salários, os lucros, juros e aluguéis. Infelizmente, o fluxo circular da renda, como é apresentado nos textos dos livros de Economia, não permite mostrar toda a complexidade das relações econômicas. Ele serve apenas como referência para a compreensão dos vários conceitos em torno do PIB.

PIB é definido como sendo igual à **demanda agregada**. Este último conceito, entretanto, deve ser mais bem qualificado. Isso porque existem outras categorias de demanda além do consumo das famílias. Uma delas é a aquisição de bens de capital. De uma forma bem simples, pode-se definir os **bens de capital** como sendo aqueles bens necessários para a produção de outros bens e serviços. São as máquinas, os equipamentos, as edificações, pontes, hidrelétricas etc. Quando o empresário adquire um bem de capital, ele realiza o que se denomina **investimento produtivo**, que representa outra categoria de demanda agregada.

> Ótica da demanda: O PIB representa a demanda agregada da Economia.

A partir do fluxo circular da renda representada pela Figura 8.1, é possível definir uma equação, também conhecida como identidade macroeconômica básica, que representa vários aspectos da macroeconomia. Considerando Y = PIB, C = consumo das famílias e I = investimento ou aquisição de bens de capital, pode-se considerar a seguinte relação para uma Economia fechada e sem Governo, onde a soma $C + I$ representa a demanda agregada:

$$Y = C + I \qquad (8.1)$$

Uma observação importante se faz necessária na definição dos investimentos. Eles representam não apenas a aquisição de bens de capital, mas também a variação de estoques. Nesse sentido, a Equação 8.1 mostra que tudo que é produzido na Economia tem uma destinação: ou é consumido pelas famílias, ou é demandado pelas firmas sob a forma de máquinas e equipamentos, dentre outros bens de capital, ou elevam os estoques dos produtos que não são vendidos pelas empresas. Isso reforça a igualdade da equação que, rigorosamente, se trata de uma identidade contábil.

> Em macroeconomia, os investimentos representam a demanda por bens de capital mais a variação dos estoques.

A identidade dada pela Equação 8.1 pode ser expressa de outra forma. Para tanto, é necessário definir a **poupança agregada**. Define-se a poupança, sob o ponto de vista macroeconômico, como a renda não consumida. Representando a poupança pela letra S (do inglês *saving*), pode-se então reescrever a Equação 8.1 da seguinte forma:

$$Y - C = I$$

ou

$$S = I \qquad (8.1')$$

Essa nova identidade sugere que, para que o país tenha altos níveis de investimento agregado, deverá também ter altos níveis de poupança. Essa conclusão será considerada no contexto do crescimento econômico, que será estudado no último capítulo deste livro.

Além das famílias e das empresas, existem outros dois agentes que fazem parte do fluxo circular da renda. São eles o Governo e as famílias e firmas não residentes no país. Nesse sentido, deve-se considerar, no cálculo do PIB, os gastos do Governo e as exportações que representam a demanda de outros países, de bens que são produzidos internamente. Por outro lado, o PIB refere-se à produção interna. Vários itens consumidos internamente, entretanto, provêm das importações, que são produções realizadas em outros países. Nesse sentido, para se chegar ao PIB pela ótica da demanda, deve-se desconsiderar as importações realizadas pelo país. Feitas essas considerações, é possível agora apresentar de forma mais precisa a demanda agregada e sua relação com o PIB. Considerando G = gastos do Governo, X = exportações, e M = importações (ou seja, $X - M$ representa as exportações líquidas das importações), tem-se que:

$$Y = C + I + G + (X - M) \qquad (8.2)$$

A equação dada pela Expressão 8.2 é também conhecida como "identidade macroeconômica fundamental". Ela representa a ótica da demanda e diz que toda produção final (Y do inglês *yield*) tem uma destinação: a demanda agregada, representada agora pela soma $C + I + G + X - M$. A Equação 8.2 estará presente na maior parte dos modelos macroeconômicos que serão estudados nos próximos capítulos.

A partir da Equação 8.2, é possível representar a identidade $S = I$. Para tanto, deve-se considerar os impostos na equação, que serão representados por T. Por outro lado, pode-se considerar que a renda não consumida ($Y - C$) é destinada não apenas à poupança S, mas também ao pagamento dos impostos T. Dadas essas definições, pode-se então considerar que:

$$Y - C = S + T$$

ou:

$$Y = C + S + T \qquad (8.3)$$

Combinando essa equação com a Equação 8.2, obtém-se, após algumas manipulações algébricas, a seguinte expressão:

$$S + T + M = I + G + X$$

ou:

$$I = (T - G) + S + (M - X) \tag{8.4}$$

A Equação 8.4 mostra as formas de financiamento dos investimentos produtivos na Economia. A letra S representa agora a poupança das famílias. A expressão $(T - G)$ pode ser considerada como sendo a **poupança do Governo**. Já a expressão $(M - X)$ representa a poupança externa e será mais bem qualificada na Seção 8.4. Logo, a equação mostra que os investimentos produtivos podem ser financiados pela poupança das famílias, pela poupança do Governo ou pela poupança externa. Essa conclusão será importante na análise do crescimento econômico que será realizada no Capítulo 13.

Figura 8.4 A poupança e os investimentos.

A partir do fluxo circular da renda, pode-se agora apresentar um resumo em torno dos conceitos relacionados ao PIB. Além de ser a soma dos valores adicionados em cada etapa do processo produtivo, o PIB também representa a renda gerada na Economia, ou seja, a soma dos salários, juros, lucros e aluguéis. Também é igual à demanda agregada, que representa a soma do consumo das famílias por bens de consumo finais, à demanda por bens de capital ou investimento produtivo, que inclui a variação dos estoques, os gastos do Governo e das exportações líquidas das importações. O quadro dessas óticas:

Quadro 8.1 Os vários conceitos de PIB

Ótica	Conceito
Conceito geral	Valor total de todos os bens e serviços finais produzidos na Economia em um determinado período de tempo.
Produção	Soma dos valores adicionados em cada etapa produtiva.
Renda	Soma dos salários, juros, lucros e aluguéis.
Demanda	Soma do consumo de bens e serviços finais, bens de capital, gastos do Governo e exportações líquidas das importações.

8.3 O produto de pleno emprego e a taxa natural de desemprego

O **pleno emprego** ou, de forma mais precisa, o PIB de pleno emprego representa uma importante referência no estudo do desempenho econômico do país, principalmente quando o assunto diz respeito às políticas macroeconômicas. Define-se o PIB de pleno emprego, que será representado neste livro por Y^p, como sendo o nível de produção agregada em que os fatores de produção que estão sendo plenamente utilizados. Por esse motivo, Y^p representa a situação ótima sob o ponto de vista macroeconômico.

> Define-se o PIB de pleno emprego como sendo o nível de produção agregada em que os fatores de produção estão sendo plenamente utilizados.

Como é difícil avaliar o desemprego de todos os fatores de produção, a mão de obra é considerada como referência no seu cálculo. O desemprego da mão de obra mostra o número de pessoas que estão desempregadas na Economia. Esse desemprego é medido em termos percentuais e, no seu cálculo, é necessário definir uma amostra, ou seja, as características das pessoas que estão procurando trabalho, como a idade, o tempo de procura por emprego e a população considerada apta ao trabalho. Por esse motivo, existe no Brasil mais de uma instituição que calcula a taxa de desemprego.

De forma geral, a taxa de desemprego (u) pode ser definida como sendo a divisão entre o número de desempregados (D) pela população economicamente ativa (PEA):

$$u = D/PEA \qquad (8.5)$$

A taxa de desemprego apresenta relação direta com o PIB. Quanto maior for o nível da produção agregada, menor será a taxa de desemprego. Quando a Economia se encontra no pleno emprego, o desemprego encontra-se em sua taxa natural. Pode-se então definir a **taxa natural de desemprego** (u_n) como sendo aquela associada ao pleno emprego. Nela, não existe desemprego involuntário, ou seja, quem procura por emprego consegue-o. As relações a seguir resumem a relação entre u^n e Y^p:

$$\text{Se } Y < Y^p => u > u_n \qquad (8.6)$$

$$\text{Se } Y = Y^p => u = u_n \qquad (8.7)$$

A taxa natural de desemprego nunca é zero. Isso porque, quando se observa o mercado de trabalho, percebe-se que muitas pessoas estão mudando de um emprego para outro. Essa mudança demanda algum tempo, que decorre, por exemplo, da organização de documentos, entrevistas, exames médicos etc. Nesse período, que pode durar alguns dias ou semanas, observa-se o desemprego denominado *friccional*. Há ainda o denominado **desemprego voluntário**, que ocorre quando a pessoa, apta para o trabalho, simplesmente não quer trabalhar. Esses dois tipos de desemprego explicam por que a u_n é sempre positiva. É difícil determinar um número exato para a taxa natural de desemprego, que muda de acordo

> Define-se a **taxa natural de desemprego** como sendo aquela associada ao pleno emprego.

com determinadas características estruturais do mercado de trabalho, que variam entre os países. É possível, entretanto, utilizar o bom senso. Em geral, considera-se uma taxa de um dígito, algo em torno de 6% ou 7%.

O pleno emprego, ou a taxa natural de desemprego, serve como referência para a avaliação da situação econômica do país. Basta considerar que uma alta taxa de desemprego provoca inúmeros problemas

> Na taxa natural de desemprego, não existe desemprego involuntário.

sociais. Nos próximos capítulos, serão apresentadas as alternativas de política macroeconômica que podem ser utilizadas para levar a Economia em direção ao pleno emprego.

8.4 O setor externo e algumas de suas implicações

A Economia nunca está isolada do resto do mundo. Ela exporta e importa mercadorias, recebe ou concede empréstimos e participa do sistema financeiro internacional. Na Equação 8.2, a expressão $X - M$ foi definida como sendo as exportações líquidas das importações. Essa expressão, entretanto, não abrange apenas as transações com bens. Se estas são importantes, existem outras, como os serviços de transporte de mercadorias, os pagamentos ou recebimentos de rendas, como juros de empréstimos ou lucros de empresas, ou mesmo a remessa de salários do exterior para o país. Ou seja, X e M possuem conotação mais abrangente do que as exportações ou importações de bens. Essa abrangência pode ser compreendida a partir do balanço de pagamentos, que é o instrumento contábil que registra todas as transações entre residentes e não residentes de um país. Como residentes, consideram-se as pessoas e empresas que vivem permanentemente no país. Por exclusão, têm-se os não residentes.

O **balanço de pagamentos** é dividido em três grandes contas: i) o balanço em transações correntes; ii) o balanço de movimentos de capitais físicos; e iii) o balanço de movimento de capital financeiro. Cada uma dessas grandes contas é subdividida em subcontas. O **balanço em transações correntes** é constituído pela balança comercial, que registra as operações de exportações e importações de bens; pelo balanço de serviços, que registra todas as despesas com os serviços relacionados com o transporte internacional de mercadorias, como pagamento de fretes e seguros, além dos gastos com o turismo; e pelo balanço de rendas, que registra o pagamento e recebimento de rendas de fatores de produção, como juros decorrentes de empréstimos internacionais, aluguéis referentes à utilização de direitos de propriedade, lucros de empresas estrangeiras ou nacionais instaladas em outros países e salários de trabalhadores, quando estes exercem as atividades laborais fora do seu país. O balanço de **movimento de capitais** registra as transferências de máquinas e equipamentos de um país para o outro, em geral realizadas por uma mesma empresa que possui filiais em vários países. Já a conta de **movimentos financeiros** registra operações como empréstimos, financiamentos, fluxos de investimentos em ações e títulos, também denominados capitais de curto prazo, e amortizações de dívidas. Também se encontram nessa conta as variações de reserva internacionais à disposição do país. No Quadro 8.2, é apresentada a estrutura simplificada do balanço de pagamentos, com suas principais operações:

Quadro 8.2 O Balanço de Pagamentos.

I – Balanço de transações correntes
      1.1 A balança comercial
        Exportações
        Importações
      1.2 Serviços
        Despesas com transportes: fretes e seguros
        Despesas com turismo
        Outros: serviços governamentais, de computação, de telecomunicação, culturais etc.
      1.3 Rendas
        Lucros e dividendos
        Juros de operações com títulos e empréstimos
        Salários
        Outros: transferências interpessoais, lucros reinvestidos etc.

II – O balanço de movimentos de capitais físicos: transferências de máquinas, equipamentos etc.

III – O balanço de movimento de capitais financeiros
      3.1 Investimentos em fundos financeiros
      3.2 Investimento em ações
      3.3 Empréstimos e financiamentos
      3.4 Títulos
      3.5 Outros financiamentos
      3.6 Variação de reservas internacionais

As operações do balanço de pagamentos são realizadas, em geral, em dólares norte-americanos e seguem as normas contábeis internacionais.[4] Na prática, as operações que dão origem à entrada de dólares (ou em outra moeda aceita para pagamentos internacionais) são lançadas com o sinal positivo, e as saídas, com sinal negativo.[5] O resultado líquido, se positivo, resulta no aumento das reservas internacionais à disposição do país (Item 3.6 do balanço). Se negativo, implicará na diminuição dessas reservas. As operações são registradas diariamente e divulgadas em períodos mensais, trimestrais e anuais.[6]

A relação do país com o resto do mundo traz algumas implicações no conceito do produto agregado. O PIB, por exemplo, representa a produção que resulta na geração de renda nos limites territoriais do país. Entretanto, o país recebe renda de pessoas e empresas nacionais instaladas em outros países. Por outro lado, parte da renda gerada internamente é enviada para fora sob a forma de remessas de lucros e dividendos, dentre outras. Nesse sentido, surge a diferença entre os conceitos de Produto Interno Bruto (PIB) e o Produto Nacional Bruto (PNB). Nas Equações 8.1 e 8.2, denominamos Y de PIB. Mas ele pode também representar o PNB. A diferença entre os dois conceitos está na renda recebida e enviada ao exterior. O PNB exclui a renda enviada (REE) e inclui a renda recebida (RRE). Em termos mais específicos, tem-se a seguinte relação:

$$PNB = PIB - REE + RRE \qquad (8.8)$$

Nesse momento, já é importante qualificar melhor as exportações e importa-ções que aparecem na Equação 8.2. Se Y representa o PNB, $(X - M)$ deve representar o saldo do balanço de pagamentos em transações correntes. Se Y representa o PIB, então $(X - M)$ deve conter apenas recebimentos e pagamentos que não envolvam transferências de renda. Essa complicação, entretanto, não deve ser motivo de

---

[4] Na verdade, são utilizadas, nas operações do balanço de pagamentos, as moedas denominadas conversíveis, ou seja, aquelas que são aceitas para pagamentos internacionais.

[5] Até 2015, o balanço de pagamentos no Brasil utilizava as operações de crédito e débito. A partir de 2016, os lançamentos passaram a seguir critérios mais complexos, com a utilização dos conceitos de ativo e passivo. Logo, as indicações do texto devem ser consideradas apenas como critérios gerais para se avaliar a variação das reservas internacionais. Para detalhes do lançamento, ver o Manual de Economia da Equipe dos Professores da USP, cuja edição está indicada na bibliografia deste capítulo.

[6] O *site* do Banco Central do Brasil divulga mensalmente todas as operações do balanço de pagamentos do Brasil, que podem ser encontradas no endereço: https://www.bcb.gov.br/htms/infecon/Seriehist_bpm6.asp.

preocupação nos modelos macroeconômicos. Também é possível explicar melhor a definição de poupança externa, representada por $(M - X)$ da Equação 8.4. Define-se a poupança externa como sendo o déficit em transações correntes do país. Essa definição segue a seguinte lógica: se o país apresenta déficit em transações correntes, esse déficit está sendo financiado com recursos externos, que representa a poupança das famílias ou dos governos de outros países. Apesar das complicações em torno da expressão $(X - M)$, o mais importante é considerar Y como o valor da produção agregada final do país e $(X - M)$ como as exportações menos as importações de bens e serviços.

> A poupança externa representa o déficit do balanço de pagamentos em transações correntes.

Além do balanço de pagamentos, existem outros conceitos relacionados com o setor externo da Economia. Dentre eles, destaca-se o da **taxa de câmbio**. Tomando como referência as moedas do Brasil e dos Estados Unidos, define-se a taxa de câmbio como sendo o preço, em Reais, de 1 Dólar. Representando a taxa de câmbio pela letra "e" (do inglês *exchange rate*), tem-se então que:

$$e = R\$/1Us\$ \tag{8.9}$$

Apesar de ser uma taxa, "e" também é um preço. Conforme visto no Capítulo 2, os preços são determinados nos mercados; e aqui pode-se considerar o denominado "mercado interno de dólares", também definido como "mercado cambial". Nesse sentido, todos os fatores que resultam na entrada de dólares no país contribuem para a queda do seu preço ou da taxa de câmbio. Já os fatores que contribuem para a saída de dólares tendem a elevar a taxa de câmbio. No Capítulo 10, serão apresentados alguns desses fatores. É importante também qualificar o significado preciso das elevações e quedas na taxa de câmbio. A subida de "e" representa a desvalorização da moeda nacional em relação à estrangeira. Já a desvalorização da moeda estrangeira em relação à moeda nacional ocorre quando essa taxa cai. Essa qualificação é importante, pois em vários países a moeda nacional encontra-se no denominador da definição de "e".

> A taxa de câmbio pode ser definida como sendo o preço, na moeda nacional, de uma unidade da moeda estrangeira.

Existem tantas taxas de câmbio quanto forem as moedas do mundo. Entretanto, nem todas são relevantes para a análise econômica. Isso porque grande parte das moedas não é aceita para os pagamentos internacionais. Somente um grupo seleto é considerado nesses pagamentos. Neste grupo, duas se destacam: o Dólar e o Euro.

Boxe 8.2 O mercado cambial

Conforme visto no Capítulo 2, o conceito de mercado também pode ser utilizado na análise de determinadas variáveis macroeconômicas. Este é o caso da taxa de câmbio. Se considerarmos "e" como sendo o preço da moeda estrangeira, então ela será determinada no mercado cambial doméstico. Nesse mercado, a oferta é determinada por todos aqueles que trazem dólares para o país (como os exportadores); e a demanda, por aqueles que desejam dólares para realizarem as operações com o resto do mundo (como os importadores). Nesse sentido, o mercado cambial pode ser representado a partir do Gráfico 8.2:

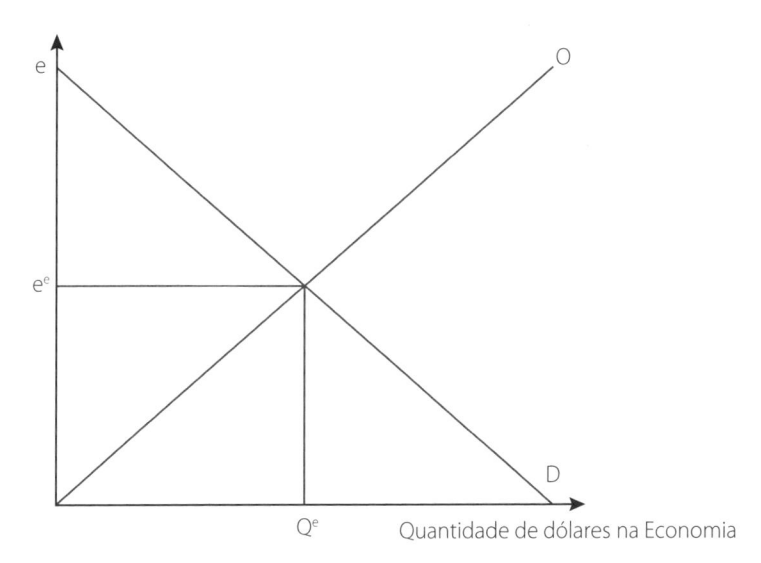

Gráfico 8.2 O mercado cambial.

Pelo gráfico, a taxa de câmbio de equilíbrio é determinada pela interação entre as curvas de oferta e de demanda de dólares no mercado interno. Essas curvas também podem se deslocar. Assim, por exemplo, se ocorre o aumento na demanda de bens produzidos pelo país no mercado internacional, a curva de oferta se deslocará para a direita, provocando a queda na taxa de câmbio de equilíbrio. Em outras palavras, isso significa que o aumento (exógeno) das exportações provocará a elevação da quantidade da moeda estrangeira no país. Já a elevação na taxa de juros nos Estados Unidos, por exemplo, provocará o deslocamento da curva de demanda para a direita. Isso porque haverá a tendência de saída de dólares do país em direção às aplicações financeiras nos EUA, que se tornaram mais atrativas. No Capítulo 10, serão explorados alguns dos fatores que provocam esses deslocamentos.

8.5 A inflação e as variáveis nominais e reais

Define-se a **inflação** como sendo a elevação do nível geral de preços. No cálculo da sua taxa, utilizam-se os denominados "índices gerais de preços". No Brasil, existem vários desses índices, como o Índice Geral de Preços (IGP), calculado pela FGV, o Índice Nacional de Preços do Consumidor (INPC) e o Índice Nacional de Preços ao Consumidor Amplo (IPCA), ambos calculados pelo Instituto Brasileiro de Geografia e Estatística (IBGE), e o Índice de Preços ao Consumidor (IPC), calculado

pela Fundação Instituto de Pesquisas Econômicas (FIPE), dentre outros. Esses índices representam, na média, os preços dos bens e serviços comercializados dentro do país. Ou seja, são calculados com base em amostras de preços a partir de determinados padrões de consumo. As diferenças nas amostras explicam a variedade dos índices. Nos modelos macroeconômicos, os índices de preços serão representados pela letra "*P*". A elevação em *P* representa a inflação.

> Inflação: elevação do índice geral de preços da Economia.

Considerar a inflação na análise econômica resulta em uma série de implicações teóricas e práticas. Uma delas diz respeito à diferença entre as variáveis nominais e as reais. O PIB, por exemplo, foi definido como sendo uma variável expressa em valor. De forma geral, representa o somatório das quantidades produzidas dos bens e serviços finais multiplicadas pelos seus respectivos preços (valor da produção de automóveis + valor da produção de laranjas + valor da produção de serviços de advocacia etc.). Logo, quando o PIB cresce, duas coisas podem estar acontecendo: ou os preços dos bens estão se elevando, ou a produção física está crescendo, ou ambos os fenômenos juntos. A Equação 8.10 representa essa ideia. Nela, supõe-se, a título de simplificação, que a Economia produz um único bem final, cuja quantidade é expressa por "*Q*", sendo o seu preço representado por "*P*":

$$Y = P \times Q \qquad (8.10)$$

Em grande parte das análises, a preocupação gira em torno da produção física ou real, que na Equação 8.10 é representada por *Q*, ou seja, busca-se avaliar o crescimento do PIB em termos reais. A produção real pode ser representada isolando *Q* na Equação 8.11:

$$Q = \frac{Y}{P} \qquad (8.11)$$

Ou seja, se o objetivo consiste em encontrar o valor real de uma variável expressa em termos nominais (ou seja, em valores), deve-se dividi-la pelo índice geral de preços P. Esse procedimento pode ser utilizado para outras variáveis econômicas. Por exemplo, se a análise se volta para o salário nominal, ou W (do inglês *wage*), o salário real será definido por W/P. Se M representa a quantidade nominal de moeda na Economia, então M/P representará a quantidade real de moeda (ou encaixes reais totais), e assim por diante.

> O crescimento do PIB nominal não necessariamente representa o crescimento do PIB real.

O crescimento do PIB nominal não necessariamente reflete o crescimento da produção em termos reais. Por esse motivo, é importante retirar o efeito da inflação de determinadas variáveis macroeconômicas, ou, em outros termos, deflacionar as séries nominais.

| **Boxe 8.3** | Método para deflacionar séries de valores nominais: o caso dos salários. |

Considere o salário recebido por um trabalhador que tem o seu valor corrigido anualmente. O trabalhador pode saber se a variação do seu salário nominal manteve o poder de compra real ao longo dos anos. Para tanto, deverá retirar o efeito da inflação sobre o valor nominal do salário. O procedimento pode ser compreendido a partir dos dados da tabela:

mês	Salário Nominal (R$) (a)	Índice de Inflação (b)	Valor do Salário Real [(a)/(b)]x100	Variação %
2011	5.000	100	5.000	–
2012	5.030	103	4.883	-2,3%
2013	5.060	107	4.729	-3,2%
2014	5.090	111	4.586	-3,0%
2015	5.110	113	4.522	-1,4%
2016	5.130	115	4.461	-1,4%
2017	5.150	119	4.328	-3,0%
2018	5.180	122	4.246	-1,9%

A segunda coluna contém a série de salário nominal recebida pelo trabalhador. A terceira coluna apresenta a evolução do índice de preços anualmente (base 2011 = 100). Assim, a inflação entre 2010 e 2011 foi de 3%, entre 2011 e 2012, de 7%, e assim por diante. A quarta coluna apresenta o valor real do salário. Esse valor é encontrado dividindo-se o salário nominal pelo índice de preço. O mais importante, entretanto, não é esse valor real, mas sua taxa de variação, que é apresentada na última coluna. Percebe-se, pelos cálculos, que, apesar de o valor nominal do salário ter se elevado anualmente, na verdade ele caiu em termos reais, ou seja, o salário nominal subiu, no período, 3,6%. Mas, em termos reais, caiu 15,1% no mesmo período. Esse cálculo pode ser utilizado para qualquer variável nominal, utilizando qualquer índice de preços que são divulgados mensalmente. O índice de preços em geral é representado na base 100, motivo pelo qual, na quarta coluna, os valores foram multiplicados por 100. Pode-se também mudar a base a partir da simples regra de três. Os cálculos podem ser realizados na planilha do *Excel* ou similares. Os índices de preços podem ser encontrados em vários *sites* de Economia, como o do Banco Central ou do *ipeadata*.[7]

8.6 Variáveis fluxo x variáveis estoque

Na definição do PIB, definiu-se a produção final como aquela que "ocorre em um determinado período do tempo". Por esse motivo, esse agregado é definido como "**variável fluxo**". As variáveis fluxo são aquelas que ocorrem ao longo de determinado período, ou seja, "ao mês", "ao ano" etc. Existem, entretanto, aquelas que são definidas como "**variáveis estoque**". Elas representam o acúmulo do valor no final de determinado período. Para tornar mais precisos esses conceitos, considere o exemplo de uma pessoa que gasta R$ 1 mil além da sua renda todos os meses durante seis meses. O Quadro 8.3 mostra esse "déficit" e o consequente acúmulo da dívida ao longo dos meses. No exemplo, supomos que a pessoa inicia o processo sem qualquer dívida e que a taxa de juros é zero.

Quadro 8.3 Déficit e Dívida acumulada por uma pessoa que gasta R$ 1 mil além da sua renda mensal.

Mês	Déficit (fluxo em R$)	Estoque da dívida acumulada (em R$)
Janeiro	1.000	1.000
Fevereiro	1.000	2.000
Março	1.000	3.000
Abril	1.000	4.000
Maio	1.000	5.000
Junho	1.000	6.000

---

[7] No caso dos dados do Banco Central do Brasil, acessar www.bcb.gov.br e procurar por "séries temporais". No caso do IPEA (Instituto de Pesquisas Econômicas Aplicadas), acessar www.ipeadata.gov.br.

No exemplo, o déficit é o mesmo em todos os meses; porém a dívida cresce a cada mês. Nesse exemplo, a dívida representa a variável fluxo, e o déficit, a variável estoque. No exemplo, o fluxo mensal de déficit de R$ 1 mil resultará num estoque de dívida de R$ 6 mil no final de seis meses (sem contar a taxa de juros; se considerarmos essa taxa como déficit, a lógica dos cálculos não se altera).

O exemplo dado pelo Quadro 8.3 pode ser considerado para os conceitos relacionados às finanças públicas. O fluxo do déficit da pessoa poderia ser considerado como o déficit público, definido como o total de despesas menos o total de receitas do Governo. Já a dívida acumulada poderia representar a dívida pública. São dois conceitos que muitas vezes são confundidos pelo leigo. No Quadro 8.4, são considerados as principais variáveis macroeconômicas em seus conceitos "fluxo" e "estoque":

Quadro 8.4 Exemplos de variáveis "fluxo" e "estoque"

Variáveis fluxo	Variáveis estoque
PIB	Riqueza
Consumo Agregado	Meios de Pagamentos
Inflação	Dívida Pública
Déficit Público	Dívida Externa
Exportações	Volume de Reservas

8.7 As autoridades econômicas e as políticas macroeconômicas

No estudo da macroeconomia, as políticas de intervenção ocupam posição de destaque. Dentre as várias possibilidades, duas se colocam como as mais importantes: as políticas monetária e fiscal. A política monetária refere-se às intervenções do Governo na quantidade de moeda da Economia e será estudada com detalhes no Capítulo 10. Já a política fiscal, objeto de estudo do Capítulo 9, refere-se aos gastos públicos, que, na Equação 8.2, é representada pela letra G. Cada uma dessas políticas é exercida pelo que se denomina **autoridade econômica**. No Brasil, existem dois grupos de autoridade: o Ministério da Economia (antigo Ministério da Fazenda), que exerce o papel de autoridade fiscal, e o Banco Central, que exerce o controle da quantidade de moeda na Economia, além da supervisão do sistema financeiro, dentre outros.

O Ministério da Economia cuida das finanças públicas como a estrutura de impostos e demais instrumentos de arrecadação, que se constituem nas fontes de receita do Governo para a realização dos seus gastos. Também administra a dívida pública, já que o Governo necessita de empréstimos junto à sociedade para financiar seus gastos quando os impostos não são suficientes. Esses empréstimos são realizados por meio da emissão de títulos públicos, que são adquiridos pelos bancos comerciais ou mesmo pelas pessoas físicas.[8] A gestão da dívida pública é de extrema importância para a estabilidade macroeconômica, pois sua má administração pode resultar em crises como o desemprego e a inflação. Essa afirmação será mais bem qualificada nos próximos capítulos.

O Banco Central representa um dos mais importantes órgãos gestores da Economia, pois administra a quantidade de moeda no mercado interno e que é necessária para manter o fluxo circular da renda. Também tem como responsabilidade a fiscalização e a garantia de solvência do sistema bancário. É comum denominá-lo "o guardião da moeda", já que tem o poder de emitir moeda. Sua atuação no controle da inflação é fundamental. Essas funções remetem à análise ao debate acerca da sua independência em relação ao Governo Central. Muitos economistas defendem que as ações do Banco Central não devem depender das decisões do Governo Federal. Isso porque, no processo de emissão de moeda, o Governo pode se ver tentado a financiar o seu déficit com a emissão de moeda, o que tende a gerar hiperinflação. Essa conclusão será mais bem compreendida no Capítulo 12, que trata da inflação.

Um Governo deve ser avaliado pela qualidade de sua equipe econômica. Evidentemente, esse não deve ser o único critério, mas a história demonstra que más escolhas podem resultar em crises que se manifestam pelo baixo crescimento, pelo desemprego e pela inflação. Como disse o célebre economista John Maynard Keynes, considerado o fundador da macroeconomia: *as ideias dos economistas e dos filósofos políticos, estejam elas certas ou erradas, têm mais importância do que geralmente se percebe. De fato, o mundo é governado por pouco mais do que isso. Os homens objetivos que se julgam livres de qualquer influência intelectual são, em geral, escravos de algum economista defunto.*[9] Nesse sentido, uma equipe econômica sem habilidade e conhecimento pode empobrecer uma sociedade; e a história está repleta de exemplos.

---

[8] Qualquer pessoa maior de idade pode comprar títulos públicos. Uma das opções é feita pelo Tesouro Direto. Ver *site* http://www.tesouro.fazenda.gov.br/tesouro-direto.

[9] KEYNES, John Maynard. *A teoria geral do emprego, do juro e da moeda* (coleção Os Economistas). São Paulo: Abril Cultural, 1983, p. 259.

Boxe 8.4 A crise de 1929 e a macroeconomia keynesiana

A crise de 1929, que resultou na Grande Depressão dos anos 1930, foi uma das piores catástrofes econômicas da história. Entre 1929 e 1933, o PIB norte-americano caiu mais de 25% em termos reais. Percentual semelhante também foi observado nas principais economias do mundo. As taxas de desemprego explodiram durante o período e foi acompanhado pelo processo de deflação. O evento estimulou várias interpretações econômicas, dentre elas, a do economista britânico John Maynard Keynes, contida na sua obra célebre *A teoria geral do emprego, do juro e da moeda*, publicada originalmente em 1936. Segundo Keynes, a depressão teria sido causada pela forte queda na demanda agregada, ou de *C + I* da Equação 8.2. Essa queda, junto com a piora das expectativas, resultou em expressiva contração do nível de atividade econômica. Keynes sugeriu, como remédio para a recessão, a utilização da política fiscal expansionista, que se constitui numa das bases do *keynesianismo* e que será estudado no próximo capítulo. O Governo, ao elevar os seus gastos, injetaria demanda na Economia, estimulando assim a recuperação do PIB. Segundo ele, os economistas clássicos, ao acreditarem no ajuste automático dos mercados, não tinham desenvolvido uma teoria adequada para explicar a persistência do desemprego ao longo do tempo. Para esses economistas, a Economia sempre estaria no pleno emprego, e, segundo a denominada lei de *Say*, que dizia que a oferta criava sua própria demanda, não havia espaço para o desemprego. Keynes desconstrói essa visão afirmando que o pleno emprego seria apenas uma situação particular, não havendo qualquer lógica na lei de *Say*. Com sua *Teoria geral*, Keynes deu origem à macroeconomia moderna. Seus modelos ainda hoje são estudados nos livros de Economia. O mais interessante neste exemplo é a possibilidade de se poder entender a crise de 1930 e a solução proposta por Keynes em seus aspectos gerais a partir dos conceitos básicos estudados neste capítulo.

8.8   Considerações finais: o que esperar das variáveis macroeconômicas

Neste capítulo, foram apresentadas as principais variáveis macroeconômicas, como o PIB, o pleno emprego, a taxa de desemprego e a inflação, dentre outras. O correto entendimento dessas variáveis será fundamental para o estudo dos modelos macroeconômicos que serão apresentados nos próximos capítulos. Mas já é possível tirar algumas conclusões sobre o desempenho macroeconômico de um país. Em primeiro lugar, o crescimento do PIB constitui-se em condição necessária para a redução do desemprego da mão de obra. Em segundo lugar, a elevação da demanda agregada constitui-se numa das formas de promover o crescimento do PIB. Um dos componentes básicos dessa demanda é representado pelos gastos públicos, o que sugere a possibilidade de utilização da política fiscal expansionista em momentos de crise. Terceiro, o pleno emprego constitui-se na principal referência quando se deseja reduzir o desemprego, pelo menos no curto prazo. Quarto, as relações econômicas que o país estabelece com o resto do mundo permitem considerar o setor externo como importante determinante da atividade macroeconômica. Por fim, deve-se considerar que o fenômeno da inflação permite qualificar melhor a definição dos valores nominais e reais. Ou seja, o leitor já tem em mãos os princípios básicos da análise macroeconômica.

O próximo passo consiste em entender as relações entre as variáveis aqui estudadas, o que será possível a partir do estudo dos principais modelos macroeconômicos. Esse esforço será realizado incialmente com a apresentação dos princípios básicos da macroeconomia keynesiana, que decorre em grande parte da leitura da *Teoria geral*, de Keynes. Posteriormente, será introduzido na análise o mercado monetário e outros dois modelos: o IS/LM e o de oferta e demanda agregada. Todos esses modelos possibilitarão o entendimento das crises econômicas e das soluções para superá-las.

EXERCÍCIOS

1. Como é definido o PIB?

2. Quais os componentes do PIB?

3. Explique o PIB pelas três óticas estudadas neste capítulo.

4. Qual a importância da demanda agregada para a análise macroeconômica?

5. Defina os investimentos como componente da demanda agregada.

6. Qual o significado do pleno emprego?

7. Qual a relação entre o pleno emprego e a taxa de desemprego da mão de obra?

8. Qual a diferença entre a taxa nominal e a taxa real de juros?

9. Como a definição da taxa de câmbio como um preço é importante no estudo do comportamento dessa variável?

10. Qual a diferença entre o PIB e o PNB em termos da expressão $(X - M)$?

Referências

DORNBUSCH, Rudiger *et al. Macroeconomia.* 11. ed. Porto Alegre: AMGH Editora, 2013.

FEIJÓ, Carmem Aparecida; RAMOS, Roberto Luís Olinto (organizadores). *Contabilidade social.* 3. ed. Rio de Janeiro: Elsevier, 2008.

GREMAUD, Amaury Patrick *et al. Economia brasileira contemporânea.* 8. ed. São Paulo: Atlas, 2017.

LOPES, Luíz Martins *et al. Macroeconomia*: teoria e aplicações de política econômica, equipe dos professores da USP. 4. ed. São Paulo: Atlas 2018.

MANKIW, N. Gregory. *Introdução à Economia*: princípios de micro e macroeconomia. 2. ed. Rio de Janeiro: Elsevier, 2001.

MANKIW, N. Gregory. *Macroeconomia.* 8. ed. Rio de Janeiro: LTC, 2015.

PAULANI, Leda Maria; BRAGA, Márcio Bobik. *A nova contabilidade social*: uma introdução à macroeconomia. 4. ed. São Paulo: Saraiva, 2012.

SIMONSEN, Mario Henrique; CYSNE, Rubens Penha. *Macroeconomia.* 3. ed. São Paulo: Atlas, 2007.

VASCONCELLOS, Marco Antônio Sandoval de. *Economia*: macro e micro. 6. ed. São Paulo: Atlas, 2015.

9

A macroeconomia keynesiana

Assista ao vídeo do autor
sobre o tema deste capítulo

uqr.to/fdig

OBJETIVOS DO CAPÍTULO: _____

- Discutir os princípios básicos da macroeconomia keynesiana.
- Expor o modelo keynesiano simplificado.
- Apresentar sobre os impactos da política fiscal e suas limitações.
- Discutir o consumo e o investimento no modelo keynesiano.
- Analisar a relação entre taxa de juros e investimento.
- Discutir o papel das expectativas sobre o nível de atividade econômica.
- Apresentar o debate entre liberais x intervencionistas.

9.1 Introdução

Todos torcem pelo anúncio de bons resultados na Economia. O desemprego, por exemplo, é uma daquelas situações que nenhum Presidente quer experimentar em seu Governo. Aliás, esse não é apenas um problema para os políticos. Também afetam os trabalhadores, que precisam dos seus salários para viver. O desemprego também afeta os empresários, que precisam do lucro para se manter na atividade produtiva, ou mesmo o Governo, que depende das receitas tributárias para realizar seus Gastos; e essas receitas caem na recessão. Ou seja, quanto maior o desemprego, menor será a renda da Economia. Todos perdem com o desemprego.

Até a Grande Depressão, os economistas pouco se preocupavam com a possibilidade do desemprego. A crise de 1929 e suas consequências nos anos seguintes, entretanto, estimulou vários estudos sobre o fenômeno, e um deles se destacou: *A Teoria Geral do Emprego, do Juro e da Moeda,* de John Maynard Keynes. A partir desse livro, popularizou-se na macroeconomia o denominado **modelo keynesiano simplificado**. Esse modelo permitiu entender como a demanda agregada pode influenciar o nível de atividade econômica do país. Mais do que isso, também permitiu entender os efeitos da atuação do Governo sobre a produção agregada.

Este capítulo dá início ao estudo dos modelos macroeconômicos e tem como objetivo expor os princípios básicos do denominado "modelo keynesiano simplificado". O termo "simplificado" não significa que esse modelo é menos importante que outros mais complexos. Ele permite ao leitor entender os princípios da macroeconomia keynesiana, particularmente no que diz respeito aos efeitos da política fiscal expansionista. O capítulo também discutirá as controvérsias em torno da abordagem keynesiana, considerando a visão dos economistas clássicos.

| **Boxe 9.1** | A prática keynesiana durante o Governo Dilma |

Durante o Governo de Dilma Rousseff (2011-2016), o Brasil vivenciou uma situação econômica peculiar e que foi objeto de intenso debate entre os economistas. Muitos definiram essa situação como "de crise" e decorrente da utilização equivocada de políticas denominadas "keynesianas".[1] Afirmavam que a isenção fiscal para vários setores, além do aumento dos gastos públicos, poderia levar o país a uma crise que se manifestaria em recessão e na elevação da inflação, o pior dos mundos para a Economia (e para

---

[1] Um dos expoentes dessa crítica é o economista Alexandre Schwartsman, conhecido pelos seus polêmicos textos na grande imprensa. Dentre os defensores das políticas keynesianas, destaca-se o economista Márcio Pochmann, profundo conhecedor da macroeconomia keynesiana e também conhecido pela grande imprensa.

a sociedade). De fato, além dos problemas políticos, o Brasil acabou experimentando baixos índices de crescimento e aumento do nível geral de preços. Mas uma situação curiosa chamou a atenção de muitos leigos em questões econômicas: durante boa parte do Governo Dilma, a Economia esteve no **pleno emprego**. Surgiu então uma intrigante questão: como se pode falar em crise se a Economia estava operando no seu nível ótimo? Essa aparente contradição (crise x pleno emprego) mostra que a Economia tem suas armadilhas. Felizmente, há, na teoria macroeconômica, instrumentos que ajudam a resolver essa aparente contradição. Esse exemplo mostra a importância da macroeconomia nas estratégias de um Governo. Também serve para ilustrar como as políticas macroeconômicas podem afetar a vida das pessoas.

9.2 O modelo keynesiano simplificado

No capítulo anterior, foi apresentado o conceito de pleno emprego. Conforme estudado, trata-se da situação que pode ser considerada como ótima, já que todos os fatores de produção estão sendo plenamente empregados no país.[2] O problema surge quando o Produto Interno Bruto (PIB) efetivo, ou seja, aquele que é observado, encontra-se abaixo do seu nível de pleno emprego. Nesse caso, tem-se o desemprego.

Para os economistas clássicos, o pleno emprego é garantido pela flexibilidade de preços e salários na Economia, o que somente pode ser alcançado pelo livre funcionamento dos mercados, particularmente o de trabalho. A lógica é a seguinte: se há desemprego, os salários caem, o que, via mercado de trabalho, acaba elevando o incentivo às contratações de mão de obra. Ou seja, com a liberdade dos mercados, o pleno emprego seria a tendência natural na Economia. Para os keynesianos, os argumentos dos economistas liberais não funcionam na prática.

> Para os economistas clássicos, as livres forças do mercado de trabalho garantiriam o pleno emprego. Para Keynes, essas forças não funcionam na realidade.

Keynes, em sua *Teoria Geral*, reconheceu os mecanismos que levam uma Economia ao pleno emprego. No segundo capítulo

---

[2] Aqui surge mais uma vez a questão dos prazos na Economia. No contexto da análise microeconômica, o curto prazo foi contraposto com o longo prazo, considerando o ajuste no processo de entrada e saída de firmas no mercado. Na macroeconomia, a questão temporal ganha outra conotação. Aqui, trata-se da situação em que a capacidade instalada (máquinas, instalações, infraestrutura etc.) é dada. Ou seja, que o pleno emprego é um parâmetro fixo. Essa questão será retomada no Capítulo 13, no contexto do crescimento de longo prazo.

do livro, ele tratou desse assunto, analisando os pressupostos da visão clássica sobre a macroeconomia. Para Keynes, o argumento dos economistas clássicos teria como base dois grandes pilares. O primeiro seria as livres forças do mercado de trabalho, que garantiria o pleno emprego. A segunda decorreria da **Lei de Say**, que diz que a oferta cria a sua própria procura.[3] Essa lei impediria a ocorrência da situação caracterizada como insuficiência da demanda agregada. Keynes questionou esses pilares argumentando que os mecanismos automáticos de ajuste ao pleno emprego não existem na realidade. Para ele, o mercado de trabalho não poderia ser analisado pelas livres forças de mercado. Os salários seriam simplesmente rígidos e essa seria a regra (os sindicatos seriam uma realidade a ser considerada na análise econômica, segundo Keynes). Além disso, não havia nada na Economia que garantisse a validade da Lei de *Say*. Isso porque a demanda seria influenciada por fatores diversos daqueles que determinam a oferta. Para Keynes, o pleno emprego seria apenas o caso particular de uma teoria mais geral, na qual o desemprego seria regra e não exceção. Com essa ideia *geral*, Keynes mudou o modo de pensar a macroeconomia. Para muitos, ele teria inaugurado a macroeconomia.

> Para Keynes, o pleno emprego seria apenas o caso particular de uma teoria mais geral, onde o desemprego seria regra e não exceção.

Em sua análise, Keynes considera a demanda agregada como o principal determinante do nível de atividade macroeconômica, ou do PIB. Para ele, o desemprego seria causado pela **insuficiência de demanda**, definida como a situação em que a demanda agregada não é suficiente para garantir o pleno emprego. Nessa situação, os empresários experimentariam aumentos dos estoques involuntários, ou seja, não desejados, e responderiam com a redução da produção e, consequentemente, do nível de atividade econômica.

> No modelo keynesiano simplificado, a insuficiência da demanda é a principal causa do desemprego.

Boxe 9.2 Os fundamentos da reforma trabalhista no Brasil

Nas últimas décadas, tem sido discutida no Brasil a necessidade de reformas estruturais na Economia com o objetivo de criar um ambiente propício aos negócios e ao crescimento econômico. Uma dessa reformas diz respeito às leis trabalhistas. A atual legislação, criada na década de 1940 no Governo de Getúlio Vargas, prevê vários benefícios e proteções ao trabalhador. Muitos economistas, particularmente os liberais,

---

[3] Essa lei é atribuída ao economista francês Jean-Baptiste Say (1767-1832).

alegam que essa legislação reduz o emprego, por criar penalidades para aqueles que contratam a mão de obra. Por exemplo, para demitir um funcionário sem justa causa, o empregador deve arcar com vários custos, como o aviso prévio, além do pagamento de indenizações. O problema, alegam esses economistas, é que na recessão muitas vezes é impossível manter o mesmo número de empregados; e no momento de baixas vendas e lucros, o custo adicional decorrente das demissões pode prejudicar ainda mais a atividade produtiva. Com a legislação trabalhista, o emprego seria menor quando comparado com aquele que poderia acontecer se não houvesse tantos custos no processo de contratação e demissão. Em outras palavras, os liberais acreditam que a diminuição dos encargos trabalhistas ou, de uma forma mais ampla, a flexibilização do mercado de trabalho aproximaria a Economia do pleno emprego, pois reduziria o risco dos contratos de trabalho para o empregador. Em novembro de 2017, a legislação trabalhista brasileira sofreu inúmeras alterações em direção à flexibilização do mercado, como a criação do trabalho intermitente, a possibilidade de acordos entre as partes e a ampliação da terceirização do trabalho. Ainda é cedo para avaliar essas medidas. O tema também é polêmico. Não está claro, por exemplo, como irá se comportar o poder judiciário em relação às ações trabalhistas. De qualquer forma, a questão da legislação do trabalho no Brasil mostra o quão é importante a Economia para as decisões que envolvem determinadas leis no país.

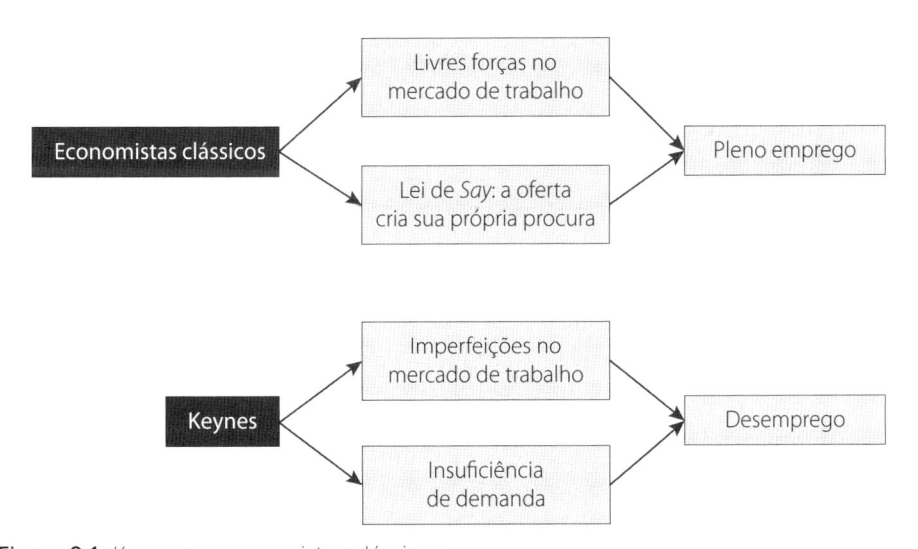

Figura 9.1 Keynes x economistas clássicos.

A *Teoria Geral* é um livro complexo e de difícil leitura. Felizmente, após a sua publicação, alguns economistas se debruçaram na tarefa de interpretá-lo, usando a matemática como método de análise. Dessas interpretações, surgiu o **modelo**

keynesiano simplificado.[4] Esse modelo parte da identidade macroeconômica básica dada pela Equação 8.2 do capítulo anterior. Para entender esse modelo, considere inicialmente uma Economia fechada (ou $X = M = 0$) com Governo. Pode-se então considerar a seguinte equação:

$$Y = C + I + G \qquad (9.1)$$

Lembrando que $Y =$ PIB; $C =$ consumo das famílias; $I =$ investimentos produtivos; e $G =$ gastos do Governo.

A Equação 9.1 diz que a produção final do país se destina à produção de bens de consumo (C), à produção de bens de capital (I), ou à demanda do Governo (G). Na verdade, essa equação pode ser entendida como uma identidade contábil, uma vez que I agrega, além da compra de máquinas, equipamentos e outros gastos, as variações de estoques no período. Ou seja, tudo o que é produzido tem uma destinação: ou é consumido ou vira estoque para as vendas futuras.

Keynes supôs que o consumo teria como principal determinante a renda: quanto maior a renda, maior seria o consumo. Considerando o que ele definiu como **lei psicológica fundamental**, argumentou que o acréscimo do consumo seria menos do que proporcional ao acréscimo da renda. Esse fenômeno é representado pelo conceito keynesiano denominado **propensão marginal a consumir**. Para entender essas relações, considere a seguinte equação para representar a função consumo:

$$C = C_0 + C_1 Y \qquad (9.2)$$

Sendo $C_0 > 0$ e $0 < C_1 < 1$

Onde C_0 representa o **consumo autônomo**, isto é, aquele que não depende da renda (independentemente da renda, as pessoas precisam consumir algo mínimo para sobreviver), e C_1 a propensão marginal a consumir. A hipótese de que $0 < C_1 < 1$ traduz a **lei psicológica fundamental**.

Combinando as Equações 9.2 e 9.1, obtém-se, após algumas manipulações algébricas, a seguinte expressão:

$$Y^e = [1/(1 - C_1)] \cdot (C_0 + I + G) \qquad (9.3)$$

---

[4] Dentre esses economistas, destaca-se o trabalho do norte-americano Paul Samuelson (1915-2009), um dos principais divulgadores das ideias keynesianas.

As Equações 9.1, 9.2 e 9.3 representam o **modelo keynesiano simplificado** para uma Economia fechada. Com elas, já é possível tirar algumas conclusões importantes sobre a macroeconomia keynesiana. Pela Equação 9.1, aumentos em C, I ou G, ou seja, da demanda por bens de consumo e de capitais, pelas famílias ou pelo Governo, elevam o PIB do país.[5] Já a Equação 9.3, resultado da combinação das duas outras, determina o produto de equilíbrio da Economia. Mas o mais interessante é a dinâmica do modelo decorrente do aumento da renda. Suponha que o Governo eleve seus gastos, ou seja, G. Essa elevação aumenta o consumo, ou C, que, por sua vez, eleva a renda, e assim por diante. Essa dinâmica pode ser visualizada a partir da Equação 9.4. Representando a variação de Y por ΔY, e a variação de G por ΔG, e utilizando um pouco de álgebra, pode-se deduzir que:

> Quanto maior for a demanda agregada, maior será o PIB da Economia.

$$\Delta Y = \frac{1}{(1 - C_1)} \cdot \Delta G \qquad (9.4)$$

ou:

$$\frac{\Delta Y}{\Delta G} = \frac{1}{(1 - C_1)} \qquad (9.4')^{[6]}$$

As Equações 9.4 e 9.4´ apresentam um dos principais resultados do modelo keynesiano simplificado: quanto maior os gastos públicos, maior será o produto de equilíbrio ou o PIB da Economia. Matematicamente, isso significa que, se $\Delta G > 0$, então $\Delta Y > 0$, já que a expressão $[1/(1 - C_1)]$ é necessariamente positiva. A equação permite ainda concluir que o aumento do produto será maior do que o aumento dos gastos públicos, ou seja, $\Delta G > \Delta Y$, uma vez que $[1/(1 - C_1)]$ é um número maior do que 1. O valor de $[1/(1 - C_1)]$ também é conhecido como **multiplicador keynesiano**. O exemplo numérico a seguir pode esclarecer melhor

> A elevação dos gastos públicos permite reduzir o desemprego da Economia.

---

[5] Deve-se lembrar que o investimento no modelo keynesiano refere-se ao "produtivo" e não ao "financeiro". Segundo, o investimento é considerado como demanda no curto prazo (aquisições ou de máquinas e equipamentos, por exemplo). Porém, ele terá impactos sobre a oferta futura ao elevar a capacidade de produção da Economia. Esses impactos serão considerados no Capítulo 13.

[6] Utilizando cálculo diferencial, esse resultado pode ser encontrado calculando-se dY/dG.

esses resultados. Suponha os seguintes valores para as variáveis das Equações 9.1 e 9.2, em unidades monetárias, num determinado período de tempo:[7]

$$C_o = 100$$

$$C_1 = 0,8$$

Ou seja: $C = 100 + 0,8.Y$

$$I = 300$$

$$G = 200$$

A partir desses valores, é possível determinar o produto de equilíbrio (Y^e), ou seja, o valor de Y da Equação 9.3. Como solução, tem-se que:

$$Y^e = [100 + 0,8.Y] + 300 + 200$$

Ou $Y^e = 3.000$

É possível também calcular o valor do multiplicador keynesiano:

$$\frac{1}{(1 - 0,8)} = 5$$

Na avaliação da política fiscal, o aumento dos gastos do Governo resulta em aumento mais do que proporcional no PIB. Esse resultado decorre do multiplicador keynesiano.

Com o valor do multiplicador keynesiano, é possível verificar a intensidade com que o aumento dos gastos do Governo afeta o produto de equilíbrio. Considere, por exemplo, que esses gastos se elevem em 50 unidades monetárias, ou seja, $\Delta G = 50$. O novo produto de equilíbrio pode então ser encontrado a partir do seguinte cálculo:

$$Y^{e'} = [100 + 0,8.Y] + 300 + 250$$

$$Y^{e'} = 3.250$$

---

[7] É importante lembrar que as letras do modelo representam variáveis fluxo.

Ou seja, para $\Delta G = 50$, tem-se que $\Delta Y = 250$. Esse resultado mostra que o aumento dos gastos do Governo provocou um aumento mais do que proporcional no PIB, demonstrando numericamente o impacto dos gastos públicos sobre a renda e o efeito do multiplicador keynesiano.

Aqui cabe uma importante observação. Considerando a Equação 9.3, percebe-se que aumentos em C_0 e I exercem o mesmo impacto que o aumento em G sobre o produto. Entretanto, e principalmente em épocas de recessão, não se pode obrigar as pessoas e as empresas a consumirem e investirem mais. Mas o Governo pode elevar os seus gastos. Essa elevação representa a política fiscal expansionista.

> Em situações de desemprego, o Governo pode elevar seus gastos e, consequentemente, o PIB da Economia.

O modelo keynesiano traz uma visão otimista em relação aos gastos públicos, pois sugere que o Governo deve intervir na Economia em épocas de recessão. Mas faz sentido aumentar sempre os seus gastos? Se a Economia estiver abaixo do pleno emprego, talvez sim. Porém, se ela estiver no pleno emprego, esse aumento terá efeitos somente sobre a inflação, já que não será possível elevar o nível de utilização da capacidade produtiva (ver Boxe 9.1). Esta conclusão será mais bem qualificada no Capítulo 11. De qualquer forma, o modelo permite avaliar os efeitos da política fiscal sobre o nível de atividade econômica.

> O modelo keynesiano traz uma visão otimista em relação aos gastos públicos, pois sugere que o Governo deve intervir na Economia em épocas de recessão.

9.3 Expandindo o modelo keynesiano: a Economia aberta, a taxa de juros e as expectativas

No modelo apresentado na seção anterior, desconsideraram-se as exportações e importações $(X - M)$ com o intuito de simplificar a análise. Agora essas variáveis serão consideradas. Elas mostram a relação do país com o resto do mundo, conforme estudado no capítulo anterior.

No modelo keynesiano para uma Economia aberta, é possível considerar as importações como sendo função da renda. Isso porque, assim como o consumo, a demanda por importações cresce quando Y aumenta. Nesse sentido, pode-se considerar a seguinte função para representar as importações:

$$M = M_0 + M_1.Y \tag{9.5}$$

Onde M_0 representa as importações autônomas, isto é, aquelas que independem da renda, e M_1, a propensão marginal a importar. Deve-se considerar M_1 como um número entre zero e um, porém menor do que a propensão marginal a consumir. A explicação para esse valor reflete o fato de que, à medida que Y cresce, M cresce, porém menos do que C, já que a maior parte dos bens disponíveis para o consumo são produzidos internamente. Com base nesses pressupostos, pode-se reescrever o modelo keynesiano simplificado a partir das seguintes equações:

$$Y = C + I + G + X - M \tag{9.6}$$

$$C = C_0 + C_1 Y \tag{9.7}$$

$$M = M_0 + M_1 . Y \tag{9.8}$$

Sendo $C_0 > 0$; $M_0 > 0$; e $0 < M_1 < C_1 < 1$

Combinando as três equações, obtém-se:

$$Y^e = \frac{1}{(1 - C_1 + M_1)} \cdot (C_0 + I + G + X - M_0) \tag{9.9}$$

O equilíbrio representado pela Equação 9.9 difere daquele dado pela Equação 9.3, pela inclusão do termo $(X - M)$. Agora, o multiplicador keynesiano, por incluir a propensão marginal a importar, é menor quando comparado ao de uma Economia fechada, ou seja, $[1/(1 - C_1 + M_1)] < [1/(1 - C_1)]$.[8] Traduzindo em palavras, quando a renda aumenta, tanto o consumo por bens produzidos internamente quanto aqueles produzidos em outros países aumentam. Como resultado, o multiplicador será menor, pois parte do aumento da renda se destinará à demanda por bens importados.

> O multiplicador keynesiano para uma Economia aberta é menor do que para uma Economia fechada.

Outro resultado se apresenta quando se considera a Economia aberta. Agora, a elevação das exportações, que representam a demanda de outros países por bens produzidos internamente, também eleva o PIB da Economia. Essa relação é particularmente importante em países que são grandes exportadores de bens.

No equilíbrio dado pela Equação 9.9, G, I e X são considerados exógenos, ou seja, não dependem de qualquer outra variável econômica. No caso dos gastos do Governo, essa exogeneidade faz sentido, já que a política fiscal é conduzida a partir

---

[8] Para provar esse resultado, basta considerar valores para C_1 e M_1 e comparar os resultados, supondo que $0 < M_1 < C_1 < 0$.

das decisões do Governo. No caso das exportações, pode-se supor que o país não tem qualquer controle sobre a demanda externa. Os investimentos, entretanto, podem ser influenciados por outras variáveis macroeconômicas. Uma delas é a taxa de juros.

Conforme estudado no capítulo anterior, os investimentos representam a aquisição de bens de capital, além da variação de estoques. Surge então a seguinte pergunta: o que motiva o empresário a adquirir uma máquina? Quando o empresário compra a máquina, ele busca um retorno que compense o custo de aquisição desse bem. Esse retorno decorre do aumento esperado das vendas que resultam da ampliação da capacidade de produção. Suponha que a máquina custe R$ 10 mil. Só irá valer a pena adquiri-la se o empresário puder obter, no futuro, valores que ultra-

> A taxa de retorno do investimento produtivo é aquela que o empresário espera no futuro com a utilização do bem de capital.

passem o custo desse investimento. Esse retorno esperado também é conhecido como **taxa de retorno do investimento produtivo**.

Numa primeira análise, pode-se pensar que as vendas futuras são suficientes para compensar o custo de aquisição da máquina. Mas é necessário também considerar o **custo de oportunidade do investimento**: em vez de comprar a máquina por R$ 10 mil, o empresário poderia realizar uma aplicação financeira com esse valor. Nesse caso, receberia a taxa de juros como retorno.[9] Logo, faz sentido considerar os investimentos produtivos como dependentes da taxa de juros na seguinte relação: quanto maior a taxa de juros, menores tendem a ser os investimentos produtivos (e maiores tendem a ser os investimentos financeiros que rendem taxa de juros). Essa relação também vale para a variação dos estoques: a elevação da taxa de juros eleva o custo de se manterem estoques. Nesse sentido, pode-se considerar a seguinte função investimento:

$$I = I_0 - I_1 . i \qquad (9.10)$$

---

[9] Keynes considerou essa lógica a partir do conceito de eficiência marginal do capital, definida como a taxa de desconto que iguala o preço do bem de capital com o valor atual do fluxo da renda esperada por esse ativo. Segundo a análise keynesiana, só valerá a pena adquirir o bem de capital se a eficiência marginal do capital for igual ou superior à taxa de juros. Sob o ponto de vista prático, o cálculo da taxa de retorno de um investimento produtivo pode ser feito a partir de técnicas de avaliação de projetos. O Serviço Brasileiro de Apoio às Micro e Pequenas empresas (Sebrae) disponibiliza programa para tal fim e pode ser acessado a partir do seguinte endereço: http://www.sebrae.com.br/sites/PortalSebrae/artigos/descubra-se-seu-negocio-e-re ntavel,296ac97f2bc81510VgnVCM1000004c00210aRCRD.

Onde I_0 seria uma constante positiva (investimento autônomo) e I_1 um número maior do que zero (propensão marginal a investir). Nesse sentido, o modelo agora pode ser representado pelas seguintes equações:

$$Y = C + I + G + X - M \qquad (9.11)$$

$$C = C_0 + C_1 Y \qquad (9.12)$$

$$M = M_0 + M_1.Y \qquad (9.13)$$

$$I = I_0 - I_1.i$$

Sendo $C_0 > 0$; $M_0 > 0$; $I_0 > 0$; $0 < M_1 < C_1 < 1$; e $I_1 > 0$.

Como solução de equilíbrio, tem-se que:

$$Y^e = \frac{1}{(1 - C_1 + M_1)} \cdot (C_0 + [I_0 - I_1.i] + G + X - M_0) \qquad (9.14)$$

Em termos dos impactos da política fiscal sobre o produto, aparentemente o resultado é o mesmo: o aumento em G provocará a elevação de Y^e. Porém, esse resultado não é tão simples, já que a inclusão da taxa de juros no modelo traz uma complicação adicional, uma vez que se trata de uma variável financeira, que é determinada no mercado monetário. Ou seja, para a solução do modelo, é necessário considerar, além do mercado de bens, o mercado monetário. Esse mercado será estudado no próximo capítulo e possibilitará ampliar ainda mais a análise keynesiana.

> Quanto maior a taxa de juros, menores serão os investimentos produtivos.

Outro fator que exerce influência sobre os investimentos diz respeito às expectativas em relação ao futuro. Isso porque, quando o empresário compra uma máquina, por exemplo, ele tem como intenção elevar a produção e as vendas no futuro. Se o empresário espera que esse futuro lhe será favorável, então ele estará propenso a realizar o investimento. Caso contrário, pode tomar uma posição conservadora e não alterar sua capacidade de produção. Ou seja, em suas decisões de investimento, o empresário olha, além da taxa de juros, para tudo aquilo que pode exercer influência sobre suas vendas e lucros no futuro. Por exemplo, ele pode considerar as expectativas de crescimento da Economia ou intervenções equivocadas do Governo no futuro.

Existem dois conceitos de expectativas em Economia: as adaptativas e as racionais. As **expectativas adaptativas** são aquelas formuladas a partir dos acontecimentos passados; ou seja, os agentes econômicos olham para o passado para prever o futuro. Por exemplo, se houve recessão no passado, os empresários podem esperar que essa recessão continue no futuro. Em geral, as expectativas adaptativas são utilizadas em modelos sobre a inflação e foram populares no Brasil na década de 1980, na explicação da inflação inercial, isto é, aquela que persiste ao longo do tempo. No Capítulo 12, será considerado esse conceito no debate sobre a inflação. Já nas **expectativas racionais**, os agentes levam em conta todas as informações disponíveis, do passado e do presente, e utilizam da melhor maneira possível essas informações para realizarem suas previsões. No caso dos exemplos da recessão ou da inflação, as pessoas consideram, em suas expectativas, por exemplo, o comprometimento do Governo em relação à estabilidade macroeconômica ou as condições da Economia internacional. O fato é que, em um ou em outro conceito, existem sempre riscos em relação às decisões futuras, e, no caso dos investimentos, considerar esses riscos é algo fundamental para os empresários. Cálculos probabilísticos ou o uso da econometria podem contribuir para estimá-los.

> As expectativas em relação ao futuro influenciam as decisões empresariais no presente.

Ainda no tocante às expectativas, existe um grupo de economistas keynesianos que considera ser quase que impossível formular expectativas em relação ao futuro. Isso porque as relações produtivas se dão em um mundo de incerteza, onde não é possível realizar cálculos probabilísticos. Como conclusão geral, afirmam que os investimentos privados são extremamente sensíveis às condições da Economia, constituindo-se assim em fontes de instabilidades das Economias capitalistas. Para eles, as crises são provocadas pelo aumento das incertezas no ambiente de negócio. Como solução, advogam a participação do Governo no direcionamento dos investimentos produtivos, seja via concessão de crédito ou atuando diretamente na ampliação da capacidade produtiva.

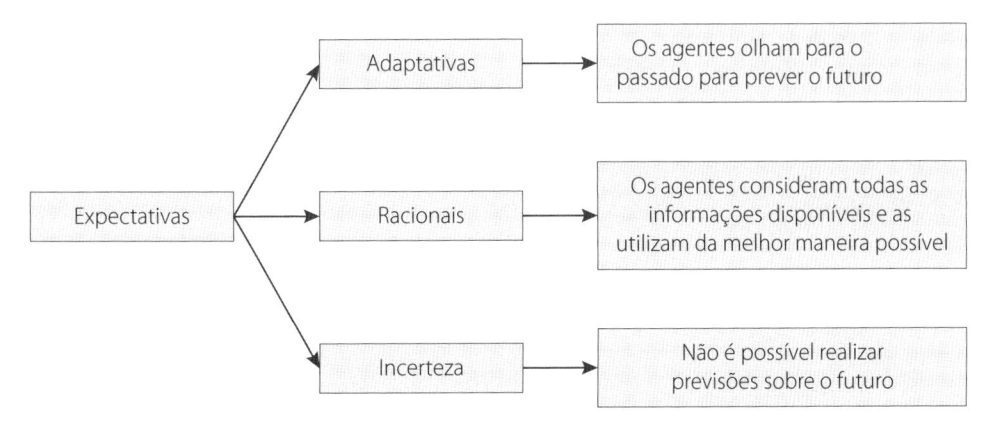

Figura 9.2 As expectativas: diferentes conceitos.

Infelizmente, considerar um ou outro conceito de expectativas demanda análises e modelos mais avançados, o que escapa dos objetivos deste livro. Mas pode-se tirar pelos menos duas conclusões. A primeira é que as expectativas são importantes nas decisões empresarias. A segunda é que o Governo pode melhorar as expectativas ou reduzir as incertezas atuando de forma consistente na condução das políticas macroeconômicas.

O modelo keynesiano simplificado pode ser expandido de várias outras formas. Uma delas consiste em considerar o consumo como função não da renda total, mas da renda disponível, que exclui os impostos. Pode-se também considerar tanto as exportações quanto as importações como funções da taxa de câmbio. Nesse caso, o aumento da taxa de câmbio eleva as exportações e reduz as importações. As exportações podem ainda depender da renda externa. Nesse caso, quanto maior for o crescimento da Economia mundial, maiores serão as exportações do país.

Alguns economistas insistem em entender Keynes sem o uso da matemática. Consideram que compreensão adequada da macroeconomia keynesiana deve ser feita pela leitura da *Teoria Geral*, ou mesmo por outras obras concebidas pelo autor, que incluem uma ampla coleção de livros e artigos distribuídos em trinta volumes.[10] De qualquer forma, essa possibilidade não tira o mérito do modelo keynesiano simplificado.

Boxe 9.3 A política de valorização do café no Brasil: fomos keynesianos antes de Keynes

No final da década de 1920, a produção de café no Brasil seguia em plena expansão. Tratava-se da principal atividade da Economia brasileira, cujo desempenho determinava em grande parte a geração de emprego e renda no país. Com o advento da Grande Depressão, a demanda e o preço do café no mercado internacional sofreram fortes quedas. Naquele momento, o Governo Brasileiro se deparou com duas alternativas: deixar a lavoura apodrecer nos campos ou comprar e estocar a produção. Na primeira, a Economia poderia sofrer com a recessão. Para evitar isso, o Governo optou pela segunda alternativa, implementando a conhecida política de valorização do café. Essa política foi efetivada pela compra e a queima do café, algo aparentemente sem sentido sob o ponto de vista da eficiência. Porém, ao realizar tais práticas, o Governo sustentou o preço e a renda dos cafeicultores e, em termos mais amplos, o PIB da Economia

---

[10] Esses volumes podem ser encontrados no *site* https://www.cambridge.org/core/series/collected-writings-of-john-maynard-keynes/76BAC759DE69633B2FE5A471646FE40E e, por serem de domínio público, podem ser acessados sem qualquer custo.

brasileira. Essa história foi contada pelo economista e historiador brasileiro Celso Furtado (1920-2004) em sua obra clássica *Formação Econômica do Brasil*, publicada originalmente em 1959 e um dos livros brasileiros mais traduzidos de todos os tempos. Segundo Furtado, com a política de valorização do café, o Brasil teria adotado a política keynesiana. Ou seja, teríamos sido keynesianos antes de Keynes, já que a *Teoria Geral* somente seria publicada em 1936, anos depois das intervenções no mercado. Esta interpretação demonstra que existe grande afinidade entre a História e a Economia. Mais do que isso, mostra que o modelo keynesiano, mesmo sendo inadequado para alguns economistas, pode ser útil na compreensão da nossa história econômica.

9.4   Os problemas do modelo keynesiano

Conforme afirmado anteriormente, muitos economistas keynesianos são extremamente otimistas em relação aos impactos da política fiscal expansionista, que, na prática, pode ser representada pelo aumento dos gastos correntes do Governo, pela redução de impostos ou pela concessão de subsídios à produção. Infelizmente, o problema é um pouco mais complexo. O equívoco, talvez, esteja na interpretação equivocada de que o princípio keynesiano da demanda efetiva explique tudo. A famosa frase dita por Keynes de que "no longo prazo todos estaremos mortos" não significa

> Um dos problemas do modelo keynesiano simplificado é que ele nada diz sobre as fontes de financiamento para os gastos públicos.

que não se deve prestar atenção nos efeitos de longo prazo do aumento da dívida pública decorrente das políticas fiscais expansionistas. As pessoas podem estar vivas no longo prazo (e elas estão vivendo cada vez mais).

Uma das limitações do modelo keynesiano é que ele não deixa claro a origem dos recursos que o Governo dispõe para financiar seus gastos. Em termos gerais, essa origem pode vir de três fontes: i) da emissão monetária; ii) da cobrança de impostos; e/ou iii) da emissão de dívida, representada pela oferta de títulos públicos. A primeira das opções, ou seja, o aumento dos impostos, reduz o impacto do aumento dos gastos sobre o PIB, o que reduz a eficácia da política fiscal. Além disso, a elevação dos impostos pode não ser suficiente para financiar tais gastos. A segunda opção tem implicações graves sob o ponto de vista macroeconômico. A emissão monetária para financiar os gastos públicos tende a gerar, dependendo da sua intensidade, uma hiperinflação. Não são necessárias teorias sofisticadas para esta conclusão. O resultado é empírico: na história, toda hiperinflação foi acompanhada por forte expansão monetária. Essa relação será mais bem estudada no Capítulo 12. A terceira opção é a mais comum. Trata-se da obtenção de empréstimos via emissão de títulos públicos. Mas quem compra esses títulos? Se o leitor possui alguma aplicação financeira de curto prazo (fundos de investimentos, fundos DI, fundos de renda fixa etc.), comprou indiretamente esses papéis. A lógica é a seguinte: o Governo faz leilões de títulos que são "comprados" pelos bancos, que, por sua vez, os "vendem" para os seus clientes sob a forma de aplicações financeiras. Esses clientes são pequenos e grandes investidores, pessoas físicas e jurídicas, do Brasil e do resto do mundo. É possível também, no Brasil, qualquer cidadão maior de idade comprar títulos públicos diretamente do Tesouro Nacional.[11] Surge então a seguinte questão para quem empresta ou para quem toma emprestado: qual o risco dessa operação de crédito? As pessoas emprestam para o Governo porque esperam ter o dinheiro de volta com juros e correção monetária. Se o Governo é irresponsável com os seus gastos ou com a administração da dívida pública, é possível que ele se torne inadimplente. Neste caso, tem-se o famoso calote da dívida pública pela qual, infelizmente, alguns candidatos advogam em campanhas eleitorais. A inadimplência ou mesmo a percepção de inadimplência pode incentivar a *fuga* de recursos dessas aplicações, o que gera crises imprevisíveis: a perda de poupança por parte dos investidores (inclusive pequenos investidores, que costumam ser a maioria), a fuga de capitais do país, a quebra de bandos etc. A experiência da Grécia reflete esse quadro (ver Boxe 9.4). Ou seja, a famosa frase keynesiana "no longo prazo todos estaremos mortos" não deve ser considerada apenas como uma piada contada entre os economistas.

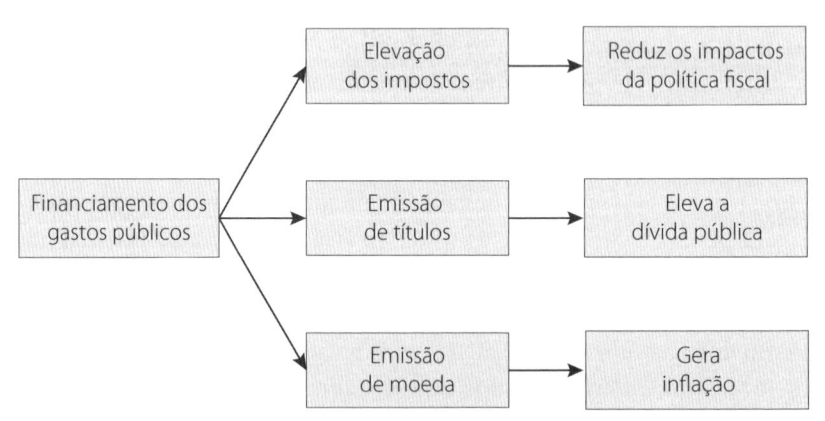

Figura 9.3 Fonte de financiamento dos gastos públicos e suas consequências.

---

[11] O leitor poderá checar essa possibilidade no *site* do Tesouro Direto, no endereço (http://www.tesouro.fazenda.gov.br/tesouro-direto).

No longo prazo, ou nós ou as futuras gerações terão que pagar o custo dos empréstimos públicos. Infelizmente, essa conclusão é considerada ideológica por muitos antiliberais. A História, entretanto, mostra que existe algo mais do que a ideologia na explicação das crises macroeconômicas.

Boxe 9.4 A crise fiscal na Grécia

A crise na Grécia, que se instalou a partir de 2009, serve como exemplo para que se olhe com cuidado para a crença de que o Governo, por meio dos seus gastos ou pela prática da redução de impostos, pode melhorar o desempenho da Economia. Aquele país, talvez pelo otimismo em relação à entrada na Zona do Euro, experimentou uma forte elevação da dívida pública, que atingiu mais de 170% do PIB em 2011, segundo dados oficiais da União Europeia.[12] Em algum momento, os compradores de títulos do Governo grego perceberam a insustentabilidade da trajetória dessa dívida e passaram a não mais financiá-la. Não tendo outra alternativa, o Governo decretou o calote da sua dívida. Como resultado, o país experimentou a pior crise econômica da sua história e que se manifestou na taxa de desemprego da mão de obra de mais de 20% a partir de 2012; e as consequências foram imediatas: forte recessão, aumento da pobreza, protestos da população em todo o país, crise bancária e agravamento dos problemas sociais, dentre outros. Ainda que esta análise seja por demais simples para conclusões apressadas, a crise grega mostrou que o modelo keynesiano deve ser considerado com cuidado, sem a crença ingênua encontrada na análise de muitos economistas e discursos de políticos, que defendem o papel mais efetivo e sem critérios do Estado nas economias de mercado.

9.5 Considerações finais: o que se pode aprender com o modelo keynesiano

Este capítulo apresentou alguns dos mais importantes conceitos macroeconômicos a partir do modelo keynesiano simplificado. Esse modelo, apesar do termo "simplificado", não deve ser subestimado, pois permite a compreensão do fenômeno do desemprego, do pleno emprego, da demanda agregada, da função do consumo, além de outras variáveis e relações. Também foi possível compreender os principais aspectos relacionados com a política fiscal, particularmente em relação ao

---

[12] Os dados deste Boxe podem ser encontrados no *site* do programa *Euroestat*, no endereço: https://ec.europa.eu/eurostat/en/data/database. Lá, o leitor poderá encontrar vários outros dados econômicos dos países europeus.

seu impacto sobre o nível de atividade econômica. Enfim, foi aberta a porta de entrada para o estudo de modelos mais complexos.

O capítulo considerou as noções básicas keynesianas da macroeconomia. Essa abordagem ainda se faz presente no debate econômico e político do Brasil. Entretanto, suas limitações são muitas e nos remetem a um dos debates mais importantes dentro da Ciência Econômica: o liberalismo x o intervencionismo.

Na Seção 9.3, foi considerada a relação entre os investimentos produtivos e a taxa de juros. A inclusão da taxa de juros no modelo remete à análise do mercado monetário. Esse mercado permitirá ampliar ainda mais o modelo keynesiano, o que levará à construção do modelo IS/LM, o mais popular no estudo da macroeconomia. Com esse modelo, será possível incluir outra política na abordagem keynesiana: a política monetária.

EXERCÍCIOS

1. Explique a relação entre:
    i) desemprego e pleno emprego;
    ii) desemprego e política fiscal expansionista;
    iii) renda e consumo;
    iv) função consumo e o multiplicador keynesiano;
    v) política fiscal e o multiplicador keynesiano;
    vi) taxa de juros e Investimento.

2. A partir do modelo keynesiano simplificado, explique, com suas palavras, os impactos de uma política fiscal expansionista sobre o nível de atividade econômica.

3. Prove que o valor do multiplicador keynesiano é maior do que 1.

4. Considere os seguintes dados:

    $C = 200 + 0{,}7.Y$
    $I = 300$
    $G = 150$
    $X = 100$
    $M = 50$

    Pede-se o produto de equilíbrio e o valor do multiplicador bancário.

5. A partir dos dados da questão anterior, considere um aumento de 30% nos gastos públicos. Calcule o novo produto de equilíbrio e mostre que $\Delta Y > \Delta G$.

6. Discuta as limitações do modelo keynesiano simplificado.

7. Inclua, no modelo keynesiano simplificado aqui discutido, os impostos e uma função de importações que dependa da renda.

8. Considerando as equações (11), (12) e (13), suponha que o consumo seja função de $(Y - T)$, onde T = impostos sobre a renda. Encontre o novo produto de equilíbrio.

9. Mostre que o multiplicador para uma Economia fechada é maior do que para uma Economia aberta.

10. Com base no que foi estudado neste capítulo, discuta as diferenças entre os liberais e os keynesianos.

Referências

FURTADO, Celso. *Formação Econômica do Brasil.* 27. ed. São Paulo: Companhia Editora Nacional/Publifolha, 2000.

DORNBUSCH, Rudiger et al. *Macroeconomia.* 11. ed. Porto Alegre: AMGH Editora, 2013.

GREMAUD, Amaury Patrick et al. *Economia Brasileira Contemporânea.* 8. ed. São Paulo: Atlas, 2017.

LPES, Luíz Martins et al. *Macroeconomia*: teoria e aplicações de política econômica, equipe dos professores da USP. 4. ed. São Paulo: Atlas, 2018.

MANKIW, N. Gregory. *Introdução à Economia*: princípios de micro e macroeconomia. 2. ed. Rio de Janeiro: Elsevier, 2001.

MANKIW, N. Gregory. *Macroeconomia.* 8. ed. Rio de Janeiro: LTC, 2015.

PAULANI, Leda Maria; BRAGA, Márcio Bobik. *A nova contabilidade social*: uma introdução à macroeconomia. 4. ed. São Paulo: Editora Saraiva, 2012.

SIMONSEN, Mario Henrique; CYSNE, Rubens Penha. *Macroeconomia.* 3. ed. São Paulo: Editora Atlas, 2007.

VASCONCELLOS, Marco Antônio Sandoval de. *Economia*: macro e micro. 6. ed. Rio de Janeiro: Atlas, 2015.

10

O mercado monetário e o modelo IS/LM

Assista ao vídeo do autor
sobre o tema deste capítulo

uqr.to/fdih

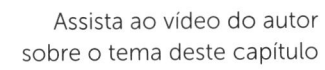

OBJETIVOS DO CAPÍTULO:

- Estudar as funções de oferta e demanda por moeda.
- Analisar o funcionamento do mercado monetário.
- Apresentar o conceito do multiplicador bancário.
- Definir as operações ativas do Banco Central.
- Detalhar as formas como o Banco Central exerce a política monetária.
- Apresentar o modelo IS/LM.
- Mostrar os impactos das políticas monetária e fiscal sobre a renda e a taxa de juros.
- Discutir alguns critérios de escolha das políticas macroeconômicas.

10.1 Introdução

Até o momento, a análise macroeconômica foi construída a partir do modelo keynesiano simplificado, o que permitiu avaliar determinados aspectos relacionados com o comportamento do nível de atividade econômica. Também foi considerado o papel da demanda agregada e os efeitos da política fiscal sobre o Produto Interno Bruto (PIB). Dado que o enfoque foi em torno da produção agregada, a análise teve como centro o denominado "mercado de bens".

Na Seção 9.3 do capítulo anterior, foi sugerida a possibilidade de os investimentos produtivos serem determinados pela taxa de juros. Essa possibilidade tem importantes implicações teóricas. Os investimentos representam a demanda por bens de capital físico, o que justifica o enfoque no mercado de bens. Entretanto, a taxa de juros é uma variável financeira e é determinada no denominado "mercado monetário". Ou seja, a função investimento constitui-se no elo entre os dois mercados. Essa relação será explorada neste capítulo a partir da análise das principais características do sistema monetário, no qual a moeda ocupa posição de destaque.

Considerar o mercado monetário na abordagem keynesiana permite ampliar ainda mais o modelo keynesiano simplificado. Essa ampliação diz respeito às relações entre a oferta e a demanda por moeda e taxa de juros, que, por sua vez, determina os investimentos produtivos. Ou seja, agora a "solução" do modelo permitirá encontrar o produto e a taxa de juros de equilíbrio da Economia. Mais do que isso, será possível considerar a política monetária como forma de reduzir o desemprego. Todas essas relações serão sintetizadas num dos mais populares modelos macroeconômicos: o modelo IS/LM, também denominado "modelo keynesiano generalizado". Este capítulo é o mais longo do livro. Mas será de grande utilidade na busca do conhecimento acerca da estrutura macroeconômica do país.

10.2 Moeda: definições e funções

Boxe 10.1 As várias moedas do Brasil

Ao longo da sua história econômica, o Brasil teve pelo menos nove moedas: o *Réis*, que foi utilizado até 1942, o *Cruzeiro*, que vigorou até 1967, o *Cruzeiro Novo*, adotado até 1986, o *Cruzado*, criado pelo Plano Cruzado e implantado em março de 1986, o *Cruzado Novo*, utilizado até 1990, o terceiro *Cruzeiro*, que vigorou até 1993, o *Cruzado Real*, adotado até 1994, e, finalmente, o *Real*, criado pelo Plano Real e que vigora até hoje. Essa curiosa e trágica história mostra que não é fácil criar uma moeda, particularmente quando a Economia experimenta a situação de inflação alta que assombrou os brasileiros até a implantação do Plano Real. O Brasil, no espaço de apenas nove anos, trocou cinco vezes de moeda. Somente com o fim da inflação é que o país pôde finalmente ter um padrão monetário estável. Vários países não possuem essa estabilidade e adotam o dólar como unidade monetária. Mas quais as condições para ser ter uma moeda estável? Essa não é uma resposta fácil, mas a experiência brasileira indica que controle efetivo da inflação é condição necessária para se ter uma moeda forte. Para compreender essa relação, é necessário entender os vários conceitos que envolvem essa desejada e misteriosa "mercadoria" utilizada para as trocas.

A moeda é uma das coisas mais intrigantes que existem na história da humanidade. Desejada e criticada, ela é fundamental para a organização do sistema produtivo. Sua existência transcende o sistema capitalista. Exceto em uma Economia de escambo, ela é necessária para a existência de um sistema eficiente de trocas. Mas é possível defini-la além de um simples objeto metálico? A resposta não é apenas afirmativa, mas engloba inúmeros conceitos, tanto em nível microeconômico quanto sob o ponto de vista macroeconômico.

Define-se moeda como o ativo de maior liquidez na Economia.[1] Como liquidez, entende-se a capacidade que o ativo tem de se "transformar" em bens ou serviços. Aparentemente, qualquer ativo ou bem de valor pode ser utilizado para trocas. Por exemplo, o proprietário de um carro novo possui riqueza medida pelo valor desse bem. Com o carro, teoricamente, pode-se com-

> Moeda: o ativo de maior liquidez na Economia.

prar várias coisas. Mas o carro não possui liquidez. Para transformá-lo em outro bem ou serviço, o proprietário terá que vendê-lo para obter a quantidade suficiente de dinheiro necessário para a transação. A moeda, entretanto, possui essa liquidez.

Existem várias outras formas de se definir moeda. Algumas são mais importantes para a Economia. Uma delas envolve suas funções. Pode-se definir a moeda como sendo um ativo que possui três funções: a de **instrumento de troca**, de **unidade de conta** e de **reserva de valor**. A primeira função é intuitiva: os bens são trocados por intermédio da moeda. Como unidade de conta, entende-se a referência de valor que os bens e serviços possuem. Um automóvel, por exemplo, custa 50 mil reais; ou seja, necessitamos de 50 mil moedas de 1 real para adquirir esse bem (felizmente, existem notas de valor superior a 1 real). Como reserva de valor, entende-se a possibilidade de se guardar a moeda para a realização de uma compra no futuro. Essa última função revela um dos principais inimigos da moeda: a inflação. Na verdade, a inflação destrói as três funções. Após um determinado

---

[1] No contexto desta análise, um ativo pode ser definido como um bem que é possível ser guardado como reserva de valor, como, por exemplo, dólares, obras de arte, terra, ouro etc.

percentual de inflação, as pessoas passam a utilizar outro instrumento de troca, como o dólar ou algum ativo cujo valor acompanhe a elevação dos preços. No limite, elas passam a não mais aceitar a moeda. Essas considerações explicam em parte por que o Brasil precisou trocar de moeda várias vezes nos momentos em que experimentou altos níveis de inflação (Boxe 10.1).

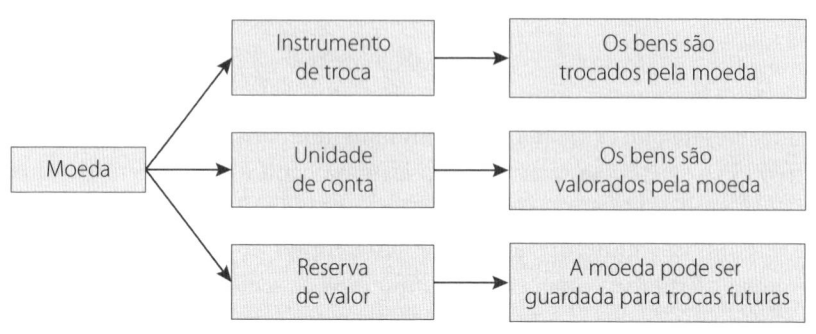

Figura 10.1 As funções da moeda.

Pode-se definir a moeda como sendo um ativo que possui três funções: a de instrumento de troca, de unidade de conta e de reserva de valor.

Sob o ponto de vista macroeconômico, a definição de moeda tem uma conotação específica. Na verdade, na macroeconomia, a preocupação se volta para a quantidade de moeda em circulação. Como moeda, entende-se não apenas as metálicas, mas também as notas monetárias. Mas não apenas. Considera-se também os depósitos à vista. Para essa nova definição, utiliza-se o conceito de **meios de pagamentos**. Considerando a propriedade da liquidez, definem-se os meios de pagamentos como sendo a soma do papel-moeda em poder do público, que inclui as moedas metálicas, mais os depósitos à vista do público nos bancos comerciais. Os bancos comerciais são instituições financeiras autorizadas pelo Banco Central a receber depósitos à vista.[2]

Sob o ponto de vista macroeconômico, a moeda é definida como o volume de meios de pagamentos na Economia.

A inclusão dos depósitos à vista no conceito de meios de pagamentos se justifica pelo fato de esses depósitos terem a maior liquidez em relação a outros tipos de aplicações financeiras. Por exemplo, uma pessoa que possui um depósito em caderneta

---

[2] Essa definição é importante, pois nem todos os bancos são comerciais. Existem os bancos de investimentos que somente recebem depósitos em aplicações financeiras. O Brasil contempla os denominados "bancos múltiplos", que exercem as funções de bancos comerciais e de investimento.

de poupança, se desejar reaver os seus recursos monetários, deverá ir à agência ou acessar o *site* do banco para realizar o resgate, podendo, com isso, perder parte da remuneração, além de ter que pagar imposto sobre movimentação financeira. O mesmo vale para os fundos de renda fixa ou ações.

Uma vez definido o conceito de moeda como sendo o volume de meios de pagamento existentes na Economia, o próximo passo consiste em entender os mecanismos que regem a oferta monetária. Tais mecanismos são fundamentais para o entendimento dos instrumentos de política monetária.

10.3 O processo de criação de moeda pelos Bancos

O conceito de meios de pagamentos nos leva a um interessante fenômeno monetário. Alguém já deve ter ouvido falar que, se as pessoas forem, ao mesmo tempo, resgatar o dinheiro dos depósitos à vista, não haverá moeda e notas suficientes para todos. Entretanto, exceto na situação de crise bancária, que é um evento raro e específico, ninguém se preocupa com o seu dinheiro depositado nos bancos ou com a aparente "fraude" da criação de moeda. A solução deste mistério constitui-se em condição necessária para o correto entendimento do processo de oferta monetária, que envolve os conceitos de criação e emissão de moeda.

Boxe 10.2 Uma história sobre as origens do sistema bancário[3]

Esta história se passa em algum lugar da Europa, provavelmente em torno do século XV. Naquela época, as transações eram realizadas por meio da utilização de moedas de ouro. Essas moedas eram cunhadas e emitidas pelo Rei e eram padronizadas em relação ao peso do nobre metal. Havia, entretanto, um problema: existiam, no mercado, algumas moedas falsas ou com pesos menores do que o padrão utilizado, e não havia fiscalização prevista na lei.

Um dia, um sujeito teve uma ideia que poderia lhe render algum dinheiro. Ele era especializado em cunhagem e decidiu abrir um negócio de certificação de moedas. Mediante pagamento de comissão, ele as avaliava e emitia um certificado de autenticidade. Com o passar do tempo, o sujeito resolveu ampliar a atividade de certificação, criando uma casa de depósito de moedas. Os comerciantes poderiam então depositar suas moedas nessa casa e em troca receberiam o certificado de depósito, que poderia ser utilizado para as transações comerciais. A credibilidade do negócio permitiu ao sujeito prosperar como depositário fiel de moedas de ouro, ganhando fartas comissões.

---

[3] Essa história foi inspirada no livro *A era da incerteza*, de John Kenneth Galbraith.

Com o passar dos anos, o sujeito, que agora era conhecido como senhor dos depósitos, percebeu que os comerciantes preferiam deixar as moedas na casa e realizar as transações com os certificados. Essa situação é representada pela Figura 10.2: para cinco moedas de ouro, havia cinco certificados de depósitos.

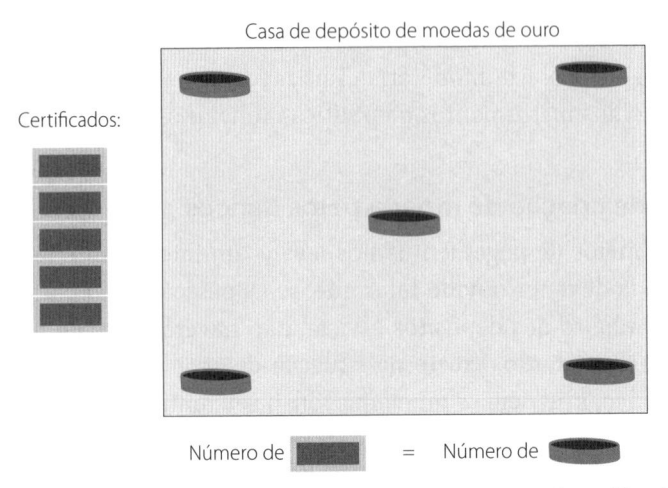

Figura 10.2 A casa de depósitos: 5 moedas depositadas e 5 certificados em circulação.

O senhor passou então a prosperar com atividade de certificação, acumulando fortunas como depositário. Os comerciantes estavam satisfeitos com os certificados, que eram leves e mais fáceis de guardar, não chamando a atenção dos ladrões. Quem recebia os certificados, na maioria das vezes, não ia até a casa trocá-los pelas moedas.

Um dia, o senhor teve uma "brilhante" ideia. Percebendo que era pouco provável que todos os comerciantes trocassem, ao mesmo tempo, os certificados pelas moedas, resolveu então cometer uma "fraude", emitindo um certificado sem o lastro em ouro. Esse novo certificado foi concedido a um comerciante que precisava pagar uma dívida de imposto junto ao Rei. Agora, o senhor poderia receber não apenas a comissão, mas também juros sobre os empréstimos. A Figura 10.3 representa essa nova situação: para cinco moedas de ouro, havia seis certificados de depósitos.

O novo negócio deu certo, pois ninguém percebeu a "fraude". Quem detinha o certificado tinha a garantia de troca pela moeda de ouro. Um ou outro comerciante, em um dia ou outro, comparecia na casa para realizar a troca. Com o passar dos meses, o senhor percebeu que era quase impossível que os seis detentores dos certificados resolvessem, ao mesmo tempo, trocá-los pelas moedas. Como havia demanda por empréstimos, não apenas para pagar as dívidas de impostos, mas também para a ampliação dos negócios relacionados com o comércio, ele resolveu então ampliar a "fraude", emitindo mais dois certificados. Agora, eram oito certificados circulando no mercado, mas apenas cinco moedas de ouro depositadas na casa. Essa situação é ilustrada pela Figura 10.4.

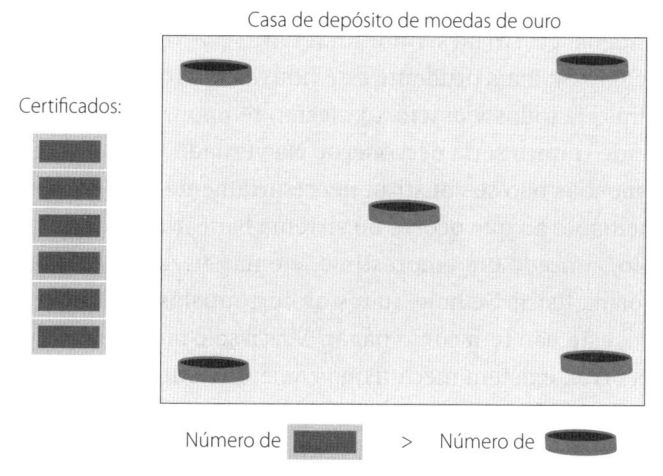

Figura 10.3 A casa de depósitos: 5 moedas depositadas e 6 certificados em circulação.

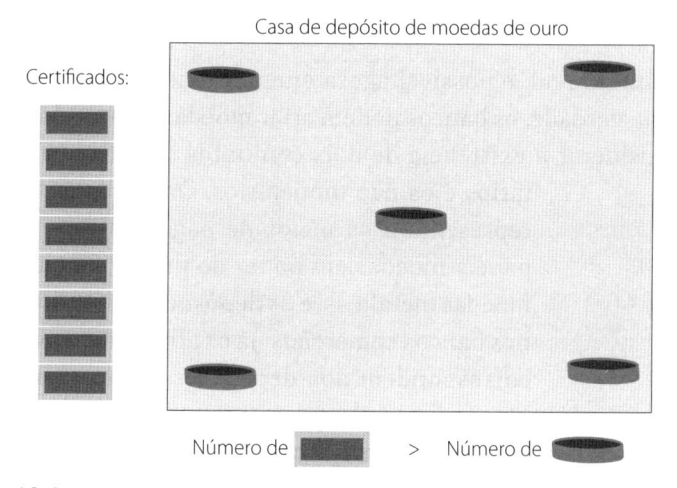

Figura 10.4 A casa de depósitos: 5 moedas depositadas e 8 certificados em circulação.

O negócio continuava a prosperar, até que um dia, o que era pouco provável aconteceu: seis portadores de certificados resolveram ir, ao mesmo tempo, trocá-los pelas moedas (e um deles era funcionário do Rei). Mas só havia cinco moedas disponíveis. Começou então a confusão, que logo se espalhou pela localidade, chegando aos ouvidos dos outros detentores do certificado. A "fraude" foi então descoberta e o senhor, por ordem do Rei, foi enforcado (e três comerciantes ficaram no prejuízo, com certificados que não valiam nada).

A história contada no Boxe 10.2 possui algumas informações importantes sobre o funcionamento do sistema bancário. A casa depositária do senhor é uma das origens dos bancos tal qual conhecemos hoje; e os certificados são a pré-história das notas de papel-moeda. O erro do senhor foi ter arriscado ir além do que poderia ser razoável. Se ele fosse mais prudente e se houvesse outra casa que pudesse socorrê-lo no caso em que todos viessem ao mesmo tempo trocar os certificados pelas moedas, a "fraude" nunca seria descoberta. Na verdade, o ato de emitir mais certificados do que moedas não se constitui necessariamente em "fraude". Trata-se de operação semelhante ao que ocorre no sistema bancário moderno. Quando o banco, por exemplo, concede um empréstimo, ele não necessariamente possui o dinheiro em sua forma física. Se hoje, todos os correntistas forem buscar o dinheiro vivo no banco, este não terá como pagar. Mas isso é muito pouco provável de acontecer, e, se ocorrer, existem mecanismos de empréstimos entre os bancos ou mesmo do Banco Central, que pode ser definido como o "banco dos bancos". O Banco Central também exerce o papel de regulador ao impor limites para os empréstimos bancários. Esse limite é, em geral, determinado a partir do volume dos depósitos. Ou seja, existem mecanismos ou "tecnologias" que reduzem os riscos das operações bancárias. Por fim, o Banco Central exerce o papel de agente fiscalizador, tendo como objetivo combater fraudes no sistema financeiro.

Voltando ao mundo real, é possível agora entender melhor o processo de criação de moeda. Na verdade, os bancos podem criar moeda. Para entender essa prática, deve-se considerar a existência de dois conjuntos de ativos: os monetários e os não monetários. Os ativos monetários representam os meios de pagamentos, isto é, os papéis-moedas em poder do público, incluindo as moedas metálicas, e os depósitos à vista do público nos bancos comerciais. Já os ativos não monetários correspondem aos depósitos a prazo (caderneta de poupança, fundos de investimentos etc.) ou contratos de empréstimos. As operações que resultam na troca desses dois ativos entre o banco e o público representam a criação ou a destruição de moeda.

> Os bancos podem "criar" moeda pela troca de ativos não monetários por ativos monetários.

Existe criação de moeda quando um ativo monetário é trocado por um ativo não monetário. Como exemplo, suponha que o correntista ordene que o banco resgate uma aplicação financeira, depositando o dinheiro em conta-corrente. Neste caso, existe a troca do ativo não monetário "depósito na aplicação financeira" pelo ativo monetário "depósito em conta-corrente". Por outro lado, existe destruição de moeda, quando um ativo monetário é trocado por um não monetário. Como exemplo, considere que o correntista realize um depósito na caderneta de poupança.

Há aqui a troca do ativo monetário "depósito à vista" pelo ativo não monetário "depósito em caderneta de poupança". As operações de crédito também podem resultar na criação ou destruição de moeda. Um empréstimo bancário que resulte no depósito na conta-corrente do cliente constitui-se em operação que cria moeda. Por outro lado, o pagamento de empréstimos pode ser entendido como uma operação de destruição de moeda.

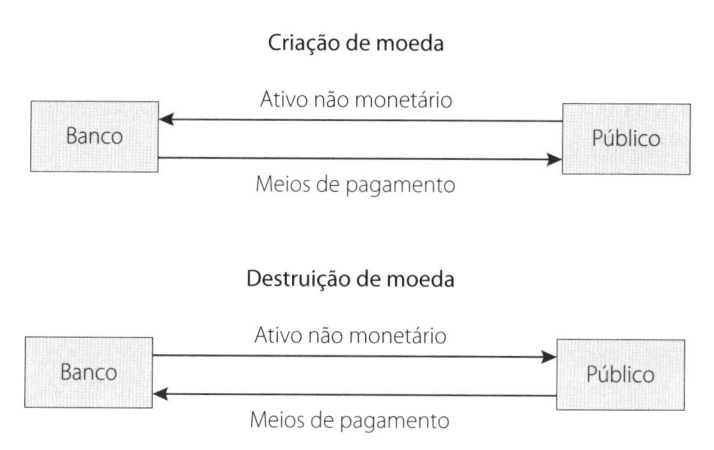

Figura 10.5 A "criação" e a "destinação" de moeda pelos bancos.

Deve-se destacar que a criação de moeda não significa **emissão de moeda**. Esta operação é de exclusividade do Banco Central. De qualquer forma, tanto as operações de criação/destruição como de emissão de moeda fazem parte do processo de oferta de moeda, que será estudado a seguir.

> A emissão de moeda é exclusiva do Banco Central.

10.4 A oferta monetária

A oferta monetária consiste no controle do volume de meios de pagamento na Economia, que será representado a partir de agora pela letra M. A análise realizada na seção anterior sugere que essa oferta não é algo trivial. Isso porque ela envolve três agentes econômicos: os bancos comerciais, que recebem os depósitos à vista, as pessoas, que são as proprietárias desses depósitos, e o Banco Central, que possui o monopólio da emissão monetária. Para a compreensão dessa complexidade, é necessário

> O controle dos meios de pagamentos envolve três agentes econômicos: os bancos comerciais, que recebem os depósitos à vista, e as pessoas, que são as proprietárias desses depósitos, e o Banco Central, que possui o monopólio da emissão monetária.

considerar os conceitos da base monetária, do multiplicador bancário e das denominadas operações ativas do Banco Central.

10.4.1 A base monetária e o multiplicador bancário

Define-se base monetária (B) como sendo a soma dos papéis-moedas em poder do público e dos encaixes totais dos bancos comerciais. Esses encaixes são divididos em três grupos: os **encaixes em moeda corrente**, que é o dinheiro físico de posse do banco para as operações diárias e que se encontra no caixa ou cofre; os **recolhimentos voluntários**, que são depósitos dos bancos recolhidos voluntariamente ao Banco Central; e os recolhimentos compulsórios, que se referem ao percentual dos depósitos à vista que os bancos são obrigados a recolher junto ao Banco Central. Conforme será analisado a seguir, os recolhimentos compulsórios constituem-se em um dos principais instrumentos de política monetária.

> Base monetária = papel-moeda em poder do público + encaixes totais dos bancos
> = papel-moeda em poder do público + encaixes em moeda corrente + recolhimentos voluntários + recolhimentos compulsórios

Tomando como exemplo a história contada no Boxe 10.2, de certa forma, e aceitando algum grau de imprecisão, a base monetária poderia ser entendida como a quantidade de moedas depositadas na *casa de depósito*. Já os meios de pagamentos seriam a quantidade de certificados emitidos, que podem ser em número maior do que o das moedas. Note que as moedas são cunhadas e emitidas pelo Rei. Já os certificados são emitidos pela *casa*. Ou seja, a história serve para diferenciar a criação da emissão de moeda. Mas trata-se de uma simplificação ao extremo utilizada na medida necessária para se ter uma intuição acerca dos mecanismos em torno da oferta monetária. Na realidade, esses conceitos são um pouco mais complexos.

A diferença entre base monetária e meios de pagamentos constitui-se na peça fundamental para a compreensão da oferta de moeda na Economia. Aqui será feita uma afirmação que é verdadeira, mas somente será demonstrada mais adiante: o Banco Central possui maior controle sobre a base monetária em relação aos meios de pagamentos, já que estes podem ser criados pelos bancos comerciais. Se isso é verdade, a autoridade monetária tem um problema: como controlar os meios de pagamentos se sua quantidade depende do comportamento dos bancos e, em última análise, das pessoas que são as proprietárias dos depósitos à vista? Para tornar mais fácil a resposta, é necessário definir alguns coeficientes que representam o comportamento das pessoas e bancos em relação aos meios de pagamentos. São os denominados **coeficientes de comportamento bancário**. Para apresentá-los, serão consideradas as seguintes siglas:

$$M = \text{meios de pagamentos}$$
$$Pmpp = \text{papel-moeda em poder do público}$$
$$DV = \text{depósitos à vista}$$
$$B = \text{base monetária}$$

Com base nessas siglas, definem-se os seguintes coeficientes de comportamento:

$$c = Pmpp/M$$
$$d = DV/M$$
$$R = Encaixes\ totais/DV$$

Dadas as definições de c e d, pode-se concluir que $c + d = 1$. Deve-se considerar que todos os coeficientes representam percentuais.

De volta ao problema central, foi dito anteriormente que o Banco Central possui maior controle sobre a base monetária. Se existir uma relação estável entre base monetária e os meios de pagamentos, então a autoridade também tem controle sobre a quantidade de moeda na Economia. Essa relação é

> O Banco Central possui maior controle sobre a base monetária em relação aos meios de pagamentos.

dada pelo denominado **multiplicador dos meios de pagamentos** em relação à base monetária (m).[4] Sua fórmula é dada por:

$$m = \frac{1}{[1 - d.(1 - R)]} \tag{10.1}$$

A partir da fórmula do multiplicador bancário, é possível estabelecer a seguinte relação entre base monetária (B) e os meios de pagamentos (M):

$$m = \left(\frac{1}{[1 - d.(1 - R)]} \right) \cdot B \tag{10.2}$$

---

[4] O aluno deve ficar atento para não confundir o multiplicador keynesiano com o dos meios de pagamentos. São conceitos distintos cuja única semelhança está na palavra "multiplicador".

A demonstração da Fórmula 10.2 não será realizada aqui e será considerada nos exercícios deste capítulo. O mais importante é entender o seu significado. Para tanto, considere o exemplo numérico a seguir. Suponha que o público mantenha 70% dos seus meios de pagamentos sob a forma de depósitos à vista ($d = 0,7$ ou $c = 0,3$), e que os bancos mantenham 30% dos depósitos à vista sob a forma de encaixes totais ($R = 0,3$). Com base nesses dados, temos:

O multiplicador bancário representa a relação entre a base monetária e os meios de pagamentos.

$$m = \frac{1}{[1 - 0,7.\,(1 - 0,3)]}$$

$$m = 1,9608 \text{ (aproximadamente)}$$

Ou seja $M = 1,9608.B$. Esse resultado pode ser interpretado da seguinte forma: para cada unidade monetária de base monetária que é colocada na Economia, haverá 1,96 unidades monetárias de meios de pagamentos. Em outras palavras, para cada R$ 1,00 de base monetária adicional, o sistema bancário dará origem a R$ 1,96 de meios de pagamentos.

O aumento dos recolhimentos compulsórios dos bancos comerciais constitui-se num dos instrumentos que o Banco Central dispõe para reduzir a quantidade de moeda na Economia. Essa redução se dá via a diminuição do multiplicador bancário.

Com a fórmula do multiplicador, é possível agora entender melhor os instrumentos de política monetária. Considere, por exemplo, que o Banco Central determine o aumento nos recolhimentos compulsórios dos bancos, o que eleva o valor total dos encaixes, representado pela letra R. Mantendo o mesmo valor para d considerado no exemplo anterior, suponha que R passe de 0,3 para 0,4 (ou seja, 40% dos depósitos à vista). Neste caso, tem-se que:

$$m = \frac{1}{[1 - 0,7.\,(1 - 0,4)]}$$

$$m = 1,7241 \text{ (aproximadamente)}$$

Com a elevação de R, tem-se um novo resultado: para cada R$ 1,00 de base monetária adicional, o sistema bancário dará origem a R$ 1,72 de meios de pagamentos. Ou seja, o aumento de R, que pode ser entendido como uma política monetária contracionista, provocou a queda no multiplicador bancário. Em outras palavras, para a mesma base monetária, a elevação de R resultou na redução dos meios de pagamentos. Isso porque o aumento nos recolhimentos compulsórios deixou os bancos com menos recursos para suas operações de empréstimos.

Outro interessante resultado pode ser encontrado quando ocorrem alterações em d. Considerando o mesmo exemplo numérico, suponha que as pessoas resolvam reduzir o percentual dos meios de pagamentos que elas guardam sob a forma de depósitos à vista. Em termos numéricos, d passa a ser agora 0,5. Mantendo $R =$ 0,3, chega-se ao seguinte resultado:

$$m = \frac{1}{[1 - 0,5. (1 - 0,3)]}$$

$$m = 1,54 \text{ (aproximadamente)}$$

Neste terceiro exemplo, quando comparando com o primeiro, percebe-se que a redução em d provocou a diminuição do multiplicador e, consequentemente, de M. Ou seja, se as pessoas resolverem retirar o dinheiro dos bancos, a liquidez da Economia cairá. Trata-se de um resultado aparentemente estranho, mas correto. Ele também serve para entender a interpretação monetarista sobre a Grande Depressão (Boxe 10.3).

Boxe 10.3 A interpretação monetarista acerca das causas da Grande Depressão

Segundo a abordagem keynesiana, a depressão desencadeada pela crise de 1929 teria sido provocada pela queda da demanda agregada (Boxe 8.4). Com essa interpretação, a política fiscal se coloca como a principal alternativa para a redução do desemprego, conforme discutido no capítulo anterior. Entretanto, os economistas Milton Friedman e Anna J. Schwartz, no famoso livro *A Monetary History of the United States*, publicado originalmente em 1963, propuseram outra interpretação. Segundo esses autores, a crise teria sido causada pela queda do multiplicador bancário. Essa queda teve como causa a redução dos depósitos à vista. Isso porque as pessoas, com receio de uma crise bancária, decidiram retirar os seus recursos monetários dos bancos. A consequente queda do coeficiente d resultou na diminuição dos meios de pagamentos na Economia. Para compensar a queda no multiplicador bancário, o Banco Central norte-americano deveria ter expandido a base monetária. Entretanto, a autoridade monetária fez exatamente o contrário, o que resultou numa queda ainda maior nos meios de pagamentos e da liquidez na Economia, o que teria contribuído para a intensificação da crise. Ou seja, segundo Friedman e Schwartz, a depressão teria sido causada por um erro na condução da política monetária. Essa interpretação se opõe à keynesiana e resultou num dos mais interessantes debates sobre as causas da Grande Depressão. Com o estudo do modelo IS/LM a ser realizado neste capítulo, esse debate poderá ser mais bem compreendido.

Resumindo os conceitos até aqui estudados, a fórmula do multiplicador bancário revela que o volume dos meios de pagamentos depende do comportamento das pessoas, que se manifesta pelo valor de "*d*" ou "*c*" (lembrando que $c + d = 1$), pelo comportamento dos bancos, que se manifesta na parte de *R* referente aos encaixes em moeda corrente e recolhimentos voluntários, e pelas ações do Banco Central, que também podem influenciar o valor de *R* por meio de alterações nos recolhimentos compulsórios dos bancos. O Quadro 10.1 resume os determinantes do multiplicador e, em última instância, dos meios de pagamentos:

Quadro 10.1 Determinantes do multiplicador

$$d \uparrow \Rightarrow m \uparrow \Rightarrow M \uparrow$$

$$d \downarrow \Rightarrow m \downarrow \Rightarrow M \downarrow$$

$$R \uparrow \Rightarrow m \downarrow \Rightarrow M \downarrow$$

$$R \downarrow \Rightarrow m \uparrow \Rightarrow M \uparrow$$

Como conclusão da análise até aqui realizada, pode-se afirmar que o Banco Central tem em suas mãos os recolhimentos compulsórios como instrumento de política monetária. Mas existem outros instrumentos que se relacionam com a base monetária. Para entendê-los, é necessário considerar algumas questões contábeis em torno das operações do Banco Central.

> Os recolhimentos compulsórios constituem-se num dos instrumentos de política monetária disponível ao Banco Central.

10.4.2 As operações ativas do Banco Central e o controle sobre a base monetária

As denominadas **operações ativas do Banco Central** compõem as operações que a autoridade monetária exerce no controle da base monetária. Para a compreensão dessas operações, é necessário considerar alguns conceitos presentes na Contabilidade. O principal deles refere-se ao balancete, que, de forma simplificada, pode ser definido como o instrumento contábil onde é possível encontrar as fontes e usos dos recursos disponíveis para uma empresa.[5] Ele é composto de duas partes: o passivo, onde se encontram as fontes de recursos, e o ativo, que contém as formas de uso desses recursos. Como propriedade básica do balancete, o total do ativo tem que ser igual ao total do passivo. De forma sintética e contendo apenas algumas das principais operações, pode-se representar o balancete do Banco Central da seguinte forma:[6]

Quadro 10.2 Balancete sintético do Banco Central

Ativo	Passivo
Reservas internacionais Títulos Empréstimos	Base monetária Saldo total das demais contas

Como pode ser visto no balancete, o ativo compõe as operações de compra e venda de moeda estrangeira (dólares e euros, por exemplo), de títulos e os empréstimos concedidos pela autoridade monetária. Com as reservas internacionais no ativo, pode-se considerar a importante função exercida pela autoridade monetária: de ser o depositário das moedas estrangeiras provenientes das atividades exercidas pelo país, previstas no balanço de pagamentos. O aumento dessas reservas ocorre quando o Banco Central, por exemplo, compra dólares dos exportadores ou daqueles que trazem divisas do exterior. Essa compra se dá pela expansão da base monetária. Sob o ponto de vista contábil, a elevação das reservas internacionais, mantido constante o *saldo das demais contas*,

> As *operações ativas do Banco Central* compõem as operações que a autoridade monetária exerce no controle da base monetária.

resulta necessariamente no aumento da base monetária (lembre-se que ativo = passivo). Em termos econômicos, a compra de moeda estrangeira é paga com a moeda nacional, o que expande a base monetária. O mesmo se dá com as operações com títulos. Quando o Banco Central compra títulos, ele também expande a base monetária. A compra ou a venda desses títulos, aliás, representa uma das formas mais comuns de política monetária e não devem ser confundidos com os

---

[5] Essa definição é feita na medida necessária para a análise deste capítulo. O conceito contábil é um pouco mais complexo e pode ser encontrado em livros básicos de Contabilidade.

[6] Existem, evidentemente, muitos outros itens no balancete do Banco Central. Todos eles estão contidos no "saldo das demais contas".

títulos utilizados como fontes de financiamento do setor público. Por fim, se o Banco Central concede empréstimos, ele também eleva a base monetária. Esses empréstimos podem se destinar, por exemplo, aos bancos comerciais, quando estes, por algum motivo, ficam "descobertos" frente a um excesso de saques em relação aos depósitos (lembre-se da história contada anteriormente). Mas existe outro tipo de empréstimo: aquele que o Banco Central concede ao Governo. Neste caso, o aumento da base monetária deve ser entendido como *emissão monetária*.

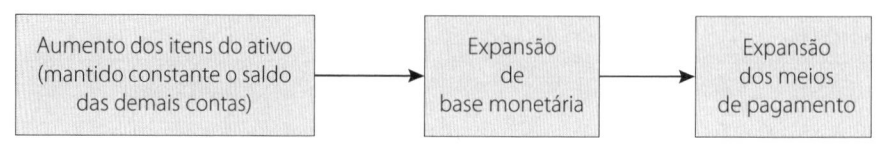

Figura 10.6 A expansão da base monetária.

Neste momento, cabe destacar um aspecto importante acerca da atuação do Banco Central: ele tem o poder de emitir moeda. Essa emissão não deve ser confundida com a impressão de notas ou cunhagem de moedas realizadas pela Casa da Moeda. A emissão aqui é definida como a expansão da base monetária por meio das operações ativas. Em geral, considera-se a emissão de moeda quando o Banco Central empresta para o Governo. No capítulo anterior, foi sugerida essa possibilidade e seu custo: a inflação. Ou seja, se o Governo desejar financiar os seus gastos sem exercer pressões inflacionárias, deverá recorrer a outras fontes de financiamento, como a elevação dos impostos ou a tomada de empréstimos via emissão de títulos junto à sociedade. Essas questões serão discutidas com mais profundidade no Capítulo 12.

Boxe 10.4 O debate acerca da independência do Banco Central

Todo Governo depende de fontes de financiamento para exercer seus gastos. Conforme discutido no capítulo anterior, essas fontes podem vir dos impostos, de empréstimos junto à sociedade por meio da emissão de títulos públicos, ou pela emissão de moeda, que é de responsabilidade do Banco Central. Essa última possibilidade representa, tecnicamente, a emissão de moeda. É como se uma pessoa tivesse uma impressora que imprimisse notas verdadeiras. Tal máquina seria a solução de todos os seus problemas financeiros. Porém essa impressora não existe. Se alguém imprime papel-moeda, estará cometendo crime da falsificação. De certa forma, o Banco Central funciona como uma impressora de notas verdadeiras que poderia financiar os gastos do Governo. Mas tal possibilidade traz o custo da hiperinflação. Para muitos economistas, e não apenas os monetaristas, é fundamental para a estabilidade macroeconômica a existência de regras para a emissão monetária; e, nessas regras, não pode haver espaço para os empréstimos do Banco Central ao Governo. A expansão da base monetária, argumentam, deve-se pautar por questões técnicas relacionadas com a programação monetária do país. Mas como conseguir isso? Os economistas afirmam que a única possibilidade de se evitar a emissão como fonte de financiamento público é por meio da independência do Banco Central. Trata-se de um dos mais importantes debates presentes na macroeconomia. Argumenta-se que, com essa independência, o Banco Central teria maior controle sobre a inflação. Nos países onde existe essa independência, como nos Estados Unidos, a inflação tem sido mantida sob controle e em baixos níveis. Já nos países que experimentaram hiperinflações, essa independência costuma não existir. No Brasil, o Banco Central não é independente, mas desde a implantação do Plano Real tem tido autonomia na condução da política monetária.

Resumindo o que foi visto, podem-se considerar dois conjuntos de opções no exercício da política monetária:

i) as alterações nos recolhimentos compulsórios dos bancos comerciais, que, via mudança no multiplicador bancário, impacta sobre os meios de pagamentos; e

ii) as alterações na base monetária, via as operações ativas do Banco Central.

No segundo grupo, costuma-se considerar apenas a compra e venda de títulos pelo Banco Central, já que as demais operações do ativo (empréstimos aos bancos e reservas internacionais) são conduzidas por motivos outros. Mas elas também exercem impactos sobre a base monetária. Ou seja, em macroeconomia, deve-se estar atento para as várias relações entre as variáveis.

Até aqui, considerou-se o estudo das formas de controle dos meios de pagamentos. Trata-se de um processo complexo, mas necessário para aqueles que querem se aprofundar no estudo da macroeconomia. Porém, há um caminho alternativo que pode ser seguido pelo leitor. Considerando que os objetivos aqui consistem em ampliar o modelo keynesiano simplificado, é possível considerar que o Banco Central simplesmente controla os meios de pagamentos, ou "M". Posto isto, os objetivos agora consistem em entender o mercado monetário, no qual interagem a oferta e a demanda por moeda.

10.5 O mercado monetário

Na seção anterior, foram estudados os vários conceitos em torno da oferta de moeda. Considerando que os objetivos aqui consistem em entender o mercado monetário, torna-se necessário agora o estudo da demanda por moeda. Nesse estudo, uma pergunta se coloca: o que leva as pessoas a demandarem moeda? Pelo menos dois motivos podem ser considerados: a necessidade de realizar transações de compra e venda e a prática da especulação.

A demanda por moeda para transações depende da renda das pessoas. Quanto maior a renda, maior será a quantidade de moeda necessária para as trocas, pois mais bens e serviços serão desejados. Já na demanda para especulação, supõem-se que as pessoas buscam alguma vantagem com as aplicações financeira. Essa vantagem decorre principalmente da taxa de juros. Nessa relação, considera-se que, quanto maior a taxa de juros, menos moeda as pessoas vão querer, já que esse ativo não rende juros. Representando a demanda por moeda por M^d, a renda por Y e a taxa de juros por i, pode-se então considerar a seguinte equação:

$$M^d = M^d\ (Y,\ i) \tag{10.3}$$

Sendo que $\Delta M^d/\Delta Y > 0$, ou seja, Y e M^d caminham na mesma direção; e $\Delta M^d/\Delta i < 0$, ou seja, i e M^d caminham em direções opostas.[7]

Mantendo a renda constante, pode-se então determinar a curva demanda por moeda. Essa curva possui inclinação negativa, conforme representado pelo Gráfico 10.1:

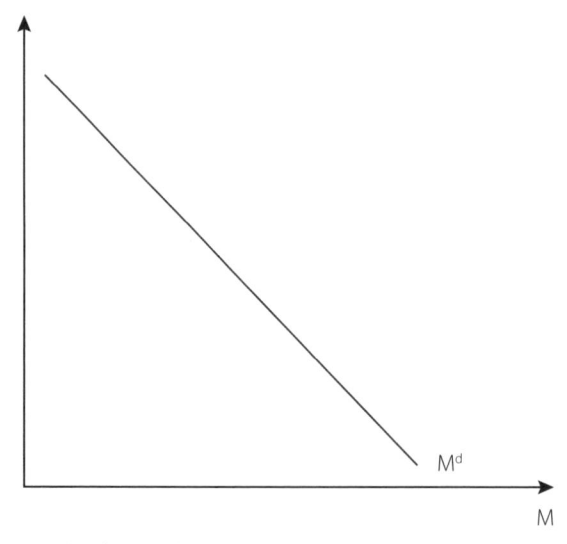

Gráfico 10.1 A curva de demanda por moeda.

---

[7] Esses sinais são os das derivadas parciais da Função 10.3.

Considere agora as alterações na renda. Se Y aumenta, a curva M^d do gráfico se deslocará para a direita, ou seja, para a mesma taxa de juros, a demanda por moeda será maior. Já a queda em Y provocará o descolamento da curva M^d para a esquerda.

Para avaliar o funcionamento do mercado monetário, é necessário considerar a interação entre a oferta e a demanda por moeda. Na seção anterior, foi visto que a oferta é determinada tanto pelo multiplicador bancário quanto pelas operações ativas do Banco Central. Mas, conforme sugerido no final da seção, pode-se simplificar a análise, considerando que o Banco Central simplesmente controla o volume dos meios de pagamento da Economia. Nesses termos, pode-se considerar a oferta monetária exógena, ou seja, fixa ao nível M^s_0, o que resulta na seguinte equação para a função de oferta de moeda:

$$M^s = M^s_0 \qquad\qquad (10.4)$$

O termo M^s_0 é um número que representa o montante dos meios de pagamentos que circula na Economia (R$ 500 bilhões, por exemplo).[8]

A equação 10.4 mostra que a função de oferta de moeda não depende da taxa de juros. Nesse sentido, ela pode ser representada graficamente como:

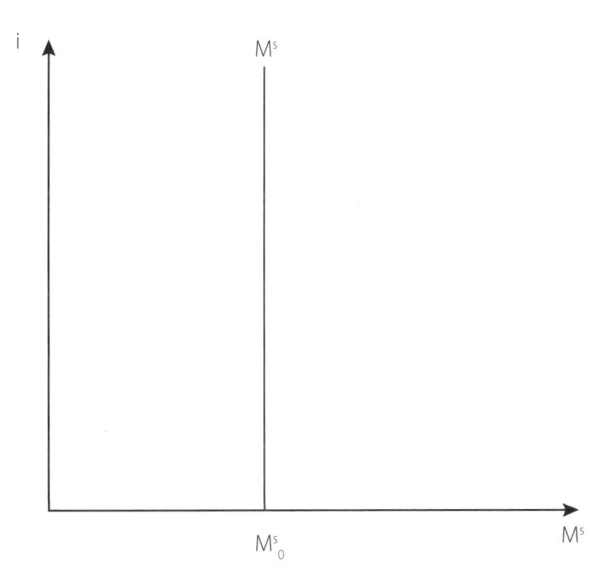

Gráfico 10.2 A curva de oferta de moeda.

---

[8] O que diferencia M^s de M^s_0 é o índice zero. Nesse sentido, M^s pode assumir qualquer valor. Já M^s_0 representa um valor específico.

No Gráfico 10.2, a oferta de moeda é representada pela reta vertical: independentemente do valor da taxa de juros, a oferta monetária é fixa ao nível M^s_0. Se o Banco Central elevar a oferta de moeda, então a reta se deslocará para a direita. No caso da redução nessa oferta, a reta se deslocará para a esquerda.

De posse da oferta e da demanda por moeda, é possível agora analisar o equilíbrio no mercado monetário. Esse equilíbrio é representado pelo Gráfico 10.3:

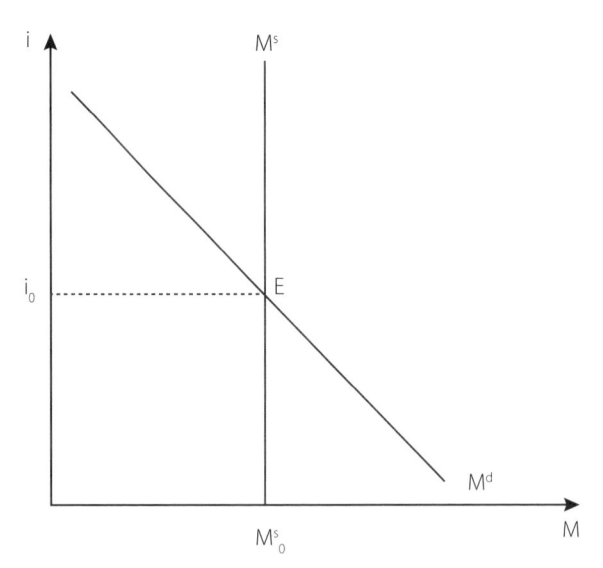

Gráfico 10.3 O equilíbrio no mercado monetário.

No gráfico, a interação das curvas de oferta e de demanda por moeda determina o equilíbrio no mercado monetário, representado pelo ponto E, no qual a taxa de juros será igual a i_0 para o montante ou oferta de moeda igual a M^s_0.

Pode-se agora considerar os fatores que alteram o equilíbrio no mercado monetário. Suponha, por exemplo, que o Banco Central eleve a oferta de moeda na Economia. A expansão monetária pode ser representada pelo aumento da quantidade de meios de pagamentos de M^s_0 para M^s_1 (sendo $M^s_1 > M^s_0$), o que provoca o deslocamento da curva de oferta de moeda para a direita, de M^s para $M^{s'}$. O resultado dessa expansão monetária é representado pelo Gráfico 10.4:

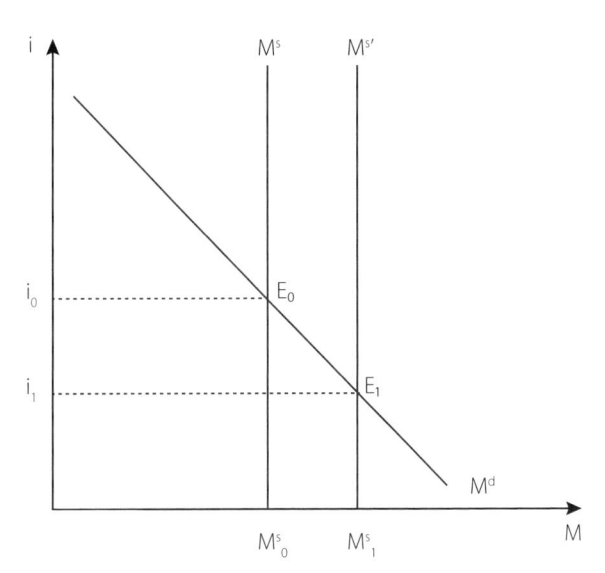

Gráfico 10.4 Mudança de equilíbrio provocado por uma expansão monetária.

Pelo gráfico, a elevação da quantidade de moeda na Economia de M^s_0 para M^s_1 leva o equilíbrio de E_0 para E_1, que expressa a queda na taxa de juros de i_0 para i_1. Tem-se então um importante resultado acerca dos impactos da política monetária: considerando fixa a demanda por moeda, a expansão na oferta monetária provocará a queda na taxa de juros da Economia.[9] Esse resultado é importante, pois a redução de i eleva os investimentos produtivos e, consequentemente, o PIB. Logo, com a introdução do mercado monetário, a política monetária se coloca como alternativa à política fiscal na redução do desemprego.

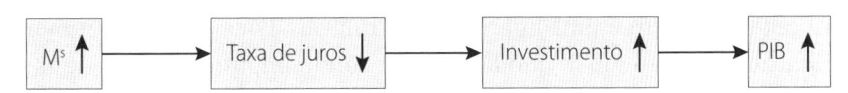

Figura 10.7 Oferta monetária, taxa de juros e o PIB.

Também é possível, com o modelo, avaliar os impactos da política fiscal sobre a taxa de juros. Suponha que o Governo aumente seus gastos de G_0 para G_1 ($G_1 > G_0$). Esse aumento eleva a renda da Economia, o que desloca a curva de demanda

---

[9] A "taxa de juros da Economia" é uma referência, já que, na prática, existem várias taxas de juros (do cheque especial, da caderneta de poupança etc.). Essa taxa pode ser denominada "taxa básica de juros", que é a taxa que remunera os títulos públicos.

por moeda para a direita, de M^d para $M^{d'}$, conforme representado pelo Gráfico 10.5. Como resultado, a taxa de juros também se elevará de i_0 para i_1:

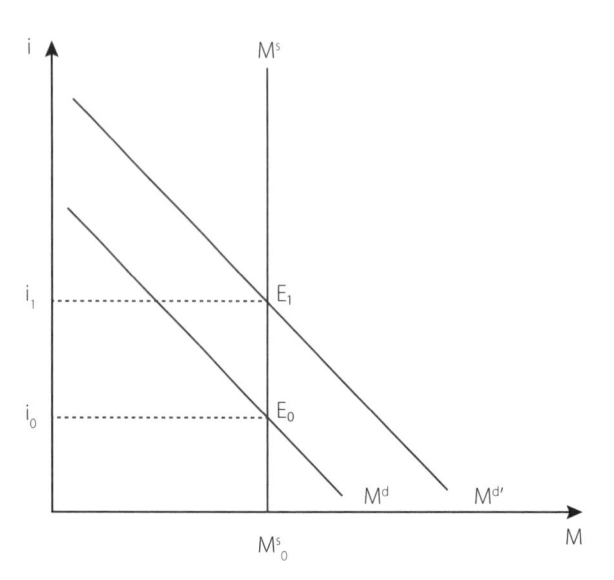

Gráfico 10.5 Mudança de equilíbrio provocado por uma política fiscal expansionista.

No Capítulo 9, concluiu-se que o aumento dos gastos públicos resulta no aumento da renda de equilíbrio no modelo keynesiano simplificado. Mas existe outro impacto decorrente dessa política. Como resultado da análise feita pelo Gráfico 10.5, pode-se concluir que a política fiscal expansionista tem como efeito adicional a elevação da taxa de juros da Economia. Ou seja, o modelo aqui apresentado permite ampliar a análise dos impactos da elevação dos gastos públicos na Economia. Mas surge uma aparente contradição. Por um lado, o aumento de G resulta no aumento em Y (modelo keynesiano simplificado). Mas quando G aumenta, i também aumenta, o que reduz os investimentos produtivos e, consequentemente, Y. Qual então o efeito final da política fiscal expansionista sobre a renda? A teoria macroeconômica indica que o resultado final será a expansão do PIB. Para entender esse resultado, é necessário introduzir outro modelo na análise: o modelo IS/LM.

10.6 O modelo IS/LM

Uma vez determinado o equilíbrio no mercado monetário, fica também determinado o equilíbrio no mercado de bens, já que os investimentos produtivos dependem da taxa de juros desse equilíbrio.

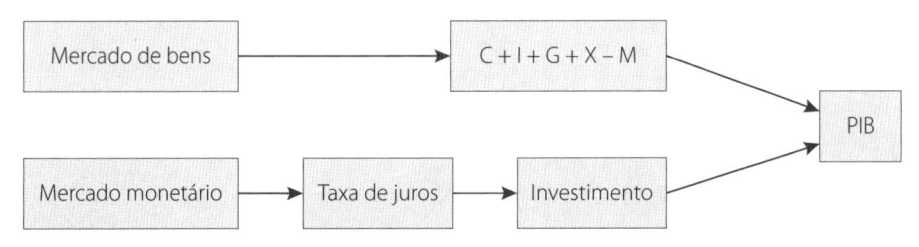

Figura 10.8 O mercado monetário e de bens.

O problema dessa análise é que a solução de equilíbrio depende da utilização de dois modelos bem diferentes: o mercado de bens e o mercado monetário. Há, porém, uma alternativa mais adequada: considerar os dois mercados em um único modelo. Esse modelo é conhecido como **Modelo IS/LM**.

O Modelo IS/LM foi desenvolvido pelo estadunidense Alvin Hansen (1887-1975) e pelo britânico John Hicks (1904-1989). Ele é representado pela abordagem gráfica que agrega as curvas a IS (*Investment Saving*) e a LM (*Liquidity preference Money*). O modelo também é conhecido como "abordagem Hicks/Hansen" ou "modelo keynesiano generalizado". Alguns o denominam ainda como a síntese neoclássica do modelo keynesiano.

No modelo, a curva IS representa a combinação entre a taxa de juros e a renda que garantem o equilíbrio no mercado de bens. De forma bem simples, a IS representa a combinação das variáveis i e Y que garante a igualdade da equação $Y = C + I + G + X - M$. Sua inclinação é negativa e pode ser determinada pela seguinte lógica: se i aumenta, I cai, e para manter a igualdade da equação, Y tem que cair. O Gráfico 10.6 representa a curva IS:

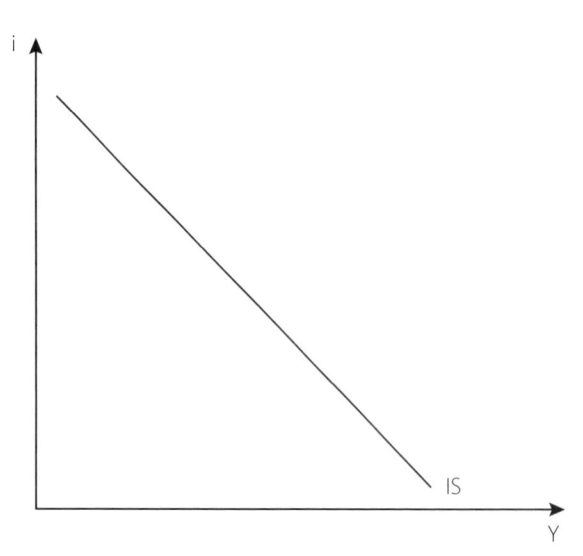

Gráfico 10.6 A curva IS.

Os deslocamentos da curva IS decorrem de alterações nos componentes da demanda. Ou seja, aumentos em *C*, *I*, *G* ou *X* deslocam a curva para a direita. Reduções nessas variáveis deslocam a curva para a esquerda. Comumente, consideram-se esses deslocamentos como decorrentes das alterações nos gastos do Governo, por permitirem avaliar os efeitos da política fiscal na Economia.

A curva LM representa a combinação entre a taxa de juros e a renda que mantém o equilíbrio no mercado monetário. A prova de sua inclinação é um pouco mais complexa, mas pode ser obtida com um pouco de lógica matemática. No equilíbrio monetário, tem-se que $M^s = M^d(Y, i)$. Sabe-se que M^d cai quando *i* aumenta, e aumenta quando *Y* aumenta. Mantendo constante M^s, se *i* aumentar, então M^d ficará menor do que M^s, o que representa um desequilíbrio. Para se ter novamente o equilíbrio, M^d terá que subir, o que pode ser alcançado pela elevação de *Y*. Ou seja, para se manter a igualdade ou o equilíbrio entre M^s e M^d, *Y* e *i* têm que caminhar no mesmo sentido. Essa lógica demonstra que a curva LM possui inclinação positiva, conforme representado pelo Gráfico 10.7:[10]

---

[10] Existem outras formas de demonstrar as inclinações da IS e da LM. Em geral se utilizam da análise gráfica ou do cálculo diferencial, que podem ser encontrados em livros mais avançados de macroeconomia. O mais importante aqui é considerar que essas inclinações estão corretas e já foram provadas, e seguir com as implicações econômicas do modelo.

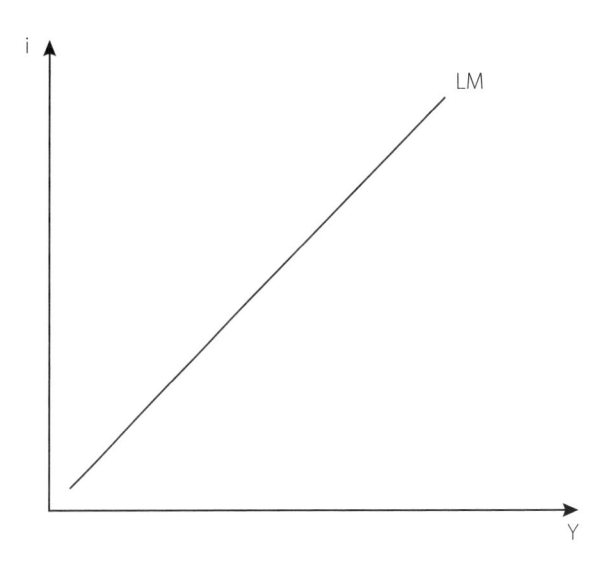

Gráfico 10.7 A curva LM.

Os deslocamentos da curva LM decorrem das alterações na oferta monetária. Nesse sentido, a política monetária expansionista desloca a curva para a direita. Já a redução na oferta monetária desloca a curva para a esquerda.

Combinando as duas curvas, tem-se o equilíbrio simultâneo nos mercados de bens e monetário. O Gráfico 10.8 representa esse equilíbrio:

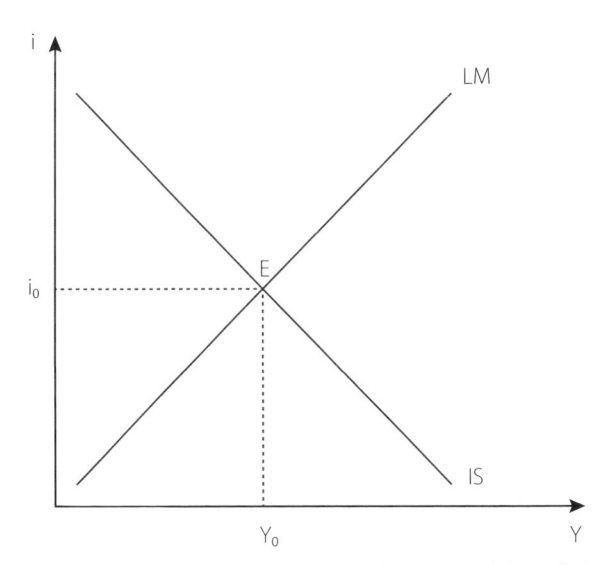

Gráfico 10.8 O equilíbrio simultâneo dos mercados monetário e de bens.

Pelo gráfico, a interação das curvas IS e LM resulta no equilíbrio dado pelo ponto E, onde a taxa de juros é igual a i_0 e a renda de equilíbrio Y_0.

O mais interessante do modelo é verificar o que acontece com o equilíbrio quando são exercidas as políticas monetárias e fiscal. Suponha, por exemplo, a política fiscal expansionista. Essa possibilidade é considerada no Gráfico 10.9. O aumento em G provocará então o deslocamento da IS para a direita. Como resultado, ocorrerá o aumento da renda de Y_0 para Y_1 e da taxa de juros de i_0 para i_1:

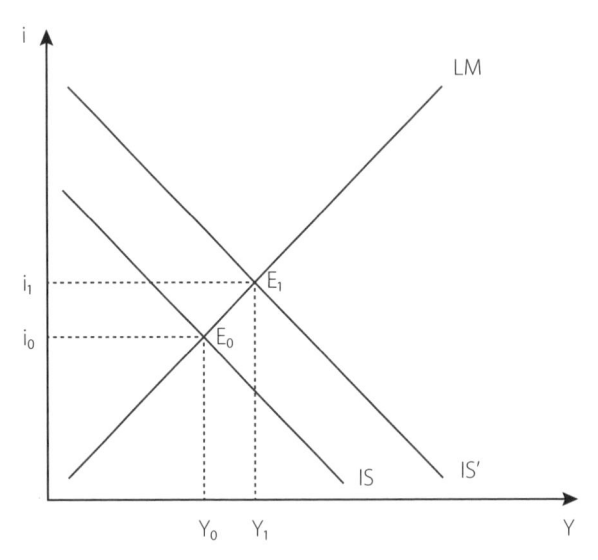

Gráfico 10.9 Mudanças de equilíbrio em decorrência de uma política fiscal expansionista.

Pelo gráfico, o efeito líquido da política fiscal expansionista será a elevação de Y. Entretanto, dada a elevação em i, esse efeito é menor quando comparado com o modelo keynesiano simplificado, onde I é exógeno. Nesse sentido, o efeito do multiplicador keynesiano no modelo IS/LM é menor quando comparado com o modelo keynesiano simplificado.

O modelo também permite avaliar os impactos da política monetária sobre a renda e a taxa de juros. Suponha, por exemplo, a política monetária expansionista. Essa possibilidade é considerada no Gráfico 10.10. O aumento em M provocará então um deslocamento da LM para a direita, o que resultará no aumento da renda de Y_0 para Y_1 e na redução da taxa de juros de i_0 para i_1:

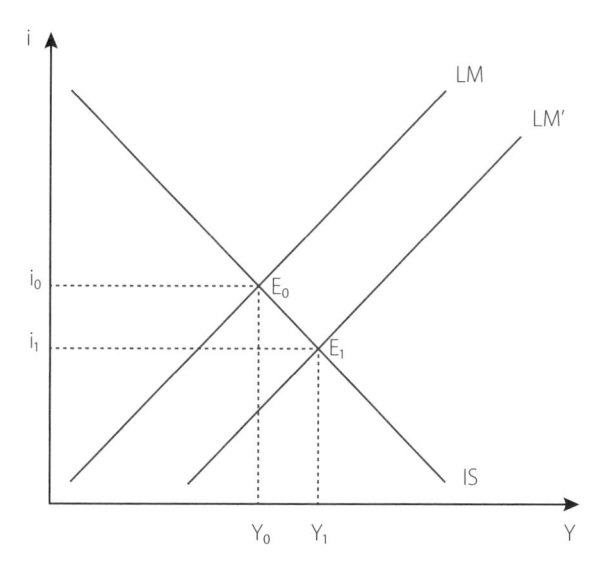

Gráfico 10.10 Mudanças de equilíbrio em decorrência de uma política monetária expansionista.

Existem outras possibilidades de análise em torno das mudanças de equilíbrio e que serão tratadas nos exercícios deste capítulo. Mas, o mais importante do modelo é a possibilidade de ampliar a análise do modelo keynesiano simplificado. Com o modelo IS/LM, agora é possível considerar os impactos das políticas monetária e fiscal sobre a renda e a taxa de juros. O Quadro 10.3 resume os efeitos de cada uma das políticas.

Quadro 10.3 Impacto das políticas fiscal e monetária sobre a renda e a taxa de juros

Política/Variável	Renda (Y)	Taxa de Juros (i)
Fiscal expansionista ($G\uparrow$)	Aumenta ($Y\uparrow$)	Aumenta ($i\uparrow$)
Monetária expansionista ($M\uparrow$)	Aumenta ($Y\uparrow$)	Cai ($i\downarrow$)
Fiscal contracionista ($G\downarrow$)	Cai ($Y\downarrow$)	Cai ($i\downarrow$)
Monetária contracionista ($M\downarrow$)	Cai ($Y\downarrow$)	Aumenta ($i\uparrow$)

Mas qual a melhor política? A resposta não é tão simples. A política monetária expansionista poderia ser considerada superior ao aumento dos gastos do Governo por provocar a queda na taxa de juros. Mas existe muita coisa em jogo. O modelo, por exemplo, nada diz sobre os efeitos das políticas sobre a inflação ou sobre a dívida pública. Considere, por exemplo, a inflação. No Capítulo 12, será estudado esse fenômeno e sua relação com a moeda. Por hora, pode-se afirmar que a expansão monetária, sob determinadas circunstâncias, gera inflação. Ou seja, se o Governo deseja a estabilidade de preços, deve evitar a política monetária expansionista.

> O modelo IS/LM permite avaliar os impactos das políticas monetária e fiscal sobre a renda e a taxa de juros.

Além da inflação, outras variáveis também sofrem a influência das políticas monetária e fiscal, dentre elas a taxa de câmbio. Conforme estudado no Capítulo 8, tudo aquilo que provoca a entrada de dólares no país tende a reduzir a taxa de câmbio (Boxe 8.2). Dado que as relações econômicas internacionais são caracterizadas, dentre outros fatores, pelo fluxo de recursos financeiros, e considerando que parte desses recursos busca alternativas de aplicação e remuneração nos diferentes países, pode-se então supor que alterações na taxa de juros também alteram o volume financeiro que entra ou sai do país. Considere, como exemplo, a elevação na taxa interna de juros resultado da política fiscal expansionista (Gráfico 10.9). Essa elevação irá provocar o movimento de entrada de dólares no país; e mais dólares no mercado interno resultará na queda no preço do dólar ou da taxa de câmbio.

> A escolha das políticas macroeconômicas pode depender de objetivos que vão além da renda e da taxa de juros.

O mesmo raciocínio pode ser considerado para a política monetária expansionista, que, ao reduzir a taxa de juros (Gráfico 10.10), tende a incentivar a saída de dólares do país. Neste caso, menos dólares no mercado interno implicará no aumento da taxa de câmbio. Esses movimentos financeiros decorrem de o fato dos investidores internacionais compararem os rendimentos a partir das diferenças nas taxas de juros entre os países. Em geral, os modelos consideram como referência a taxa de juros nos Estados Unidos. Se, por exemplo, o diferencial entre a taxa de juros do Brasil e dos EUA se elevar, o país deverá experimentar um fluxo positivo de dólares. É claro que esse movimento dependerá de outros fatores, como o risco das aplicações financeiras dos países. Neste caso, os títulos dos EUA são considerados como sendo risco zero, motivo pelo qual se constitui referência no mercado internacional.

A análise do parágrafo anterior mostra que a escolha entre as políticas monetária e fiscal irá depender de como a autoridade econômica avalia as valorizações ou desvalorizações cambiais. Se os objetivos da política econômica consistem em evitar que a taxa de câmbio não caia, então deverá optar pela política monetária expansionista, já que uma expansão fiscal, ao elevar a taxa de juros e a quantidade de dólares no país, provocará uma queda no preço do dólar. Ou seja, as escolhas dependerão do regime cambial.

Boxe 10.5 A Grande Depressão nas visões keynesiana e monetarista a partir do modelo IS/LM.

Anteriormente, na explicação das causas da Grande Depressão, foi considerada a interpretação monetarista como alternativa à keynesiana. Para os keynesianos, a crise teria sido provocada pela queda da demanda agregada. O Gráfico 10.11 demonstra essa interpretação:

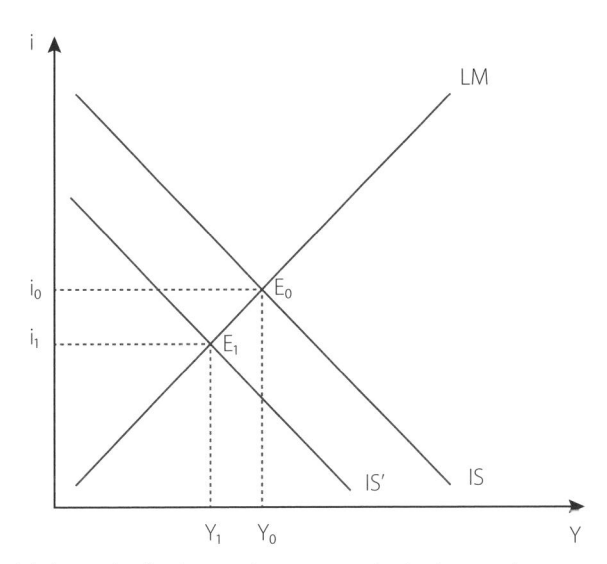

Gráfico 10.11 A interpretação keynesiana: a queda da demanda na economia.

A partir do gráfico, percebe-se que a queda da demanda, representada pelo deslocamento da IS para a esquerda, resulta na mudança de equilíbrio de E_0 para E_1, ou na queda da renda de Y_0 para Y_1, dinâmica que traduz a interpretação keynesiana.

Pela interpretação monetarista, a Grande Depressão teria sido resultado da queda do multiplicador bancário, que resultou na redução da liquidez na Economia. Essa redução teria provocado o deslocamento da curva LM para a esquerda, conforme pode ser visualizado no gráfico a seguir:

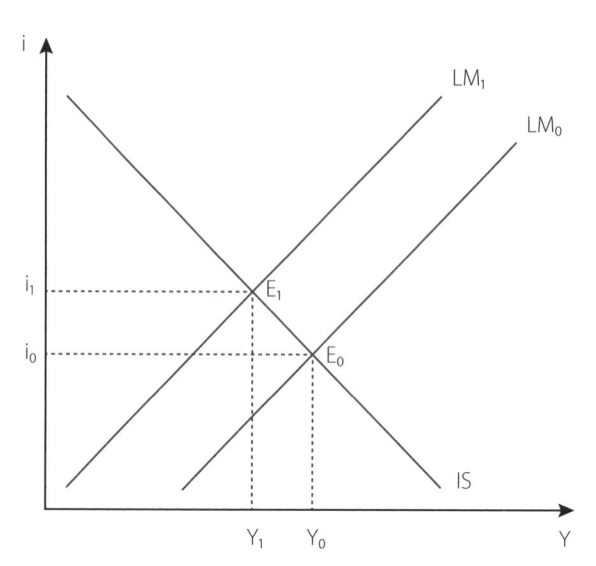

Gráfico 10.12 A interpretação monetarista: a redução da liquidez na economia.

Pelo gráfico, a redução dos meios de pagamento tem como resultado a mudança do equilíbrio de E_0 para E_1. Sob o ponto de vista da renda, o resultado é o mesmo do gráfico anterior; porém a causa dessa redução encontra-se no deslocamento da LM.

10.7 Considerações finais: o que se pode aprender com a moeda

Com este capítulo, a abordagem keynesiana foi além do modelo keynesiano simplificado. A partir do conceito do multiplicador bancário e do modelo de oferta e demanda por moeda, foi possível entender importantes aspectos relacionados à oferta e demanda no mercado monetário. Também foi possível compreender os mecanismos relacionados com o controle da quantidade de moeda realizado pelo Banco Central. Mas o grande salto foi dado com a apresentação do modelo IS/LM. Com esse modelo, foi possível introduzir a política monetária na abordagem keynesiana.

Todos os modelos até aqui estudados permitiram estabelecer importantes relações entre as variáveis macroeconômicas. Agora se sabe, por exemplo, os efeitos das políticas fiscal e monetária sobre a renda e a taxa de juros. A taxa de juros, aliás, também produz efeitos sobre os investimentos produtivos e sobre a taxa de câmbio. Ou seja, foi dado um passo importante no entendimento da análise macroeconômica em um nível que vai além de um livro de introdução à

Economia. Vários estudos de caso foram apresentados com o objetivo de tornarem reais os conceitos teóricos estudados. Espera-se agora que o aluno tenha condições de entender os principais aspectos em torno do desempenho macroeconômico do país, que comumente ocupam as páginas dos principais jornais e notícias da televisão ou da internet.

Até aqui, pouco foi dito sobre o nível geral de preços. O próximo passo consiste em incluir essa variável na análise. Os modelos keynesiano simplificado e IS/LM apresentados fazem parte do que se conhece em macroeconomia como o "lado da demanda agregada". Para a inclusão do nível geral de preços na análise, será necessário considerar o "lado da oferta agregada". Esses dois "lados" se encontram no denominado "modelo de oferta e demanda agregada" e guardam algumas similaridades com a análise de mercado realizada no Capítulo 2 deste livro. Mas existem algumas diferenças. Isso porque a oferta e demanda agregada se encontram no âmbito da macroeconomia.

EXERCÍCIOS

1. Como são determinadas as funções de oferta e demanda de moeda?

2. Quais as conclusões que podem ser tiradas do modelo de oferta e demanda por moeda?

3. Defina os meios de pagamento e a base monetária.

4. Prove a fórmula do multiplicador bancário.

5. A partir do modelo de oferta e demanda por moeda, mostre os efeitos sobre a taxa de juros das políticas monetária e fiscal.

6. Como o Banco Central realiza a política monetária?

7. Prove as inclinações das curvas IS e LM.

8. Considerando o modelo IS/LM, mostre os impactos sobre a renda e a taxa de juros: a) do aumento dos recolhimentos compulsórios; b) da redução dos gastos do Governo; c) do aumento das exportações.

9. Discuta a relação entre moeda e inflação.

10. Supondo as opções de escolha entre as políticas monetária e fiscal, considere os efeitos da taxa de juros sobre a taxa de câmbio.

Referências

DORNBUSCH, Rudiger et al. *Macroeconomia*. 11. ed. Porto Alegre: AMGH Editora, 2013.

GRALBRAITH, Jonh Kennedy. *A Era da Incerteza*. 7. ed. São Paulo: Pioneira, 1986.

GREMAUD, Amaury Patrick et al. *Economia Brasileira Contemporânea*. 8. ed. São Paulo: Atlas, 2017.

LOPES, Luíz Martins et al. *Macroeconomia*: teoria e aplicações de política econômica, equipe dos professores da USP. 4. ed. São Paulo: Atlas, 2018.

MANKIW N. Gregory. *Introdução à Economia*: princípios de micro e macroeconomia. 2. ed. Rio de Janeiro: Elsevier, 2001.

MANKIW, N. Gregory. *Macroeconomia*. 8. ed. Rio de Janeiro: LTC, 2015.

PAULANI, Leda Maria; BRAGA, Márcio Bobik. *A nova contabilidade social*: uma introdução à macroeconomia. 4. Ed. São Paulo: Saraiva, 2012.

SIMONSEN, Mario Henrique; CYSNE, Rubens Penha. *Macroeconomia*. 3. ed. São Paulo: Atlas, 2007.

VASCONCELLOS, Marco Antônio Sandoval de. *Economia*: macro e micro. 6. ed. São Paulo: Atlas, 2015.

11

O modelo de oferta e demanda agregada

Assista ao vídeo do autor
sobre o tema deste capítulo

uqr.to/fdin

OBJETIVOS DO CAPÍTULO:

- Apresentar o modelo de oferta e demanda agregada.
- Mostrar os fundamentos das curvas de oferta e demanda agregada.
- Discutir as opções para a redução do desemprego na Economia.
- Dar início ao estudo do fenômeno da inflação.
- Mostrar as implicações da denominada "Curva de Phillips".
- Dar continuidade ao debate acerca dos benefícios e custos da política macroeconômica.

11.1 Introdução

Os modelos macroeconômicos até aqui estudados são de inspiração keynesiana e dizem respeito ao denominado "lado da demanda". Existe, entretanto, um modelo mais geral que agrega tanto a demanda quanto a oferta agregada. Esse modelo permite avaliar com maior profundidade os fenômenos do desemprego e as opções de política macroeconômicas. Também considera, de forma explícita, o nível geral de preços, o que remete a análise macroeconômica ao fenômeno da inflação. Esse modelo é denominado "oferta e demanda agregada".

O modelo de oferta e demanda agregada permite discutir uma importante dicotomia na macroeconomia. Trata-se do dilema entre inflação e desemprego. Esse dilema mostra que nem sempre é possível alcançar a estabilidade macroeconômica sem custos para a sociedade. Infelizmente, essa conclusão não é considerada por alguns, que acham que a Ciência Econômica pode tudo, bastando vontade política do Governo.

O modelo de oferta e demanda agregada permite ainda avaliar melhor as opções em torno das políticas macroeconômicas. No Capítulo 9, foi apresentado de forma bastante preliminar o debate sobre os intervencionistas keynesianos e os liberais clássicos. Nele, foi discutida a opção de não fazer nada diante da situação de desemprego e deixar que a Economia busque se "ajustar" em direção ao pleno emprego. A partir do modelo geral a ser estudado neste capítulo, será possível qualificar melhor essa possibilidade.

11.2 O modelo de oferta e demanda agregada

Boxe 11.1 A crise do petróleo dos anos 1970 e a recessão mundial

Até os anos 1970, predominava nos manuais de macroeconomia os modelos de inspiração keynesiana, que privilegiavam o lado da demanda. Esse predomínio explica a percepção de que Keynes teria dado início à macroeconomia. Com a crise do petróleo que ocorreu nos anos 1970, o crescimento mundial sofreu forte reversão. Vários países entraram em recessão. O Brasil, por exemplo, encerraria o ciclo do milagre econômico a partir de 1981 (conforme pode ser visualizado nos dados apresentados no Boxe 8.1). Tratava-se de um fenômeno que não poderia ser explicado pelos modelos keynesianos, já que a redução do nível de atividade econômica no mundo não estava relacionada com a contração da demanda, mas com aspectos relacionados à oferta agregada. Isso porque a elevação nos preços internacionais do petróleo elevou os custos das empresas em todo o mundo, reduzindo assim a oferta de bens e serviços nas economias. A partir desse fenômeno, que marcou a história econômica, os manuais de macroeconomia passaram a considerar não apenas o lado da demanda inspirado nas contribuições de Keynes. Era necessário ampliar a análise para entender melhor a crise que se estabelecia naquele momento. Essa ampliação se deu com a incorporação de vários aspectos teóricos relacionados com o lado da oferta à análise macroeconômica. Inaugurava-se assim a abordagem da oferta e demanda agregada.

O Capítulo 2 contemplou os principais aspectos teóricos em torno do equilíbrio de mercado, particularmente sobre as curvas de oferta e demanda. Essas curvas são determinadas a partir de certos fundamentos microeconômicos que moldam o comportamento dos agentes nos mercados. Na curva de demanda, por exemplo, foi considerada a racionalidade do consumidor: quanto maior o preço do bem, menor a intenção do consumidor em realizar a aquisição ou compra desse bem. Na curva de oferta, o conceito de racionalidade voltou-se para o produtor ou ofertante. Na busca pelo lucro, ele buscará o maior preço possível para o bem a ser ofertado. Quanto maior o preço, maior será sua intenção de elevar a produção e a oferta. O equilíbrio entre as duas curvas, além de traduzir as forças que compatibilizam esses interesses antagônicos, determina o preço e a quantidade que é efetivamente comercializada no mercado.

Na macroeconomia, é possível também considerar a oferta e demanda, que, em seus aspectos gerais, guardam algumas semelhanças com a abordagem de mercado realizada na microeconomia. Porém, os fundamentos que justificam essas curvas são diferentes. Se na microeconomia a abordagem do mercado é realizada a partir de comportamentos individuais, o mesmo não pode ser considerado na macroeconomia. Isso porque o preço e a quantidade representam coisas diferentes nas duas abordagens. Na macroeconomia, o preço representa uma média que é denominada "índice geral de preços", e sua variação define os fenômenos da inflação ou da deflação. Já a quantidade produzida refere-se à produção agregada ou o PIB do país. Nesse sentido, a construção

> As curvas de oferta e demanda agregadas guardam semelhanças com as da análise microeconômica. Porém, seus fundamentos são diferentes já que se trata de agregações.

das curvas de demanda e oferta agregadas deve ser baseada em aspectos distintos daqueles encontrados na microeconomia. Dado o caráter introdutório deste livro, não será feita uma exposição rigorosa dos aspectos formais que determinam as duas curvas. O objetivo aqui é passar uma ideia intuitiva, sem desconsiderar o rigor científico.

As curvas de oferta e demanda agregadas representam a relação entre o índice geral de preços (P) e a produção agregada ou o PIB (Y). As inclinações dessas curvas são as mesmas que aquelas encontradas nos mercados estudados na microeconomia. O Gráfico 11.1 apresenta as duas curvas, onde *DA* representa a demanda agregada e a *OAcp* representa a oferta agregada de curto prazo (o termo "curto prazo" será qualificado mais adiante). A interação das duas curvas determina o nível geral de preços e o produto de equilíbrio, ou seja, P^e e Y^e:

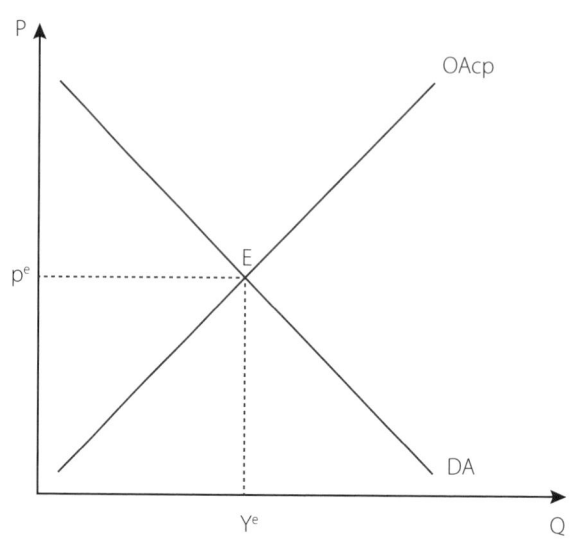

Gráfico 11.1 As curvas de oferta e demanda agregadas.

A inclinação da curva de demanda agregada justifica-se pelo seguinte argumento: quanto maior for o índice geral de preços, menor será o valor real da riqueza (aplicações financeiras ou ativos reais, por exemplo) da sociedade. Em outras palavras, a inflação tende a reduzir a capacidade de demanda das pessoas em decorrência da redução da riqueza real da sociedade. Existe, entretanto, outra explicação mais sofisticada. Ela considera que, no modelo IS/LM, o aumento no índice de preços reduz o estoque real de moeda.[1] Essa redução, por sua vez, provoca o deslocamento da LM para a esquerda, o que resulta na redução

> A interação das curvas de oferta e demanda agregadas determinam o equilíbrio simultâneo do PIB e do nível geral de preços.

---

[1] Tal qual como refeito para a definição PIB real, pode-se considerar o conceito de estoque real de moeda real, ou seja, M/P. Em geral, utiliza-se a expressão "encaixes reais" para representar esse conceito. Não confundir a expressão real aqui utilizada com a moeda Real.

do produto agregado. Como resultado, pode-se considerar que a elevação de P resulta na queda de Y.[2]

A determinação da inclinação da curva de oferta agregada segue outra lógica. Na verdade, pode-se considerar duas justificativas para sua inclinação positiva. A primeira baseia-se na percepção equivocada dos empresários em torno das alterações no nível geral de preços. Nessa percepção, eles podem confundir o aumento do nível geral de preços com a elevação do preço do bem ofertado. Neste caso, os empresários terão o incentivo de elevar a produção. Outra justificativa, e talvez mais plausível, está relacionada com a rigidez nos custos de produção. Determinados gastos ou custos são determinados contratualmente. Suponha, por exemplo, que o salário nominal seja acordado pelo período de um ano. Então, o aumento em P representará, para as firmas, a queda no salário real, o que estimulará a contratação de mão de obra e o aumento da produção. Note que esses argumentos não são intuitivos e não existe consenso acerca da existência da curva $OAcp$ entre os economistas. De qualquer forma, a análise é útil para a discussão de alguns casos reais. Se o leitor tiver alguma dúvida em relação a essas explicações, deve considerar apenas que as inclinações das curvas agregadas são as mesmas daquelas consideradas na microeconomia.

Devem-se considerar também, no modelo, os fatores que provocam o deslocamento das curvas. No caso da curva DA, os deslocamentos são provocados por alterações dos componentes da demanda agregada ou pela alteração do estoque de meios de pagamentos na Economia. Nesse sentido, tanto a política monetária quanto a fiscal expansionista (contracionista) deslocam a curva DA para a direita (esquerda). Existem ainda outras possibilidades. A queda do consumo ou dos investimentos provocados, por exemplo, pela redução do crédito, crises bancárias, redução da riqueza ou pelo aumento da incerteza na Economia também deslocam a curva DA para a esquerda. Já os descolamentos da curva $OAcp$ ocorrem quando há alterações nos custos das empresas. No caso da elevação nesses custos, a curva $OAcp$ desloca-se para a esquerda. No caso da queda nos custos, $OAcp$ se deslocará para a esquerda.[3]

---

[2] Existe ainda a possibilidade de se determinar a curva DA pela teoria quantitativa da moeda. Nos exercícios, será considerada essa possibilidade.

[3] Na verdade, o deslocamento da curva de oferta agregada de curto prazo decorre das expectativas em relação à elevação do nível geral de preços. Essa abordagem, entretanto, traz complicações teóricas que escapam dos objetivos deste livro. Logo, serão consideradas aqui as alterações nos custos como fonte de deslocamento da curva.

Existe outro aspecto importante relacionado com a oferta agregada e diz respeito ao prazo considerado. Na curva apresentada no Gráfico 10.1, foi considerado o termo "curto prazo". Mas existe outra curva que deve ser considerada na análise: a de oferta agregada de longo prazo (*OAlp*). Ela é vertical ao nível de pleno emprego (Y^p). Isso porque o pleno emprego independe do nível geral de preços, mas da intensidade com que os fatores de produção são utilizados. Conforme estudado no Capítulo 8, no pleno emprego, esses fatores estão sendo utilizados plenamente ou de forma ótima. O Gráfico 11.2 apresenta a curva *OAlp*.

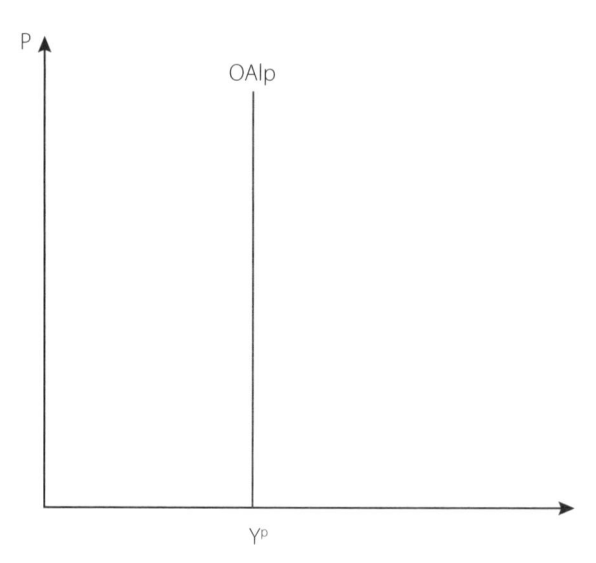

Gráfico 11.2 A curva de oferta agregada de longo prazo.

O deslocamento da curva *OAlp* ocorre quando há inovações tecnológicas na produção. Neste caso, ela se deslocará para a direita. Essa situação será estudada com mais detalhe no Capítulo 13, quando serão discutidos os fatores que favorecem o crescimento de longo prazo.

A interação das curvas de demanda e de oferta agregadas, de curto e longo prazo, determina o equilíbrio de pleno emprego na Economia.

Com a definição das curvas de demanda e de oferta agregadas de curto e longo prazo, é possível agora analisar o equilíbrio macroeconômico. A Economia estará no equilíbrio quando as curvas *DA*, *OAcp* e *OAlp* se cruzam, conforme o Gráfico 11.3.

O equilíbrio geral do modelo que ocorre no ponto *E*. Esse ponto representa o equilíbrio simultâneo de curto e longo prazo e se verifica quando a Economia se encontra no pleno emprego. Nele, não existe desemprego involuntário, já que a taxa de desemprego se encontra em seu nível natural. O problema ocorre quando a interseção entre as curvas *DA* e *OAcp* se cruzam abaixo do pleno emprego. Nesse caso, tem-se o desemprego, e a política monetária ou a política fiscal podem ser acionadas para resolverem o desequilíbrio.

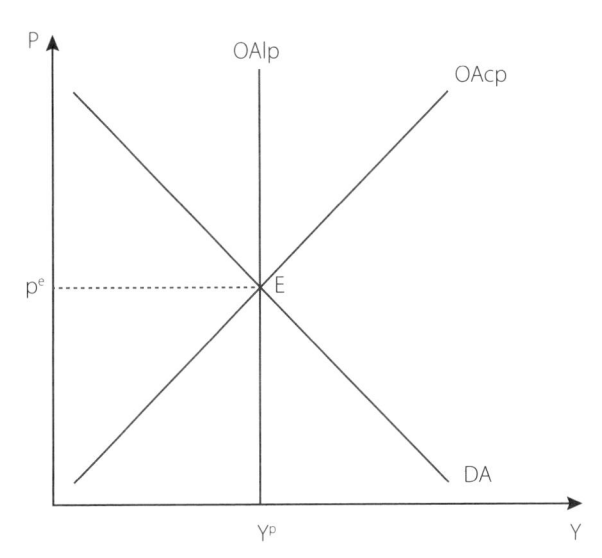

Gráfico 11.3 O equilíbrio de longo prazo.

11.3 As opções de políticas macroeconômicas

Com o modelo de oferta e demanda agregada, é possível entender melhor os impactos das políticas monetária e fiscal sobre o produto e o nível geral de preços. Suponha a situação de desemprego provocada pela contração da demanda. A queda da demanda resultará no deslocamento da curva *DA* para *DA'*. Essa situação é analisada pelo Gráfico 11.4.

No gráfico, o equilíbrio inicial ocorre no ponto *E*, no qual a Economia encontra-se no pleno emprego (equilíbrio de longo prazo). Com a queda na demanda agregada, a curva de demanda agregada se deslocará de *DA* para *DA'*. No novo equilíbrio, dado pelo ponto *E'*, $Y^e < Y^p$, configurando-se assim a situação de desemprego. Considerando os objetivos da política macroeconômica, o Governo tem então as opções de utilizar as políticas monetária ou fiscal expansionista para solucionar o desequilíbrio. Suponha que ele opte pela expansão dos gastos públicos nos moldes keynesianos. O aumento nesses gastos provocará o deslocamento da curva *DA'* para a direita. Considerando que o Governo consegue determinar de forma precisa os impactos da política fiscal sobre o produto, ele poderá levar a

Economia novamente ao pleno emprego ou ao equilíbrio de longo prazo, fazendo com que a curva de demanda agregada retorne à posição *DA*. Haverá, entretanto, um "efeito colateral" nesse ajuste. No equilíbrio com desemprego *E'*, o nível de preços encontrava-se em *Pᵉ'*. À medida que a curva de demanda agregada se deslocar para a direita, o nível de preços se elevará, de *Pᵉ'* para *Pᵉ*. Nesse período de ajuste, a Economia experimentará um processo inflacionário. Ou seja, o "efeito colateral" da política fiscal expansionista será a inflação. Como conclusão, pode-se afirmar que se a Economia se encontra abaixo do pleno emprego, as políticas monetária ou fiscal expansionista podem reduzir o desemprego; porém, haverá o custo da inflação. Ou seja, existe aqui um "dilema" nas escolhas. Esse ponto será retomado na próxima seção.

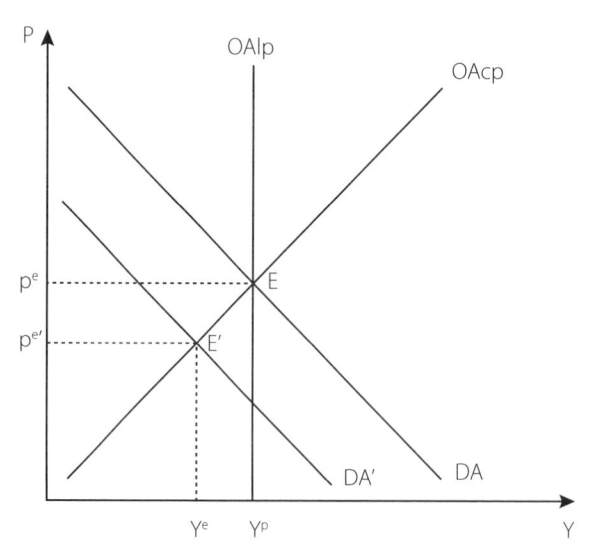

Gráfico 11.4 O desemprego e a utilização das políticas macroeconômicas.

Existe outra opção para o problema do desemprego. O Governo pode "simplesmente" não fazer nada e deixar que o mercado se ajuste. Essa opção é considerada no Gráfico 11.5.

Considerando que a Economia se encontrava no equilíbrio dado pelo ponto *E*, a queda na demanda e o consequente deslocamento da curva de demanda agregada de *DA* para *DA'* leva a Economia para o ponto *E'*, abaixo do pleno emprego. Caso o Governo opte pelo ajuste de mercado, a queda nos custos das empresas em decorrência da persistência do desemprego tende a deslocar a curva de oferta agregada para a direita, de *OAcp* para *OAcp'*. Considerando que, no pleno emprego, não há forças para elevações ou reduções nos salários nominais, então o ajuste continuará até o equilíbrio de longo prazo dado por E''. Nesse caso, o "efeito colateral" será a queda do nível geral de preços de $P^{e'}$ para $P^{e''}$, que reflete o fenômeno da deflação.

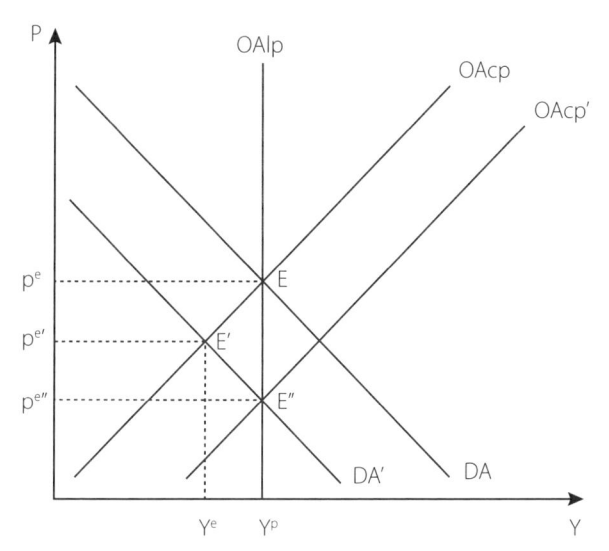

Gráfico 11.5 O desemprego e o ajuste de mercado.

O Gráfico 11.5 apresenta as duas opções disponíveis para o Governo na situação em que a Economia se encontra abaixo do pleno emprego, ou seja, no ponto E'. O Governo pode atuar de forma ativa com políticas macroeconômicas expansionistas, deslocando a curva de demanda agregada para a direita e levando a Economia em direção ao equilíbrio de pleno emprego dado pelo ponto E. No processo de ajuste, a redução do desemprego ocorrerá às custas de mais inflação na Economia. O Governo pode, entretanto, optar por não realizar qualquer intervenção, deixando o mercado de trabalho se ajustar com a queda dos salários. Esse ajuste se dará pelo deslocamento da curva de oferta agregada de curto prazo, levando a Economia do ponto E' para o ponto E''.

> Existem duas opções para o Governo resolver o problema do desemprego: exercer as políticas monetária ou fiscal expansionista ou não fazer nada, deixando o ajuste para o mercado.

Qual então a melhor política? Essa não é uma pergunta fácil de se responder, pois depende de inúmeros fatores, alguns dos quais fora do alcance da autoridade econômica. Por exemplo, o ajuste de E' para a E'' dependerá da queda nos salários nominais, e isso não ocorre facilmente. Em determinados países, como no Brasil, os salários são rígidos, em decorrência da legislação trabalhista. Nesse sentido, os períodos de vigência dos contratos podem influenciar no tempo de ajuste. Existem ainda os sindicatos, que pressionam os Governos e as empresas para que os salários não caiam. Esses fatores institucionais podem resultar na demora do ajuste via mercado; e quanto mais tempo persistir o desemprego, maiores serão os custos sociais e políticos. Com essa evidência, os Governos tendem a ser ativos, resolvendo o problema do desemprego a partir das políticas macroeconômicas disponíveis, alegando que o tempo de ajuste é mais rápido. Ou seja, não há consenso, e o problema nos remete mais uma vez ao debate entre os liberais e intervencionistas. Mas existe aqui outro problema. Trata-se do conhecido dilema entre inflação e desemprego, que será analisado a seguir.

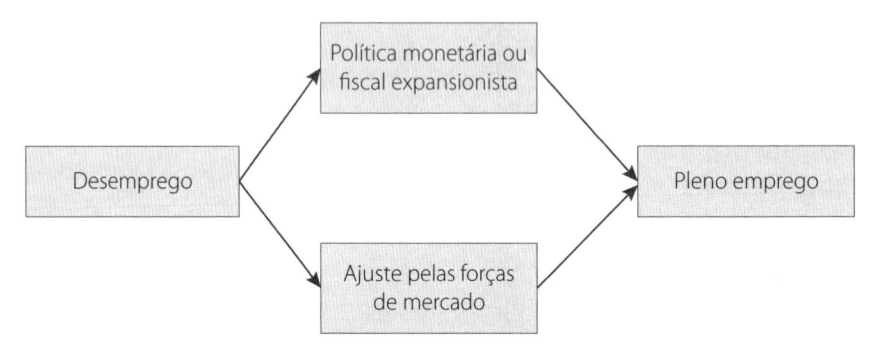

Figura 11.1 As opções de combate ao desemprego.

11.4 O dilema entre a inflação e o desemprego e a curva de Phillips

A análise feita a partir do Gráfico 11.4 revela um fenômeno interessante: a redução do desemprego a partir da utilização da política fiscal ou monetária expansionista gera inflação. Esse dilema foi tratado formalmente pelo economista neozelandês William Phillips (1914-1975), que ficou conhecido pela famosa **Curva de Phillips**. Essa curva mostra que menos desemprego só é possível com mais inflação.

Para demonstrar o formato da Curva de Phillips, considere o Gráfico 11.4,

A Curva de Phillips mostra a dicotomia entre a inflação e o desemprego.

apresentado anteriormente. Suponha que $P^{e'}= 105$ e que $P^e = 115$. Suponha ainda que Y^e esteja relacionado com a taxa de desemprego de 10%, e que essa taxa no nível de Y^p seja igual a 5%. Ou seja, para $P^{e'}= 105$, tem-se a taxa de inflação de 5%, e para $P^e = 115$, a taxa é de 15%. Pode-se então colocar esses valores em um novo gráfico. Considerando π = taxa de inflação e u = taxa de desemprego, tem-se a seguinte representação para a Curva de Phillips:

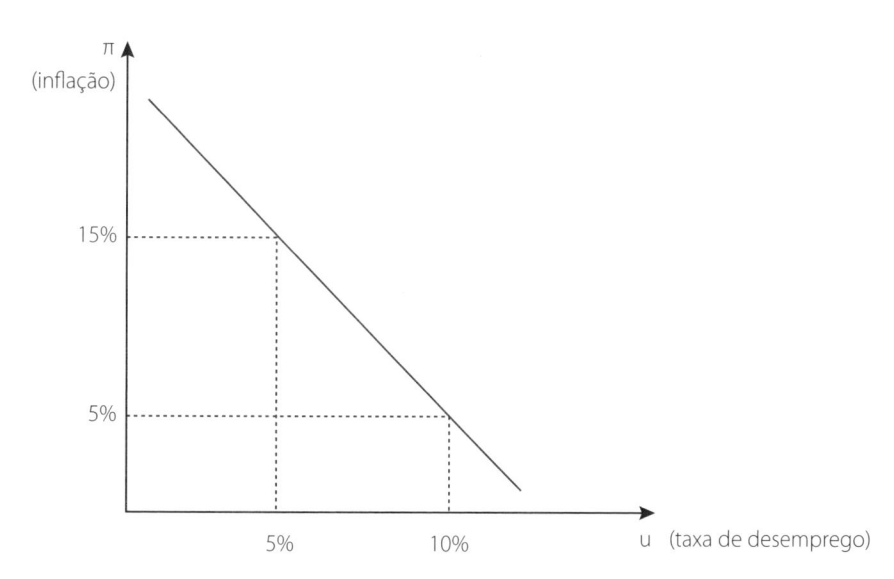

Gráfico 11.6 A Curva de Phillips.

Em Economia, a relação dada pela Curva de Phillips é de curto prazo. No longo prazo, segundo os economistas, essa curva é horizontal no nível de pleno emprego. De qualquer forma, a curva revela alguns resultados importantes na análise da inflação. No capítulo anterior, argumentou-se que é possível considerar a inflação como sendo resultado da expansão monetária. Agora, pode-se considerar a inflação como sendo um fenômeno relacionado com a taxa de desemprego. Essa relação remete à análise o debate sobre as políticas de estabilização. Muitos economistas, também denominados "heterodoxos", alegam que o combate à inflação resulta no desemprego da mão de obra. Esse argumento tem sido considerado por aqueles que combatem a denominada "ortodoxia econômica", muitas vezes relacionada com o monetarismo. Como alternativa, esses economistas sugerem outras formas de controle dos preços. A mais famosa é a prática de congelamento de preços e salários. No Capítulo 2, afirmou-se que esse congelamento cria distorções de mercado, podendo gerar a falta de produtos para os consumidores. A história parece confirmar esses argumentos. O fato é que, infelizmente, as políticas macroeconômicas impõem não apenas soluções, mas custos para a sociedade.

> As políticas macroeconômicas impõem não apenas soluções, mas custos para a sociedade.

Uma forma de "resolver" o dilema entre inflação e desemprego consiste em evitar a inflação. Para isso, é necessário adotar algum grau de responsabilidade fiscal e tratar as ações do Banco Central em torno do controle monetário como algo necessário para a estabilidade dos preços na Economia. A autoridade monetária, por exemplo, não pode financiar déficits públicos com a emissão de moeda. Trata-se de uma restrição que nem sempre é aceita pelos políticos, particularmente nos países menos desenvolvidos. Ou seja, as decisões em torno das políticas são complexas e demandam grande atenção em relação às suas consequências sobre as variáveis macroeconômicas. No próximo capítulo será analisado com mais detalhe o fenômeno da inflação.

Boxe 11.2 Os custos das políticas de combate à inflação

As políticas ortodoxas de combate à inflação têm sido alvo de críticas por parte de muitos economistas, particularmente por aqueles denominados "heterodoxos". Essas políticas utilizam a política monetária ou a taxa de juros como instrumento de controle dos preços. A lógica é a seguinte: se a inflação sobe, a autoridade monetária eleva a taxa básica de juros da Economia. Com esse aumento, cai a demanda agregada e, consequentemente, a inflação. Os críticos dessa política argumentam que a redução do nível de atividade econômica provocada pelo aumento dos juros, ou seja, o aumento do desemprego, não compensa os benefícios da redução da inflação. Além disso, o aumento da taxa básica de juros eleva o déficit público. De fato, a Economia considera, por meio da Curva de Phillips ou do modelo de oferta e demanda agregada, o custo do desemprego como efeito colateral da política monetária contracionista. Também não nega os impactos dos aumentos da taxa de juros sobre as finanças públicas. A questão é saber o que é pior para a sociedade. A inflação também traz custos. Os economistas ortodoxos argumentam que, se a sociedade não deseja o desemprego, deve evitar a inflação. Para isso, o Governo deve ter responsabilidade fiscal para não depender da emissão monetária como fonte de financiamento dos seus gastos. Além disso, não há espaço para o populismo econômico. O fato é que, na maioria dos países desenvolvidos, a política monetária ou a taxa de juros tem sido utilizada para o controle da inflação. O Brasil, desde 1999, utiliza o sistema de metas de inflação como política anti-inflacionária, que pode ser considerada como uma política monetária ativa. Apesar das críticas, a inflação desde então tem sido mantida sob controle no país.

11.5 Os dilemas da política macroeconômica

Neste ponto do livro, o leitor já pode ter algumas percepções acerca das dificuldades enfrentadas pelos formuladores de políticas macroeconômicas. Tanto a política monetária como a fiscal trazem benefícios e custos para a Economia. Mas há outras questões relacionadas a essas políticas. Tais questões referem-se às incertezas em torno do comportamento das variáveis macroeconômicas. Na microeconomia, essas incertezas são menores. Isso porque ela trata de comportamentos individuais, que são mais previsíveis do que os comportamentos sociais ou macroeconômicos.

Conforme destacado anteriormente, mesmo que os objetivos das políticas macroeconômicas sejam claros, elas acabam exercendo mudanças não desejáveis sobre outras variáveis econômicas. Esse é o caso dos impactos das políticas monetária e fiscal sobre a taxa de juros (um dos resultados do modelo IS/LM). A elevação da taxa de juros decorrente, por exemplo, da expansão fiscal tende a provocar a desvalorização cambial, o que pode não ser desejado sob o ponto das atividades de exportação ou importação do país. Existem também os efeitos dessas políticas sobre a inflação, particularmente no caso da expansão monetária.

> Existe algum grau de incerteza em torno dos efeitos das políticas macroeconômicas.

A questão dos gastos públicos, um dos pontos centrais da abordagem keynesiana, também se revela complexa. Na situação de desemprego, a expansão fiscal tem seus efeitos positivos sobre o nível de emprego da mão de obra. Porém, traz o incômodo do aumento do endividamento público, que pode seguir uma trajetória insustentável, elevando o risco de inadimplência do Governo e a perda de valor dos títulos públicos. Nesse caso, as consequências são imprevisíveis, podendo resultar em crise bancária, o pior dos problemas para a Economia. Infelizmente, muitos economistas defensores do keynesianismo parecem não considerar os efeitos de longo prazo da elevação dos gastos públicos, levando a sério a frase dita por Keynes, de que "no longo prazo todos estaremos mortos".

Existe uma complicação adicional em relação às políticas macroeconômicas: a incerteza em relação aos números desejados para determinadas variáveis econômicas. Os economistas sabem que a elevação da taxa de juros provoca a redução na taxa de inflação. Porém, não conseguem estimar com precisão qual deve ser o valor dos juros e nem o tempo necessário para que a inflação atinja o nível desejado. Essas questões foram abordadas pelo economista estadunidense Robert Lucas (1937-), ganhador do prêmio Nobel em Economia no ano de 1995 e que ficou conhecido pela expressão **Crítica de Lucas**. Numa versão simplificada, essa crítica diz que, na macroeconomia, os parâmetros dos modelos são instáveis, o que dificultam as previsões baseadas em dados do passado. Como consequência dessa instabilidade, a Econometria pode ser inadequada para a realização de previsões. Tais observações sugerem que as políticas macroeconômicas,

> A elevação da dívida pública pode trazer consequências negativas para a Economia.

particularmente em relação à intensidade dos instrumentos, devem ser conduzidas com cautela e realizadas junto com a constante monitoração dos resultados. No caso da utilização da taxa de juros como instrumento de controle da inflação, por exemplo, pode ser prudente realizar pequenas elevações na taxa em intervalos de tempo que permitam a monitoração dos preços na Economia (ver Boxe 11.3).

Crítica de Lucas: nos modelos macroeconômicos, os parâmetros costumam ser instáveis, o que dificultam as previsões baseadas em dados do passado.

Por fim, deve-se levar em conta que as decisões de política econômica transcendem o caráter puramente técnico. Muitas dessas decisões demandam alterações em leis que, por sua vez, dependem da boa vontade dos políticos; e, nesse caso, as pressões da sociedade por resultados imediatos importam, particularmente, em países onde são graves os problemas de desemprego, pobreza e inflação. Ou seja, a autoridade econômica deve ter, além da credibilidade em suas ações, apoio político que torne legítimas suas políticas sob o ponto de vista dos interesses da sociedade, particularmente quando os custos são altos ou evidentes.

Boxe 11.3 A prudência no Sistema de Metas de Inflação

Conforme afirmado no Boxe 11.2, o Brasil utiliza o sistema de metas de inflação como política monetária para o controle da inflação. O funcionamento básico do sistema consiste em elevar a taxa de juros todas as vezes que a taxa de inflação se situa acima de determinada meta. A operacionalização desse sistema revela alguns cuidados que a autoridade monetária deve ter em relação às suas intervenções. Isso porque, como discutido neste capítulo, existem incertezas em relação aos efeitos das políticas macroeconômicas em determinados parâmetros ou variáveis macroeconômicas.

Uma das formas para a compreensão dos efeitos da política monetária sobre a inflação consiste em considerar o seguinte mecanismo de transmissão: a redução nos meios de pagamentos provoca o aumento na taxa de juros, que por sua vez reduz a demanda agregada. Essa redução acaba por forçar o nível geral de preços para baixo, obtendo-se assim a redução da inflação. O que chama a atenção no sistema brasileiro é que ele não utiliza como instrumento as alterações dos meios de pagamentos, e sim da taxa de juros. Conforme estudado no capítulo anterior, o Banco Central não possui controle pleno sobre os meios de pagamentos, já que este agregado depende do comportamento dos bancos comerciais e mesmo das pessoas, que realizam os depósitos à vista nas instituições financeiras. Ou seja, o Banco Central não consegue estimar com precisão o deslocamento da curva de oferta de moeda na Economia. Logo, ele "queima" uma etapa no mecanismo de transmissão da política monetária, focando suas ações na taxa básica de juros. Com isso, a autoridade monetária tem maior precisão na condução da sua política.

Outra questão que diz respeito ao sistema de metas de inflação no Brasil refere-se às intensidades das alterações da taxa de juros. Na situação de inflação alta, o Banco Central poderia, por exemplo, elevar essa taxa em mais de 10%. Entretanto, tal magnitude de alta pode trazer consequências imprevisíveis, dadas as incertezas em relação ao comportamento dos parâmetros. Em decorrência dessa imprevisibilidade, a taxa de juros é alterada em doses "homeopáticas", com aumentos em torno de 0,5%. As alterações se dão a cada 45 dias, e, durante esse período, o Banco Central monitora o comportamento dos preços na Economia. Caso a inflação não caia ao nível desejado, procedem-se a novas pequenas alterações na taxa de juros. Ou seja, considera-se o gradualismo, em vez do tratamento de choque, como atitude mais prudente na condução da política monetária.

11.6 Considerações finais: o que se pode aprender com os modelos macroeconômicos

Com o estudo da oferta e da demanda agregada, tem-se agora o conjunto completo dos modelos básicos necessários à análise macroeconômica. Evidentemente, existem inúmeras possibilidades teóricas em torno desses modelos, que podem ser expandidos a partir da utilização de métodos matemáticos mais avançados. Entretanto, essa utilização escapa dos objetivos deste livro introdutório. Mesmo assim, tudo que foi estudado até aqui já permite ao aluno realizar análises práticas e com alguma densidade sobre o funcionamento da macroeconomia. Agora, já se sabem as causas do desemprego e da inflação. Também já é possível entender as alternativas de políticas macroeconômicas para resolver esses problemas, além dos limites das intervenções do Governo.

Em várias partes deste e dos capítulos anteriores, foram considerados os termos "curto e longo prazo". No curto prazo, existe a possibilidade de desemprego. Já no longo prazo, a Economia tende ao pleno emprego. Dentro desta perspectiva, não se deve considerar números de meses ou anos para a definição dos períodos. O longo prazo, no modelo de oferta e demanda agregada, deve ser entendido como o período de ajuste entre o desemprego e o pleno emprego e pode variar entre os países. Em termos práticos, o modelo keynesiano pode ser considerado de curto prazo, e o modelo de oferta e demanda agregada, de longo prazo. Mas existe outra definição temporal na análise macroeconômica: o crescimento de longo prazo. No modelo de oferta e demanda agregada, o pleno emprego foi considerado como fixo. Mas ele pode se elevar ao longo do tempo; e é essa possibilidade que caracteriza o crescimento econômico. No último capítulo deste livro, serão apresentados os principais fundamentos relacionados com o crescimento econômico. Mas antes, será considerado com mais detalhe o fenômeno da inflação.

EXERCÍCIOS

1. Encontre a curva de demanda agregada a partir da teoria quantitativa da moeda e do modelo IS/LM.

2. Justifique a existência e a inclinação da curva de oferta agregada de curto prazo.

3. Considerando o modelo de oferta e demanda agregada, mostre as opções para a solução do desemprego na Economia.

4. Em uma situação de desemprego, como as forças de mercado podem levar a Economia ao pleno emprego?

5. O que justifica a existência e a inclinação da Curva de Phillips?

6. Qual a principal mensagem da Curva de Phillips?

7. Por que, no longo prazo, a política monetária somente gera inflação?

8. Qual a diferença entre o modelo de oferta e demanda na micro e na macro-economia?

9. Qual a relação entre o mercado de trabalho e o modelo de oferta e demanda agregada?

10. Qual a importância do modelo de oferta e demanda agregada no debate entre os liberais e os intervencionistas na macroeconomia?

Referências

DORNBUSCH, Rudiger *et al. Macroeconomia*. 11. ed. Porto Alegre: AMGH Editora, 2013.

GREMAUD, Amaury Patrick et al. *Economia brasileira contemporânea*. 8. ed. São Paulo: Atlas, 2017.

LOPES, Luíz Martins *et al. Macroeconomia*: teoria e aplicações de política econômica, equipe dos professores da USP. 4. ed. São Paulo: Atlas, 2018.

MANKIW, N. Gregory. *Introdução à Economia*: princípios de micro e macroeconomia. 2. ed. Rio de Janeiro: Elsevier, 2001.

MANKIW, N. Gregory. *Macroeconomia*. 8. ed. Rio de Janeiro: LTC, 2015.

SIMONSEN, Mario Henrique; CYSNE, Rubens Penha. *Macroeconomia*. 3. ed. São Paulo: Atlas, 2007.

VASCONCELLOS, Marco Antônio Sandoval de. *Economia*: macro e micro. 6. ed. São Paulo: Atlas, 2015.

12

A inflação

Assista ao vídeo do autor
sobre o tema deste capítulo

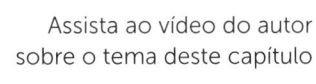

uqr.to/fdio

OBJETIVOS DO CAPÍTULO:

- Estudar as causas da inflação.
- Apresentar os custos da inflação.
- Discutir a Teoria Quantitativa da Moeda.
- Definir a Teoria Quantitativa da Moeda.
- Apresentar o conceito de inflação inercial.
- Apresentar o conceito de senhoriagem e imposto inflacionário.
- Discutir o combate da inflação no Brasil.

12.1 Introdução

Nos modelos macroeconômicos estudados nos últimos capítulos, foi discutido, além dos fatores e políticas que exercem influência sobre o nível de atividade econômica, o fenômeno da inflação, definido como a elevação do índice geral de preços na Economia. Esse índice foi considerado no modelo de oferta e demanda agregada. Também foi considerada a inflação na Curva de Phillips, na qual foi apresentada a dicotomia entre inflação e desemprego. Este capítulo retoma a análise do fenômeno da inflação, considerando suas causas, seus custos e alguns dos problemas relacionados com as políticas de estabilização.

Parece haver, entre os economistas, algum consenso sobre a necessidade de se ter a inflação sob controle. O problema é que esse controle implica em custos para a sociedade. A questão torna-se mais complexa considerando que não existe consenso acerca das suas causas. O caso brasileiro é emblemático nesse aspecto. O Brasil foi, durante mais de uma década, palco de uma das maiores inflações do planeta. O fenômeno foi intensamente discutido no país, e, depois de inúmeros planos de estabilização, a inflação alta foi finalmente debelada pelo Plano Real. Hoje, o país utiliza o Sistema de Metas de Inflação, que representa uma das formas de manifestação da política monetária. Se por um lado esse sistema tem se mostrado eficiente, por outro tem despertado críticas pelos seus efeitos sobre o emprego.

Além das causas que são tradicionalmente consideradas na Economia, o capítulo contempla análise sobre o fenômeno da inflação inercial, que pôde ser observado no Brasil durante os anos 1980 e início dos anos 1990. Também será discutida a inflação como fonte de financiamento dos gastos públicos. No final do capítulo, será apresentada uma síntese das políticas de combate da inflação implementadas no país nas últimas décadas.

Boxe 12.1 O problema da inflação no Brasil

O Brasil experimentou, entre as décadas de 1980 e 1990, taxas de inflação extremamente altas. O Gráfico 12.1 demonstra essa situação.

O problema foi mais particularmente grave no início do ano de 1990, quando a taxa ficou próxima dos 80% ao mês (mês de fevereiro, que apresenta menos dias úteis). Essa taxa, se anualizada, chega a mais de 150.000% ao ano. De certa forma, pode-se afirmar que o país experimentou, naquele período, a hiperinflação. Pelo gráfico, pode-se também verificar alguns picos, nos quais as altas taxas foram seguidas de quedas bruscas e expressivas. Nesses picos, foram implementados planos de estabilização que se basearam no congelamento de preços e salários na Economia. No período, foram criadas várias moedas, e, com exceção do Real, nenhuma sobreviveu por muito tempo. Somente no ano de 1994, com a implantação do Plano Real, é que foi possível finalmente acabar com a inflação no país e estabelecer uma moeda estável. Essa história mostra o quão pode ser difícil controlar a inflação, que representa um dos mais graves problemas macroeconômicos e que traz inúmeros transtornos para a sociedade. Hoje, a inflação é mantida sob controle, graças à utilização da política monetária, que é conduzida pelo Sistema de Metas de Inflação.

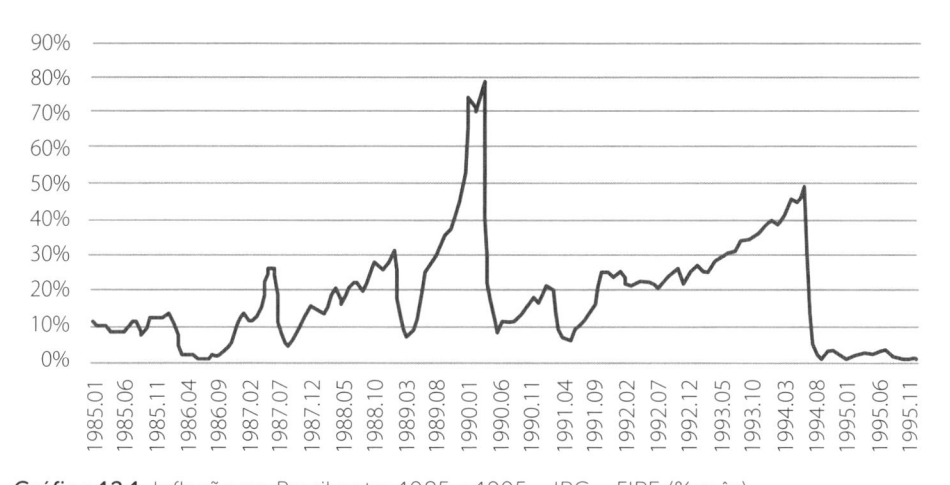

Gráfico 12.1 Inflação no Brasil entre 1985 e 1995 – IPC – FIPE (% mês).

12.2 Os custos da inflação

Quem viveu os anos 1980 e 1990 sabe como é difícil conviver com a inflação alta. O Boxe 12.1 mostra que, durante aquelas décadas, o Brasil experimentou taxa de inflação superiores a dois dígitos ao mês. A situação se agravou no início da década de 1990, quando a inflação chegou a 80% ao mês. Esse fenômeno causou vários transtornos para as pessoas, particularmente às de renda baixa, que não contavam com as proteções oferecidas pelo sistema bancário, como a remuneração diária dos depósitos à vista ou as aplicações financeiras que eram diariamente corrigidas pela inflação. Não são necessárias grandes análises teóricas para mostrar que a inflação alta se constitui, junto com o desemprego, em grave desequilíbrio macroeconômico. Não é mera coincidência que as Economias mais desenvolvidas tratam a inflação como algo a ser evitado a todo custo. Mas quais os custos da inflação para a sociedade? Como resposta inicial, pode-se argumentar que a inflação, que se manifesta pela elevação do nível geral de preços, reduz o salário ou a renda real das pessoas, conforme discutido no Capítulo 8 (ver Boxe 8.3). Mas existem outros custos que são considerados pelos economistas.

Um dos custos da inflação alta refere-se ao comportamento das pessoas em relação às transações comerciais e financeiras. São as idas e vindas aos bancos, a busca de preços melhores ou a pressa em realizar negócios quando os preços sobem diariamente. Imagine, por exemplo, alguém que deseja vender seu automóvel em um momento em que a inflação atinge patamares superiores a 50% ao mês. Suponha que a venda seja divulgada na página de automóveis de algum grande jornal.

> Define-se a inflação como a elevação do nível geral de preços na Economia.

Se o vendedor anunciar seu carro por, digamos, R$ 20 mil, terá que se esforçar para realizar a venda no dia da publicação do anúncio. Isso porque, passados dois ou três dias, os mesmos R$ 20 mil valerão menos, em termos reais. Esses gastos têm um nome peculiar: são denominados **custo da sola de sapato**, em alusão à frequência com que o indivíduo tem de ir ao banco realizar saques, depósitos ou aplicações financeiras. Na verdade, trata-se do custo relacionado ao tempo, à ansiedade e aos demais desconfortos que a pessoa experimenta quando sua renda real está sendo corroída diariamente pela elevação dos preços na Economia.

Outro custo da inflação refere-se à alta frequência com que as empresas têm que reajustar os preços. Isso porque alterações frequentes nos valores demandam gastos com anúncios, etiquetas, monitoração dos preços dos concorrentes ou reformulação dos contratos. Esse custo também tem um nome peculiar: são denominados **custos de menu**, em referência aos gastos referentes à frequência com que os restaurantes têm que alterar o cardápio com os preços das refeições. O custo de menu cresce com a hiperinflação, já que é necessário alterar os preços diariamente (ou mesmo mais de uma vez durante o mesmo dia).

Há ainda outro custo que se relaciona com altas taxas de inflação. Trata-se da distorção dos preços relativos na Economia nas situações em que os preços sobem diariamente. A distorção ocorre porque os preços não se alteram na mesma proporção. Em determinado dia, uma geladeira, por exemplo, pode custar duas bicicletas, e, em outro, cinco bicicletas. Essa distorção tem uma implicação negativa para a Economia: os preços relativos perdem a função de representar a escassez relativa dos bens. Em outras palavras, eles deixam de cumprir a função de prestar informações que são fundamentais nas decisões dos agentes econômicos, elevando a ineficiência na alocação dos recursos pelos mercados.

A redução da renda real das pessoas, os custos da sola de sapato e de menu e a distorção de preços relativos justificam a preocupação com a inflação alta. O problema é que o combate à inflação também resulta em custos para a sociedade.

No capítulo anterior, foi apresentada a Curva de Phillips, que mostra a conhecida dicotomia entre a inflação e o desemprego. Conforme estudado, se a sociedade deseja o controle da inflação, ela terá de conviver com mais desemprego da mão de obra, pelo menos no curto prazo. Naquela análise, argumentou-se que essa dicotomia pode ser evitada após o controle efetivo da inflação. Para isso, o Governo deverá ter responsabilidade em seus gastos, evitando assim a

> A inflação alta eleva o custo das transações e distorce os preços relativos na Economia.

emissão monetária como fonte de financiamento público. Essa conclusão, entretanto, baseia-se em algumas interpretações acerca das causas da inflação.

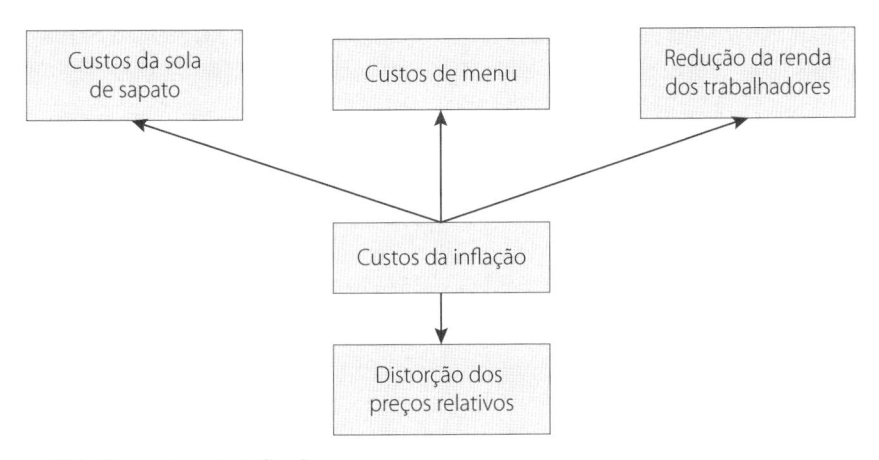

Figura 12.1 Os custos da inflação.

12.3 As causas da inflação

Na teoria econômica, são consideradas pelo menos três causas para a inflação: a alta da demanda agregada, a elevação generalizada dos custos das empresas e a emissão monetária como fonte para o financiamento do déficit público. Cada causa demanda políticas específicas, porém não mutuamente excludentes. A emissão monetária baseia-se na visão monetarista e é considerada por muitos como a causa fundamental da inflação. Isso porque, na ocorrência das outras duas, se a autoridade monetária mantém o controle sobre os meios de pagamentos, a inflação será mantida sob controle, mas a Economia experimentará a recessão.

A inflação de demanda se manifesta quando ocorre forte elevação da demanda agregada na Economia. Na verdade, qualquer aumento na demanda provoca alguma elevação no nível geral de preços, conforme estudado no modelo de oferta e demanda agregada. O problema se intensifica quando a Economia se encontra próxima do pleno emprego. O estudo de caso visto no Capítulo 9 (Boxe 9.1) exemplifica essa possibilidade. Conforme estudado, as políticas monetária e fiscal podem ser acionadas quando a Economia experimenta a situação de desemprego. No pleno emprego, entretanto, a impossibilidade de se elevar o nível de utilização da capacidade produtiva faz com que as políticas percam sua eficácia no objetivo de elevar o Produto Interno Bruto (PIB) da Economia; e, neste caso, os efeitos tendem a ser exclusivamente sobre o nível geral de preços. Essa última possibilidade coloca-se como uma restrição nas intervenções do Governo na macroeconomia.

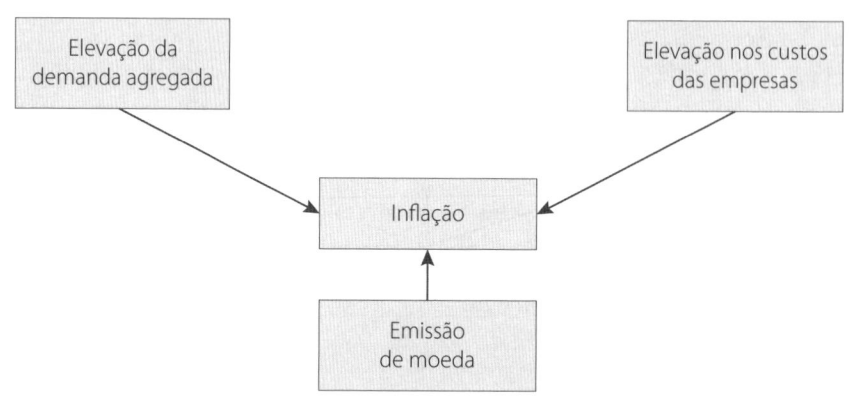

Figura 12.2 As causas da inflação.

A inflação de custos se manifesta quando ocorre algum aumento no preço de determinada matéria-prima utilizada em larga escala pelas empresas. Essa possibilidade passou a ser considerada na Economia a partir do segundo choque do petróleo, ocorrido no final dos anos 1970. Essa é uma das explicações para a aceleração da inflação brasileira a partir do início da década seguinte. O fenômeno também é conhecido como "choque de oferta". A inflação de custos pode ser analisada pelo modelo de oferta e demanda agregada e se manifesta pelo deslocamento da curva de oferta agregada de curto prazo para a esquerda. Neste caso, o nível geral de preços aumenta junto com a queda do PIB. Trata-se do pior dos mundos sob o ponto de vista macroeconômico.

Conforme afirmado anteriormente, tanto a inflação de demanda quanto a de custo somente se manifestam se a autoridade se mantiver passiva em relação à oferta monetária, ou seja, se ela sancionar a inflação emitindo moeda. Mas, se o volume de meios de pagamentos na Economia for reduzido, a inflação não se estabelecerá. Nesse caso, a recessão tende a ser rigorosa. Essa conclusão remete a análise à interpretação monetarista da inflação.

O monetarismo considera que a inflação tem como causa fundamental a emissão descontrolada de moeda. Essa afirmação pode ser mais bem entendida a partir da denominada **teoria quantitativa da moeda**. Supondo M = os meios de pagamentos, V = uma constante que também se denomina **velocidade de circulação da moeda**, P = o nível geral de preços e Q = o produto real, pode-se considerar a seguinte equação:

Os monetaristas consideram a emissão monetária como a causa fundamental da inflação.

$$M.V = P.Q \qquad\qquad (12.1)$$

A Equação 12.1 é uma das formas de representação da Teoria Quantitativa da Moeda. Ela é, na verdade, uma identidade contábil, pois mostra que o produto nominal, isto é, $P.Q$, é um múltiplo da quantidade de moeda na Economia M. Esse múltiplo é dado pela constante V, também definida como "velocidade de circulação da moeda" e que representa o número de vezes que a moeda "circula" na Economia. Por exemplo, se M = R\$ 1 trilhão e $P.Q$ = 5 trilhões, então M "circula" cinco vezes durante o processo produtivo anual.

Para que a Equação dada por 12.1 seja uma teoria, é necessário elaborar algumas hipóteses sobre suas variáveis. A teoria quantitativa da moeda afirma que, por hipótese, V e Q são constantes no curto prazo. A primeira constante se justifica pelo fato de V ser uma variável comportamental, pois depende do comportamento das pessoas em relação à demanda por moeda. Pode-se supor que esse comportamento não se altera da noite para o dia. No caso de Q, é possível também considerar que a produção real é fixa no curto prazo.

A Teoria Quantitativa da Moeda mostra a relação entre o estoque de moeda e o produto nominal agregado.

No caso específico da Teoria Quantitativa da Moeda, Q é considerado como sendo o produto real de pleno emprego, e dado pela capacidade produtiva, que não muda da noite para o dia. Considerando essas hipóteses, se M aumenta, a igualdade da equação somente será mantida se P também aumentar. Esse resultado é um dos pilares do monetarismo: a política monetária expansionista, na situação de pleno emprego, somente gera inflação.

A política monetária expansionista, quando utilizada no pleno emprego, somente gera inflação.

A emissão monetária remete a análise da inflação para o problema da política fiscal expansionista. No Capítulo 9, foram consideradas algumas limitações em torno das políticas keynesianas. Uma delas diz respeito às fontes de financiamento dos gastos públicos. Se o Governo financia seus gastos com a emissão monetária, então o resultado será a inflação. Na verdade, é possível que se estabeleça a hiperinflação. Essa conclusão não se baseia apenas na teoria, mas em evidências empíricas: todo país que experimentou hiperinflação expandiu fortemente a base monetária.

> Se o Governo financia seus gastos com a emissão monetária, então o resultado será a inflação.

Considerar a emissão monetária como a principal ou única causa da inflação, como argumentam os monetaristas, tem implicações importantes no que diz respeito às políticas de estabilização. Segundo a abordagem monetarista, a política monetária contracionista constitui-se na forma mais eficaz de combate à inflação. Pela Equação 12.1, a redução de M, mantidos constantes Q e V, resulta necessariamente na redução de P. Mas existe outra possibilidade de se estabelecer a relação entre moeda e inflação. A partir do modelo IS/LM, estudado no Capítulo 10, a política monetária contracionista eleva a taxa de juros. Essa

> A política monetária, segundo os monetaristas, constitui-se na forma mais eficiente de se combater a inflação.

elevação, por sua vez, reduz a demanda agregada e, consequentemente, o PIB da Economia. Com a queda no PIB, se estabelece o desemprego da mão de obra, e, nessa situação, a elevação dos preços na Economia perde o fôlego. O problema dessa política está justamente na elevação do desemprego, que também é um problema a ser evitado. Aqui, mais uma vez se coloca o dilema entre a inflação e o desemprego. Entretanto, olhando para as experiências de inflação alta no mundo, a política monetária tem se revelado eficaz na solução do problema. Essa abordagem também mostra a importância de se ter responsabilidade na condução da política fiscal.

Boxe 12.2 A hiperinflação e as funções da moeda

Durante a década de 1980, foi possível observar um interessante fenômeno em torno das funções da moeda no Brasil. Naquela época, as pessoas guardavam o mínimo de moedas metálicas e notas no bolso para as transações do dia a dia. Ou seja, a inflação tinha acabado com a função de reserva de valor. Com a aceleração da inflação em alguns períodos, os preços nos anúncios de venda de automóveis nos jornais eram cotados em dólar ou em outra unidade de referência. Isso porque, passados alguns dias sem a efetivação da transação, o valor do automóvel na moeda corrente sofria considerável desvalorização em termos reais. Nesse caso, a moeda tinha sua função de unidade de conta fragilizada. Quando a inflação atingia determinado pico, era editado algum plano de estabilização que previa a troca da moeda, evitando que a antiga perdesse a função de instrumento de troca. Essa história mostra que, à medida que a inflação sobe, a moeda vai perdendo as suas funções. Essa evidência serve para definir o fenômeno da hiperinflação. Não existe consenso entre os economistas sobre qual a taxa que representa a hiperinflação. Mas é possível defini-la como sendo a situação em que a moeda perde suas três funções. No Brasil, duas delas foram extremamente fragilizadas ao longo dos anos 1980. A função de instrumento de troca só não se extinguiu graças à indexação generalizada presente na Economia Brasileira. Muitos economistas ainda consideram que o Brasil experimentou sim a hiperinflação, particularmente no início dos anos 1990.

12.4 A inflação inercial

Com a alta da inflação no Brasil e em vários países da América Latina durante os anos 1980, tornou-se popular o conceito de **inflação inercial**. Este é um fenômeno que tende a manter a taxa de inflação constante ao longo do tempo. Como exemplo para esse caso, se a inflação desse mês foi de 5%, então a do próximo mês também será 5%. Ou seja, o conceito é utilizado para explicar a inércia da taxa ao longo dos meses. Essa característica decorre da indexação generalizada dos preços e salários pela inflação passada. Trata-se de uma forma de proteção da renda real na situação de inflação alta. No caso do Brasil, particularmente entre as décadas de 1970 e 1990, as regras de indexação foram denominadas "correção monetária".

O exemplo mais comum na análise da inflação inercial é representado pela indexação dos salários na Economia. Tendo como objetivo evitar perdas reais, os salários tendem a ser corrigidos pela inflação passada, particularmente quando existem sindicatos fortes representando os trabalhadores. Nesse caso,

> A inflação inercial é explicada pela indexação generalizada na Economia e mantém a taxa de inflação constante ao longo do tempo.

os contratos de trabalho passam a ter cláusulas de correção por algum índice de preço. Uma vez que os salários sobem, as empresas repassam o aumento de custo para os preços, criando-se uma espiral de preços e salários.

A inflação inercial pode ser mais bem compreendida a partir de um modelo dinâmico.[1] Supondo π_t = inflação no período t (período corrente), π_{t-1} = inflação no período t-1(período anterior) e ϕ um número que representa a regra de reajuste dos preços pela inflação em t-1, pode-se considerar a seguinte equação para representar a inflação inercial:

---

[1] Para aqueles que têm familiaridade com cálculo diferencial, o modelo a ser apresentado é constituído por equação a diferenças finitas.

$$\pi_t = \phi \cdot \pi_{t-1} \qquad (12.2)$$

Considerando a Equação 12.2, suponha que todos os preços da Economia sejam reajustados, mês a mês, pela totalidade da inflação do mês anterior (ou seja, 100% da inflação do mês anterior). Neste caso, $\phi = 1$ e $\pi_t = \pi_{t-1}$. Como exemplo, se a inflação do mês foi de 5%, então a inflação do mês seguinte será de 5%, e assim por diante. O Gráfico 12.2 representa essa dinâmica:

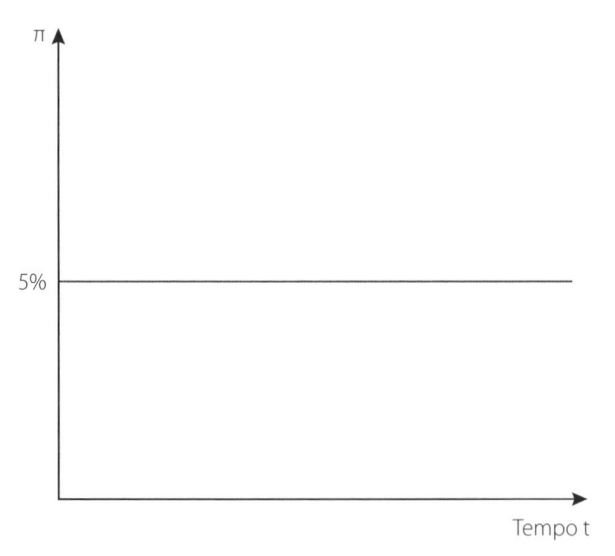

Gráfico 12.2 A inflação inercial, caso em que $\phi = 1$.

É possível que a regra de indexação preveja $\phi > 1$. Suponha, por exemplo, que $\phi = 1,5$. Nesse caso, preços e salários do mês são corrigidos acima da inflação do mês anterior (ou seja, 150% da inflação anterior). Essa regra resultará numa inflação explosiva. As regras de indexação acima da inflação passada decorrem do que se denomina em Economia de **conflito distributivo**. Esse conflito surge quando os diversos agentes econômicos buscam, além de proteger sua renda diante da inflação, elevar a participação na renda total da Economia (a conhecida elevação na participação no "bolo").

> O conflito distributivo surge quando os diversos agentes econômicos buscam, além de proteger sua renda diante da inflação, elevar a participação na renda total da Economia.

A inflação inercial pode ser eliminada a partir de duas estratégias. Uma delas manifesta-se por meio do congelamento de preços e salários da Economia, o que torna $\phi = $ zero. Essa alternativa é também denominada "tratamento de choque" contra a inflação. A outra considera a possibilidade de tornar ϕ menor do que um. Trata-se do "gradualismo" no controle da inflação. Ambas as alternativas requerem a intervenção do Governo nos preços da Economia. Conforme discutido no Capítulo 2 (Boxe 2.1), tais intervenções tendem a gerar distorções nos mercados, e, por esse motivo, não são consideradas pelos economistas liberais ou monetaristas.

O modelo de inflação inercial torna-se mais interessante quando se considera a possibilidade de ocorrência de choques de oferta na Economia que, conforme definidos anteriormente, se referem a elevações exógenas nos custos das empresas, como o caso do aumento no preço internacional do petróleo. Considerando A_t o choque de oferta no período t, a Equação 12.2 pode ser reescrita como:

$$\pi_t = A_t + \phi . \pi_{t-1} \qquad (12.3)$$

Essa equação mostra que a inflação possui, além do caráter inercial, um componente referente aos choques de oferta. Esses choques acabam por determinar o patamar da inflação. Como exemplo, considere que a inflação foi de 5% no período t-1, que o preço do petróleo no mercado internacional se eleve em 3% no período t e que esse percentual reflita o aumento no nível geral de preços na Economia. Nessa situação, a inflação em t será de 8%. Graficamente, o modelo de inflação inercial com choque de oferta pode ser representado pelo Gráfico 12.3.

> No modelo de inflação inercial, os choques de oferta elevam o patamar da inflação.

Pelo gráfico, a inflação se mantinha a 5% até o período t_0, quando ocorre o choque de oferta ($A_{t0} = 3\%$). A partir desse ponto, a inflação passa para 8% e manterá a inércia, desde que não ocorram novos choques de oferta.

Conforme afirmado anteriormente, a inflação inercial e a ideia do conflito distributivo foram bastante populares na segunda metade do século XX. Esses conceitos foram desenvolvidos principalmente pela corrente econômica denominada "estruturalista", que agregou muitos economistas simpatizantes das ideias desenvolvidas pela Comissão Econômica da América Latina e Caribe (CEPAL). Também serviram de inspiração para os planos de congelamento de preços e salários. No Brasil, o mais popular foi o Plano Cruzado. Infelizmente, este e outros planos não foram bem-sucedidos, o que já era esperado pelos monetaristas.

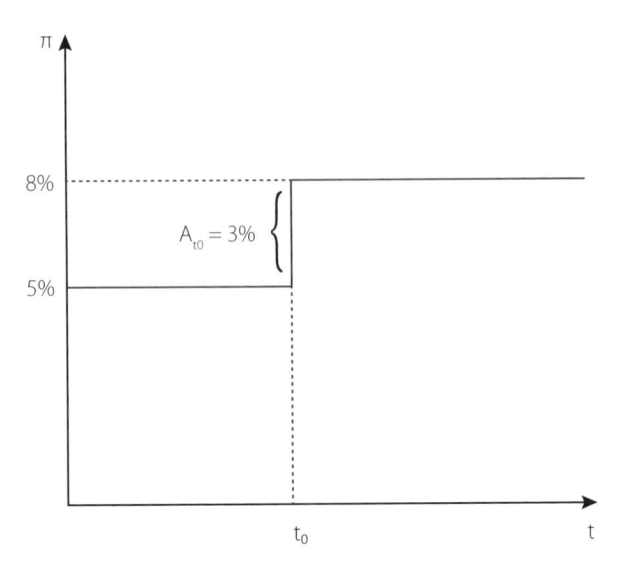

Gráfico 12.3 Inflação inercial com choque de oferta e supondo $\phi = 1$.

O problema do modelo de inflação inercial é que ele nada diz sobre a oferta de moeda na Economia. Muitos economistas estruturalistas argumentaram que essa oferta seria endógena, ou seja, o Governo tenderia a sancionar a inflação com emissão monetária. Essa estratégia seria seguida pela autoridade econômica com o intuito de evitar uma grande recessão com a política monetária contracionista. Essa ideia pode ser mais bem traduzida a partir do exemplo de um trem em alta velocidade. Se o freio do trem for acionado de forma brusca, é possível que os passageiros não sobrevivam ao choque. O mesmo pode ser considerado para a Economia. Se a inflação é de, por exemplo, 80% ao mês, a redução brusca na oferta monetária poderia gerar uma recessão sem precedentes. Nesse caso, o congelamento de preços e salários seria uma opção a ser considerada. Infelizmente, o argumento se coloca como frágil sob o ponto de vista teórico. De qualquer jeito, quando a Economia experimenta inflação alta, pode-se combinar o congelamento ou outras políticas com a monetária contracionista. Esse parece ter sido o caso do Plano Real, que será estudado na Seção 12.6.

> A emissão monetária constitui-se em fonte de receita para o Governo, definida como "senhoriagem".

O modelo de inflação inercial contempla as expectativas adaptativas, que foram estudadas no Capítulo 9. É como se os agentes econômicos considerassem a inflação passada como determinante da inflação futura.

12.5 A inflação como fonte de receita para o Governo

Conforme sugerido no Capítulo 9, o Governo pode se utilizar da emissão monetária para obter receitas para os seus gastos. Alguma emissão monetária se faz necessária para o funcionamento da Economia. Isso porque quando o PIB cresce, cresce também a demanda por moeda, conforme estudado no Capítulo 10. Nesse caso, a necessidade de se emitir moeda para sancionar o crescimento da Economia cria uma fonte

> O imposto inflacionário é a receita que o Governo obtém com a inflação.

alternativa de receita para o Governo. Essa fonte recebe o nome de *senhoriagem*. O problema ocorre quando a emissão monetária vai além das necessidades impostas pela elevação da demanda por moeda. Nesse caso, o Governo se beneficia do **imposto inflacionário**.

O imposto inflacionário pode ser definido como a receita que o Governo obtém com a inflação. É como se o Governo se apropriasse de parte da renda das pessoas pela redução dos valores reais na Economia. Talvez o imposto inflacionário seja a explicação mais plausível para a expansão monetária que pôde ser observada nas experiências de alta de inflação na história econômica. Não se trata apenas de sancionar a inflação como forma de evitar a recessão, mas de se aproveitar do desequilíbrio macroeconômico para financiar os gastos públicos via emissão de moeda. Esse fenômeno remete a análise ao debate acerca da conveniência dos gastos públicos. Parece haver algum consenso entre os economistas de que, para se ter estabilidade de preços, é necessário o controle dos gastos públicos. Esse controle, entretanto, não é fácil, quando se consideram as condições sociais dos países menos desenvolvidos. Nesses países, há demandas de curto prazo para se fazer frente à pobreza. Talvez por isso os economistas, principalmente os de linha mais ortodoxa, como os monetaristas, costumam ser criticados por outros cientistas sociais. A questão é saber se a Economia apresenta soluções fáceis e de curto prazo para esses problemas. Entretanto, e conforme discutido no Capítulo 1, as ideias econômicas são necessárias para se alcançar o bem-estar social. Mas, nesse objetivo, não existe espaço para o populismo. Mais uma vez, aqui se coloca a frase algumas vezes utilizada neste livro: "não existe almoço grátis".

Boxe 12.3 A dolarização do Equador

Depois de experimentar forte recessão, com queda no PIB de mais de 7% e uma inflação próxima 100.000% ao ano, o Equador optou, no ano de 2000, pela mais drástica das medidas de controle da inflação: a substituição do antigo Sucre pelo Dólar, como moeda de circulação interna. Essa opção é definida como "dolarização", na qual a moeda local é substituída pelo dólar norte-americano. A dolarização da Economia tem como vantagem o fim da inflação. Mas existem inúmeras desvantagens, particularmente para uma Economia de porte médio como a do Equador. Em primeiro lugar, o país abre mão da política monetária, reduzindo as possibilidades de realizar medidas de ajuste em épocas de recessão. Em segundo lugar, como o país não emite a moeda norte-americana, a quantidade de meios de pagamentos da Economia fica condicionada ao desempenho das contas internacionais do país, que podem ser desfavoráveis. Em terceiro lugar, o Governo não mais conta com a senhoriagem, que, conforme definido na Seção 12.5 deste capítulo, se constitui numa das fontes de receita para as despesas públicas. Por fim, o desempenho da Economia dolarizada fica condicionada ao comportamento da Economia norte-americana. Se os Estados Unidos entrarem em recessão, o país dolarizado tenderá a experimentar redução no nível de atividade econômica. Passadas quase duas décadas desde a dolarização da sua Economia, o Equador segue adotando o dólar para as transações internas. Esse exemplo mostra o quão é difícil criar uma moeda estável.

12.6 O controle da inflação no Brasil

O Brasil, talvez mais do que qualquer outro país em qualquer outro momento da história, constituiu-se num fértil laboratório de experiências de combate da inflação. Por vários motivos, dentre eles a elevação do preço do petróleo no mercado internacional e os altos déficits públicos financiados com emissão monetária, o país passou a experimentar forte processo inflacionário a partir do início da década de 1980. Em 1986, sob a presidência de José Sarney, o Brasil implementou o **Plano Cruzado**, que, além de determinar o congelamento dos preços e salários na Economia, substituiu o Cruzeiro pelo Cruzado. O Plano não foi bem-sucedido, e, depois de alguns meses, a inflação ganhou fôlego. A partir de então, o Governo Sarney colocou em ação mais três planos: o **Cruzado II**, implantado no final de 1986, que ajustou a maioria dos preços, reintroduzindo a indexação na Economia; o **Plano Bresser** (em referência ao sociólogo Bresser Pereira, então Ministro da Fazenda), adotado em 1987, que retomou o congelamento, e o **Plano Verão**, implementado em 1988, e que substituiu o Cruzado pelo Cruzado Novo. Esses planos também fracassaram. Mas o grande problema estava na credibilidade das políticas de controle da inflação. Isso porque, depois do fracasso do Plano Cruzado, os agentes econômicos não mais acreditaram nos novos planos. Pior, na expectativa de novo congelamento, implementavam altos reajustes de preços. Em 1989, o presidente Fernando Collor

> O grande problema que decorre da adoção sucessiva de planos de congelamentos de preços e salários é a redução da credibilidade das ações do Governo no controle da inflação.

assumiu o poder com a inflação em torno de 80% ao mês. Foi editado então o **Plano Collor,** que, além de determinar mais uma vez o congelamento de preços e salários na Economia, confiscou os depósitos à vista e as aplicações financeiras com o intuito de reduzir o estoque de moeda na Economia. A inflação cedeu, mas a Economia experimentou forte recessão (lembre-se do trem em alta velocidade). Com as ações judiciais contra o confisco da poupança, os altos déficits públicos e a crise política que se instalou na época, os preços voltaram a subir.

Em 1994, sob a presidência do sociólogo Fernando Henrique Cardoso, foi editado o **Plano Real**, que substituiu mais uma vez a moeda nacional, ao criar o Real. O plano acabou com a indexação generalizada da Economia, sem a adoção do congelamento de preços e salários. Também adotou o regime de câmbio fixo denominado "âncora cambial". Nos meses que se seguiram ao anúncio do Plano, o dólar sofreu forte desvalorização (ou, em outras palavras, forte queda da taxa de câmbio), graças às altas taxas de juros adotadas pelo Banco Central, que serviam de estímulo à entrada de dólares no país (ver Boxe 8.2). Com isso, o Governo acabou por segurar esse importante preço na Economia sem a necessidade de congelamentos. Por esses e outros motivos, cuja análise escapa dos objetivos deste livro, o Plano Real foi finalmente bem-sucedido em reduzir a inflação.[2]

> Atualmente, o Brasil adota a política monetária para o combate da inflação. Essa política é manifestada pelo Sistema de Metas de Inflação.

Em 1999, com a mudança do regime de cambial de fixo para flutuante, o Plano Real foi substituído pelo **Sistema de Metas de Inflação**, que é uma das manifestações da política monetária. Esse sistema estabelece uma meta para a inflação e um intervalo de variação para a taxa em torno da meta. Se a inflação sobe acima do limite superior do intervalo, o Banco Central, por meio do Comitê de Política Monetária (COPOM), eleva a taxa básica de juros da Economia, com o intuito de levar a taxa para perto da meta. Atualmente, a meta para inflação no Brasil é de 4,5%, com o intervalo de 1,5% para mais e para menos.[3]

O caráter monetário do Sistema de Metas de Inflação no Brasil está justamente na utilização da taxa de juros como instrumento de controle da inflação. Essa prática

---

[2] Uma análise densa e didática do Plano Real, particularmente em relação ao seu sucesso, pode ser encontrada em GREMAUD, Amaury Patrick et al. *Economia Brasileira Contemporânea.* 8. ed. São Paulo: Editora Atlas/Gen, 2017, Capítulo 17. Este capítulo também contém uma excelente síntese sobre os demais planos adotados a partir da década de 1980.

[3] O histórico do Sistema de Metas de Inflação, além das suas principais características, pode ser encontrado no *site* do Banco Central do Brasil: https://www.bcb.gov.br/controleinflacao/historicometas.

tem sido criticada pelos economistas heterodoxos sob o argumento de que ela eleva o desemprego na Economia. Entretanto, resta saber se existe outra alternativa de controle da inflação. A história econômica recente no Brasil demonstra que não. O fato é que a inflação brasileira somente foi controlada quando o Governo resolveu adotar de forma mais efetiva a política monetária. Mas o debate permanece, opondo monetaristas aos heterodoxos.

12.7 Considerações finais: o que se pode aprender com a inflação

Colocando em uma balança os custos e os benefícios resultantes do controle da inflação, haverá maior peso para a segunda opção. A inflação é um mal a ser combatido. Trata-se de um grave desequilíbrio macroeconômico que, uma vez estabelecido, é de difícil solução. A experiência brasileira, dentre outras que podem ser encontradas na história econômica, prova sem muitas dúvidas esse argumento.

Há várias formas de combater a inflação, e a política monetária tem se destacado dentre elas. No Brasil, desde que foi implementado o Sistema de Metas de Inflação, as taxas de inflação têm sido baixas, e é pouco provável que o problema volte a assombrar os brasileiros. Ou seja, o Brasil parece ter se curado do mal da inflação. Mas, existe outro problema que está presente na Economia brasileira. Ele diz respeito às baixas taxas de crescimento do PIB verificadas nas últimas décadas. Muitos creditam essa situação às políticas ortodoxas ou liberais. Mas talvez as causas sejam outras e devem ser encontradas nas condições que explicam o crescimento econômico de longo prazo. Esse tema será objeto de estudo do próximo capítulo.

Encerra-se aqui o que se conhece em macroeconomia como "análise de curto prazo". O termo "curto" não significa que ela seja menos importante do que as abordagens de longo prazo. Em Economia, tudo é importante. No curto prazo, é necessário que o país viva na estabilidade macroeconômica, que pode ser definida como o pleno emprego sem inflação. Mas tal estabilidade não é suficiente para elevar o bem-estar da sociedade. É necessário que a Economia apresente altas taxas de crescimento do PIB ao longo do tempo. O próximo e último capítulo discutirá algumas das condições necessárias para o crescimento econômico de longo prazo.

EXERCÍCIOS

1. Defina a inflação.

2. Quais os custos da inflação?

3. Quais os custos do combate à inflação?

4. Defina:
   i) custo de menu;
   ii) custos da sola de sapato;
   iii) distorção dos preços relativos.

5. Por que a distorção dos preços relativos dificulta a tomada de decisões pelos empresários?

6. Como é representada a Teoria Quantitativa da Moeda?

7. Defina a velocidade de circulação da moeda.

8. O que é inflação inercial?

9. Qual a relação entre a inflação inercial e a indexação de preços e salários na Economia?

10. Como funciona o Sistema de Metas de Inflação no Brasil?

Referências

DORNBUSCH, Rudiger et. al. *Macroeconomia*. 11. ed. Porto Alegre: AMGH Editora, 2013.

GREMAUD, Amaury Patrick et al. *Economia Brasileira Contemporânea*. 8. ed. São Paulo: Atlas, 2017.

LOPES, Luíz Martins et al. *Macroeconomia*: teoria e aplicações de política econômica, equipe dos professores da USP. 4. ed. São Paulo: Atlas, 2018.

MANKIW, N. Gregory. *Introdução à Economia*: princípios de micro e macroeconomia. 2. ed. Rio de Janeiro: Elsevier, 2001.

MANKIW, N. Gregory. *Macroeconomia*. 8. ed. Rio de Janeiro: LTC, 2015.

SIMONSEN, Mario Henrique; CYSNE, Rubens Penha. *Macroeconomia*. 3. ed. São Paulo: Atlas, 2007.

VASCONCELLOS, Marco Antônio Sandoval de. *Economia*: macro e micro. 6. ed. São Paulo: Atlas, 2015.

13

O crescimento de longo prazo

Assista ao vídeo do autor
sobre o tema deste capítulo

uqr.to/fdip

OBJETIVOS DO CAPÍTULO: _____

- Apresentar os principais fatores que explicam o crescimento econômico de longo prazo.
- Estudar o modelo neoclássico de crescimento econômico.
- Mostrar como a taxa de poupança, a acumulação de capital e as inovações tecnológicas contribuem para o crescimento econômico.
- Definir instituições.
- Mostrar como as instituições afetam o crescimento econômico.
- Apresentar os princípios básicos das vantagens comparativas.
- Considerar algumas relações entre o comércio internacional e o crescimento econômico.

13.1 Introdução

No modelo de oferta e demanda agregada, o pleno emprego foi definido como sendo a situação ótima para a Economia. Essa situação, entretanto, não representa o crescimento econômico. A Economia pode estar no pleno emprego e ao mesmo tempo se encontrar em situação de estagnação econômica. Basta lembrar que, no gráfico no qual são representadas as curvas de oferta e demanda agregadas, o pleno emprego é fixo. Mas ele pode crescer.

Neste capítulo, discutiremos alguns dos principais fatores que explicam o crescimento econômico no longo prazo. Aqui, o termo "longo prazo" ganha outra conotação. Ele representa o desempenho da renda ou do Produto Interno Bruto (PIB) *per capita* ao longo do tempo. Mas quais os fatores que favorecem esse crescimento? Esta pergunta tem várias respostas, que serão exploradas ao longo do capítulo.

A análise se inicia com uma breve discussão sobre o significado da elevação do produto de pleno emprego no modelo de oferta e demanda agregada. Posteriormente, será apresentado um modelo mais popular e adequado aos propósitos da análise: o modelo neoclássico de crescimento, também conhecido como Modelo de Solow. Nele, destacam-se a taxa de poupança, a acumulação de capital e as inovações tecnológicas como fontes para o crescimento econômico. O capítulo contempla ainda as instituições, definidas como as regras do jogo que definem as relações econômicas de um país. A última seção discute o papel do comércio internacional e o conceito das vantagens comparativas no crescimento econômico.

Boxe 13.1 As principais Economias do mundo – PIB corrente de 2016

O quadro apresenta as dez maiores Economias do mundo, considerando como critério o PIB para o ano de 2016.

	País	US$ bilhões
1º	Estados Unidos	18.624,45
2º	China	11.232,11
3º	Japão	4.936,54
4º	Alemanha	3.479,23
5º	Reino Unido	2.629,19
6º	França	2.466,47
7º	Índia	2.263,79
8º	Itália	1.850,74
9º	Brasil	1.798,62
10º	Canadá	1.529,76

Fonte: International Monetary Fund - World Economic Outlook Database (outubro de 2017).

Esse quadro revela várias informações importantes. Os Estados Unidos se constituem na maior Economia do planeta, seguido pela China e pelo Japão. Esses países possuem algumas características em comum: altas taxas de poupança e produtividade do trabalho. Também são Economias abertas ao comércio internacional. Mas o que chama a atenção é a existência de indústrias de alta tecnologia nesses países. A posição da China constitui-se num caso excepcional. Isso porque até a década de 1970 ela era um país pobre e estava longe de figurar nesse *ranking*. Já o Brasil é um caso à parte, já que não se pode afirmar que ele é uma das Economias mais desenvolvidas do planeta. Sua posição se deve mais ao tamanho do seu PIB, que não é o único critério para a avaliação do desempenho econômico. O mesmo vale para a China e a Índia, que apresentam alguns indicadores que os colocam longe de países como os Estados Unidos e o Japão.

Talvez com a exceção do Brasil, nesses países se observa um fenômeno fundamental para o crescimento econômico: altos índices de educação e de inovações tecnológicas.

13.2 O significado do crescimento econômico no modelo de oferta e demanda agregada

Em uma primeira análise, pode-se considerar o crescimento econômico como sendo a elevação do PIB ao longo do tempo. Na verdade, deve-se considerar o PIB real, já que a elevação do seu valor nominal pode estar refletindo apenas o aumento do nível geral de preços. Nos modelos macroeconômicos apresentados até aqui, quando a Economia se encontra na situação de desemprego, as políticas macroeconômicas podem ser acionadas para elevar o PIB. Na abordagem keynesiana, ganha destaque a política fiscal. Já no modelo IS/LM, soma-se a política monetária como alternativa. No modelo de oferta e demanda agregada, a trajetória de ajuste ocorre até que seja alcançado pleno emprego. Essa trajetória representa o crescimento econômico, mas é apenas transitória. Uma vez que a Economia atinge o equilíbrio de longo prazo, ela para de crescer em termos reais.

Para haver crescimento econômico a partir do equilíbrio de longo prazo, é necessário que o pleno emprego se eleve ao longo do tempo, o que é possível pela ampliação da produtividade na Economia ou pela incorporação de novos fatores ao processo produtivo. Essa possibilidade pode ser representada graficamente pelo deslocamento da curva *OAlp* para a direita, conforme representado pelo Gráfico 13.1:

> No modelo de oferta e demanda agregada, o crescimento econômico ocorre até que o pleno emprego seja alcançado.

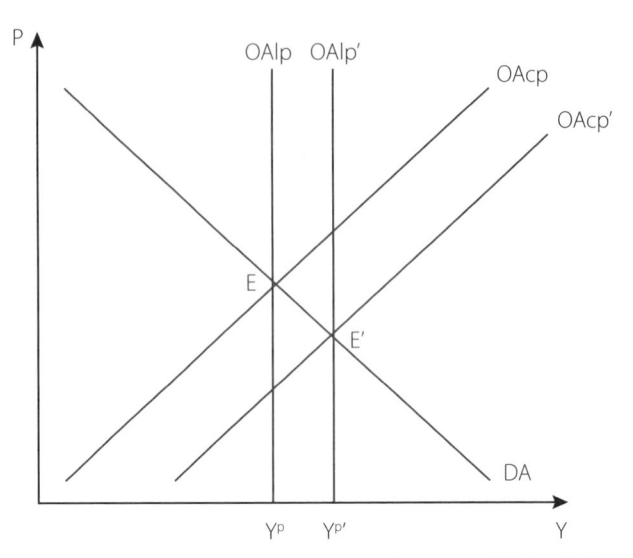

Gráfico 13.1 Efeitos do crescimento econômico sobre o equilíbrio de longo prazo.

Considerando o gráfico, suponha que a situação inicial seja dada pelo equilíbrio no ponto E. Com o aumento na produtividade do trabalho, a curva de oferta agregada de longo prazo se desloca para a direita, de *OAlp* para *OAlp'*. Esse deslocamento resulta, inicialmente, em uma situação de desemprego, já que o equilíbrio de curto prazo permanece em E. Mas tal situação é apenas transitória. Isso porque a elevação da produtividade provoca a queda nos custos de produção das empresas. Essa queda, por sua vez, deslocará a curva de oferta agregada para a direita, de *OAcp* para *OAcp'*, resultando no equilíbrio final do modelo representado pelo ponto E'. No novo equilíbrio, o PIB será maior. O crescimento econômico, no gráfico, ocorrerá na passagem do equilíbrio do ponto E para o ponto E'.

Na dinâmica apresentada no Gráfico 13.1, existem algumas imprecisões ou contradições. Em primeiro lugar, ela mostra que o crescimento econômico ocorrerá até que o novo equilíbrio de longo prazo seja alcançado. Ou seja, o aumento na produtividade dos fatores proporciona apenas um crescimento transitório. Segundo, o deslocamento da curva de oferta agregada de longo prazo para a direita resulta na situação de desemprego, o que não faz muito sentido. Por fim, verifica-se o fenômeno da deflação no processo de ajuste, o que, na realidade, é raro de acontecer quando a Economia experimenta o crescimento do PIB. Essas observações sugerem que o modelo de oferta e demanda agregada talvez não seja adequado ao estudo do crescimento de longo prazo. Logo, é necessário considerar outro modelo, mais adequado à análise. Esse modelo é conhecido como de crescimento neoclássico.

13.3 O modelo de crescimento neoclássico

Boxe 13.2 As principais Economias do mundo – PIB *per capita* corrente de 2016

O quadro considera os mesmos países relacionados no Boxe 13.1. Entretanto, o PIB total foi substituído pelo PIB *per capita*.

	País	US$
1º	Estados Unidos	57.608
2º	China	8.123
3º	Japão	38.882
4º	Alemanha	42.177
5º	Reino Unido	40.050
6º	França	38.178
7º	Índia	1.742
8º	Itália	30.507
9º	Brasil	8.727
10º	Canadá	42.225

Fonte: International Monetary Fund - World Economic Outlook Database (outubro de 2017).

No quadro, percebem-se algumas alterações no desempenho econômico dos países em comparação com os números apresentados no Boxe 13.1. A maioria dos países apresenta elevados níveis de PIB *per capita*, e os Estados Unidos continuam a liderar o *ranking*. Porém, Brasil, China e Índia apresentam baixos valores no novo critério. China e Índia, aliás, ficam atrás do Brasil. Apesar desse estranho resultado, esses dois países apresentaram, nas últimas décadas, altas taxas de crescimento econômico. Porém, pelo critério do PIB *per capita*, ainda existe um grande caminho a ser percorrido por eles.

Na avaliação do crescimento econômico, O PIB *per capita* tem uma vantagem sobre o PIB total. Se o país cresceu, por exemplo, 10% em uma década, mas a sua população se elevou em 15% no mesmo período, então, na média, ele ficou mais pobre. Esse exemplo sugere que, na avaliação do crescimento econômico, deve-se considera não o PIB total, mas o seu valor *per capita*.

A utilização do PIB como referência para o crescimento não é comumente considerada nas análises sobre o crescimento econômico. Isso porque, se a população cresce a uma taxa superior ao PIB, então pode-se afirmar que, na média, a sociedade ficou mais pobre. Nesse sentido, é necessário qualificar melhor o que se entende por crescimento econômico.

Pode-se definir o crescimento econômico pela elevação do PIB *per capita* ao longo do tempo. Ou seja, para haver crescimento, o percentual de crescimento do produto agregado deve ser superior ao percentual de crescimento da população. Esse critério abre novas possibilidades na análise, tornando-as mais próximas da realidade. Dentre essas possibilidades, encontra-se o modelo de crescimento neoclássico, também conhecido como Modelo de Solow. Sua origem está nos trabalhos do economista estadunidense Robert Solow (1924-) e permite avaliar os impactos da acumulação de capital, da taxa de poupança e das inovações tecnológicas sobre o desempenho econômico de longo prazo do país. Aqui serão apresentados apenas os aspectos gerais do modelo, desconsiderando alguns dos seus detalhes formais, tendo em vista os objetivos deste livro.

> Define-se o crescimento econômico como sendo a elevação do PIB *per capita* ao longo do tempo.

O Modelo de Solow considera, em sua estrutura, o conceito de PIB por trabalhador. Esse conceito, além de se constituir em uma boa aproximação para o PIB *per capita*, tem a vantagem de expressar a elevação da produtividade na Economia. Mais do que isso, considerar o fator trabalho na análise nos remete aos outros fatores de produção, particularmente o capital físico, representado pelas máquinas, equipamentos e infraestrutura econômica, como estradas, portos e hidrelétricas, dentre outros.

O modelo considera as causas da elevação da produtividade do trabalho, dentre elas a acumulação de capital. Quanto maior for o volume de capital, em termos agregados, maior tenderá ser o produto por trabalhador. Nesse sentido, os investimentos produtivos se colocam como condição necessária para o crescimento econômico. Ou seja, aqui, os investimentos assumem um papel que vai além daquele representado no modelo keynesiano. Mas como elevar os investimentos na Economia? A resposta está no nível da poupança. No Capítulo 8, foi apresentada a identidade macroeconômica que diz que poupança é igual ao investimento. Logo, para que ocorram os investimentos, deve haver poupança para financiá-los. Essa conclusão remete a análise à taxa de poupança: quanto maior for a taxa de poupança, maior será o nível de capital por trabalhador e, consequentemente, maior será o produto por trabalhador da Economia.

> A poupança e a acumulação de capital são peças fundamentais no processo de crescimento econômico.

Essas ideias podem ser mais bem entendidas considerando a versão simplificada do Modelo de Solow. Inicialmente, não será considerada a taxa de depreciação e nem o crescimento populacional, que estão presentes no modelo mais avançado. Para tanto, considere a função de produção, que foi apresentada no Capítulo 1, lembrando que Y = PIB, K = estoque de capital, L = a mão de obra, T = terra e t = uma variável que representa as inovações tecnológicas:

$$Y = f(K, L, T, t) \qquad (13.1)$$

Como o interesse aqui está na avaliação do crescimento do produto por trabalhador, pode-se utilizar uma versão modificada da Equação 13.1:

$$y = f(k) \qquad (13.2)$$

Onde $y = Y/L$ e $k = K/L$ e $\Delta y/\Delta k > 0$.[1] A partir da Equação (13.2), pode-se concluir que o crescimento de y depende da acumulação de capital por trabalhador, ou de k. Essa acumulação, por sua vez, depende dos investimentos na Economia, ou seja:

$$\Delta k = i \qquad (13.3)$$

Onde i representa o investimento por trabalhador ($i = I/L$). Considerando a identidade macroeconômica investimento = poupança, e definindo a poupança da Economia como sendo a proporção da renda ou do PIB que não é consumida, i pode ser expresso como função da taxa de poupança, ou seja:

$$i = s.y \qquad (13.4)$$

Onde s representa a taxa de poupança da Economia, em termos percentuais. Assim, por exemplo, se o PIB é de R$ 4 trilhões e a taxa de poupança é igual a 25% da renda, então o volume de poupança agregada será igual a R$ 1 trilhão, que corresponderá aos recursos financeiros disponíveis para financiar os investimentos ou a acumulação de capital físico na Economia. Combinando as Equações 13.3 e 13.4, obtemos:

$$\Delta k = s.y \qquad (13.5)$$

---

[1] Para aqueles que possuem um conhecimento mais detalhado da matemática, essa passagem é possível se considerarmos que a função $Y = f(K, L)$ é homogênea de grau um.

A Equação 13.5 revela a dinâmica do Modelo de Solow em sua versão simplificada. A partir dela, pode-se avaliar os vários fatores que explicam o crescimento econômico. A primeira conclusão que se pode chegar é a de que o crescimento econômico depende da taxa de poupança. Mas como elevar a taxa de poupança da Economia? Essa não é uma pergunta fácil de se responder, já que a poupança, definida como a renda não consumida, depende do comportamento das pessoas, e isso está fora do alcance das ações diretas da autoridade econômica. Mas existem algumas pré-condições para que ela seja elevada e que se encontram nas características do mercado financeiro ou, de uma forma mais geral, no mercado de capitais do país. Olhando para as Economias desenvolvidas, é possível perceber a existência de um mercado financeiro desenvolvido, que oferece inúmeras opções de aplicações aos poupadores. Também é possível verificar a existência de mercados de ações com amplo volume de negócios. Ou seja, a eficiência e estabilidade do sistema bancário e a existência de um mercado acionário desenvolvido constituem-se em condição necessária para o crescimento econômico.

Altas taxas de poupanças são necessárias para o crescimento econômico.

Conforme estudado no Capítulo 8, a poupança agregada se divide na poupança interna (das famílias e do Governo) e poupança externa. Em alguns países, particularmente aqueles com Economias menos desenvolvidas, a poupança interna não é suficiente para sustentar o crescimento econômico desejado. Nesses casos, pode ser necessária a poupança externa, ou seja, a poupança de residentes em outros países. Essa opção, entretanto, deve ser considerada com cautela, pois o endividamento externo pode elevar a vulnerabilidade do país frente a crises internacionais.

Outra importante conclusão pode ser tirada do modelo: a importância dos investimentos produtivos para o crescimento econômico. No modelo keynesiano, esses investimentos foram definidos como uma categoria homogênea. Mas existem diferenças relevantes. Os investimentos podem ser direcionados, por exemplo, para a implantação de indústrias de alta tecnologia ou para setores em que o país possui vantagens comparativas (conceito que será mais bem qualificado mais adiante). Os economistas contemporâneos têm chamado a atenção para as externalidades positivas decorrentes da existência de setores de alta tecnologia. Isso ocorre por pelo menos dois motivos. O primeiro diz respeito à qualificação da mão de obra. O treinamento dos trabalhadores em atividades de alta tecnologia pode ajudar na divulgação do

A eficiência e estabilidade do sistema bancário e a existência de um mercado acionário desenvolvido constituem-se em condição necessária para o crescimento econômico.

conhecimento dentro do país. Um trabalhador que sai de uma indústria pode levar os seus conhecimentos para outra ou abrir o seu próprio negócio a partir das suas experiências. A interação entre trabalhadores de diferentes firmas, ainda que em encontros informais, pode contribuir para essa divulgação. O outro motivo encontra-se na necessidade de manutenção das máquinas e equipamentos. Uma indústria de alta tecnologia instalada em um país necessitará dessas manutenções, que também demandam conhecimento. Os economistas alegam que tais externalidades positivas contribuem para o crescimento econômico, ainda que de forma sutil e lenta.

> Os investimentos produtivos possuem duas funções. No curto prazo, elevam a demanda agregada e, consequentemente, o PIB. No longo prazo, aumentam a capacidade produtiva da Economia.

Retornando ao modelo, ao se considerar a taxa de poupança, deve-se tomar cuidado com uma conclusão aparentemente lógica, mas errada. O leitor desatento pode concluir que, quanto maior a taxa de poupança, maior será o bem-estar econômico. Mas esta conclusão pode não ser verdadeira. Se a elevação da poupança eleva o PIB e, consequentemente, o consumo, existe um efeito contrário: a elevação da poupança requer a redução do consumo. Em um limite absurdo, a taxa de poupança igual a 100% da renda implica em consumo zero. Essa observação sugere que existe uma taxa de poupança ótima que maximiza o consumo. Essa taxa é dada pela denominada **regra de ouro**. Na prática, é muito difícil calcular

> As externalidades positivas decorrentes da existência de setores de alta tecnologia podem contribuir para o crescimento econômico.

o seu nível percentual. Mas as experiências internacionais demonstram que ela se situa em torno de 25% do PIB. Somente para se ter uma comparação, no Brasil, a média dos últimos anos possui uma taxa abaixo de 18%. Essa constatação ajuda a explicar os baixos níveis de crescimento econômico que a Economia brasileira vem experimentando nos últimos tempos.

Apesar da importância da poupança na determinação do PIB *per capita*, ela, por si só, não explica um crescimento econômico persistente. Para a compreensão dessa afirmação, é necessário tornar um pouco mais real o modelo, como a inclusão da taxa de depreciação

> Regra de ouro no modelo de Solow: a taxa de poupança maximiza o consumo da sociedade.

do capital, que será definida pelo símbolo δ. O valor da depreciação pode então ser representado por $\delta.k$. Nesse sentido, a Equação 13.5 pode ser reescrita como:

$$\Delta k = s.y - \delta.k \qquad (13.6)$$

Essa nova equação mostra que a variação do estoque de capital por trabalhador cresce com os investimentos ($s.y$) e decresce com a depreciação ($\delta.k$). É razoável supor que, para baixos níveis de estoque de capital, $s.y > \delta.k$. Por outro lado, quando é grande o estoque de capital, $s.y < \delta.k$. Isso sugere que haverá um estoque de capital em que $s.y = \delta.k$. Neste caso, a variação do estoque de capital por trabalhador será nula, ou seja, $\Delta k = 0$. Essa situação é denominada **estado estacionário**, no qual o crescimento do estoque de capital produto por trabalhador é nulo.

O modelo neoclássico de crescimento considera o estado estacionário como sendo a tendência natural para as Economias. Sua existência não significa a estagnação do PIB. Apenas diz que o produto agregado cresce na mesma taxa do crescimento da força de trabalho. Em outras palavras, o estado estacionário ocorre quando a taxa de crescimento do PIB *per capita* é zero. Também não significa baixo nível de desempenho econômico. Mesmo os países com altos níveis de PIB *per capita* podem experimentar o estado estacionário. Mas como romper esse estado e garantir a persistência do crescimento econômico ao longo do tempo? A resposta está nas inovações tecnológicas.

> No estado estacionário, o crescimento do produto por trabalhador é nulo.

Considerar as inovações tecnológicas no modelo traz complicações matemáticas que escapam dos objetivos deste livro. Mas um pouco de intuição sugere que essas inovações permitem a elevação da produtividade do trabalho e podem ser alcançadas por meio de pesquisas em inovações tecnológicas e investimentos em educação que elevem a qualidade do capital humano do país. As inovações podem também ser obtidas pela criação de produtos de alta tecnologia em decorrência das externalidades positivas. Não é mera coincidência que as melhores instituições de ensino e pesquisa se encontram nos países mais ricos.

> Somente com as inovações tecnológicas é possível romper o estado estacionário.

O modelo aqui apresentado, apesar de ter sido simplificado ao extremo, é útil em mostrar os vários fatores que explicam o crescimento econômico. Porém, existem outros fatores que não estão presentes neste modelo, como as instituições ou regras que regulam as relações econômicas do país.

Boxe 13.3 Made in USA, made in Japan, made in Korea e made in China

Quem nasceu no Brasil no início da segunda metade do século XX pôde perceber um fenômeno interessante. Na década de 1970, os produtos estrangeiros vendidos no país que continham a expressão *made in USA* eram considerados de altíssima qualidade.

Mas havia outros de menor qualidade, e carregavam a expressão *made in Japan*. Já nos anos 1980, os produtos *made in Japan* passaram a ter excelente reputação no mercado. Os brasileiros podiam perceber que os bens importados do Japão eram de qualidade superior aos nacionais ou mesmo daqueles fabricados nos Estados Unidos. O problema ficava para os produtos *made in Korea*. Na década de 1990, a Coreia do Sul passou a fazer parte das Economias de alto desempenho econômico e que ficaram conhecidas como "os tigres asiáticos". Os produtos coreanos passaram então a ser considerados de alta qualidade. Mas, naquele momento, havia os *made in China*, de baixa qualidade e, muitas vezes, falsificados. Já a partir do início do século XXI, a China passou a produzir bens de alta tecnologia. Hoje, os produtos *made in China* são considerados de qualidade superior. Aliás, inúmeras marcas antes produzidas nos Estados Unidos ou no Japão são agora produzidas na grande Economia asiática. Essa história serve para mostrar como o desenvolvimento tecnológico presente nas marcas explica o crescimento econômico e a participação de um país no comércio internacional de bens manufaturados.

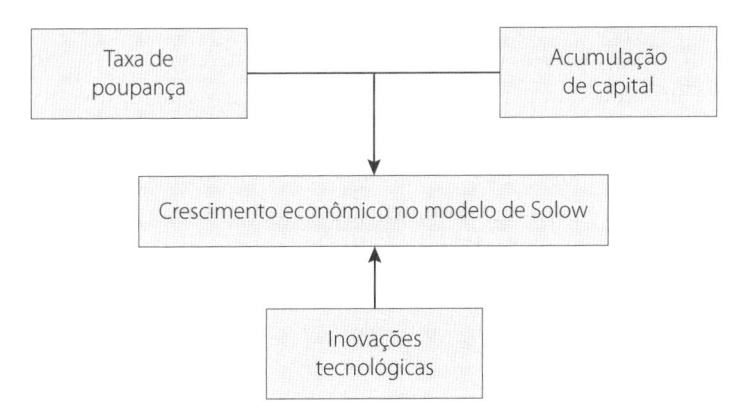

Figura 13.1 As fontes do crescimento econômico.

13.4 Instituições e crescimento econômico

No início do século XX, a partir dos estudos realizados pelo economista e sociólogo norte-americano Thorstein Veblen (1857-1929), a Economia passou a considerar as instituições no estudo do desempenho econômico das nações. A nova abordagem considera que a relações econômicas não são regidas apenas pelas leis de mercado, mas também pelas normas que regem as sociedades. A partir de então, iniciaram-se, dentro da Ciência Econômica, inúmeras pesquisas em torno do papel das instituições e que se consolidou na Nova Economia Institucional, que tem como um dos principais fundadores o economista também norte-americano

Douglass North (1920- 2015), prêmio Nobel em Economia no ano de 1993. Trata-se da área da Economia que transcende a divisão tradicional entre a microeconomia e a macroeconomia, levando a Ciência para o âmbito da interdisciplinaridade, utilizando-se de conceitos presentes na Sociologia, na Ciência Política ou mesmo na Antropologia.

Pode-se definir **"instituições"** como sendo as regras, formais e informais, que regem as relações econômicas e políticas na sociedade. Trata-se das leis, costumes, crenças, ideologias e outras formas presentes na interação entre os indivíduos. Sob o ponto de vista econômico, referem-se às normas que regem os contratos, os direitos de propriedade e as formas de organização política que interferem nas regras de conduta econômica. Deve-se destacar que as instituições não devem ser confundidas com as organizações.

> As instituições são as regras formais e informais que regem as relações econômicas.

A **nova economia institucional** considera que a organização institucional da Economia é fundamental para a eficiência nas relações produtivas e, consequentemente, para o crescimento econômico. Essa abordagem consiste em encontrar arranjos que possibilitem a redução dos custos de transação, dos problemas de informação e dos conflitos em torno dos contratos. Busca, em última análise, encontrar formas mais eficientes de negociação entre diversos grupos econômicos.

Existem inúmeros exemplos que atestam a importância das instituições para o crescimento econômico. Pode-se considerar, como exemplo, as regras que a Economia possui em relação aos investimentos produtivos. Conforme estudado no Capítulo 9, os empresários, ao decidirem pela realização do investimento, levam em conta as expectativas em torno das condições que podem influir sobre as vendas no futuro. Dentre essas condições, destacam-se não apenas as regras, mas também a estabilidade delas. Isso porque, uma vez iniciada a construção de uma fábrica, o custo de se voltar atrás é grande. Nesse sentido, o investidor deve estar seguro de que todas as ações legais foram tomadas, e que as regras do jogo serão mantidas. Caso contrário, o investimento pode não ser realizado, o que compromete a acumulação de capital e o crescimento econômico. No caso do investimento direto estrangeiro, o país deixa de receber recursos e fatores que podem ser fundamentais ao seu crescimento. O problema é ainda maior quando as legislações dos países são significativamente diferentes. Nesse caso, o capital produtivo tenderá ir para aqueles países onde as regras são mais adequadas e estáveis aos interesses do investidor externo. O mesmo vale

> As instituições são fundamentais para se alcançar o crescimento econômico.

para a regulação dos mercados. Se a regulação é necessária, erros de interpretação podem prejudicar a concorrência ao criarem barreiras artificiais à entrada de novas firmas no mercado.

As instituições também regem a organização das relações macroeconômicas e as formas de intervenção do Governo. O padrão monetário, por exemplo, pode ser considerado como uma instituição sob o ponto de vista macroeconômico. Esse padrão determina a força e a aceitação da moeda e a estabilidade de preços. As dificuldades que determinados países têm em manter a inflação sob controle ou mesmo em criar uma moeda estável reflete o modo como as instituições atuam sobre o comportamento dos agentes ou grupos que se preocupam com a inflação. A independência do Banco Central, por exemplo, é considerada como condição necessária para se evitar a inflação. Há também aspectos relacionados com o controle dos gastos do Governo. A ausência de regras em relação a esses gastos pode levar a Economia a situações de crise que se manifestam em altas taxas de inflação e baixos percentuais de crescimento econômico. Muitos países adotam leis de responsabilidade fiscal que limitam os gastos públicos não para dificultar a adoção da política fiscal, mas para torná-la mais eficiente, reduzindo a possibilidade de emissão de moeda ou mesmo a corrupção.

> É importante, nas decisões empresariais, que as instituições permaneçam estáveis ao longo do tempo.

Muitos economistas institucionalistas alegam que, nos países pobres, as instituições são menos inadequadas ao crescimento econômico. Em geral, nesses países, os Governos estabelecem compensações para comportamentos econômicos e políticos que prejudicam as populações de baixa renda. Os economistas argumentam que essas compensações produzem resultados adversos por elevarem os gastos públicos e inibirem os incentivos pela busca da eficiência produtiva. Já nos países desenvolvidos, alegam eles, as instituições privilegiam muito mais aspectos que explicam o crescimento econômico, como a cultura da educação, da concorrência e das inovações tecnológicas.

> O padrão monetário pode ser considerado como uma instituição e deve ser estável ao longo do tempo.

Uma questão sensível em relação às instituições diz respeito ao direito de propriedade. As empresas argumentam que o incentivo de lançar um produto novo no mercado depende da garantia do retorno das vendas. Se o país não tiver uma legislação clara do que representa esse direito, pode não desenvolver atividades que agregam processos produtivos de alta tecnologia. Por outro lado,

> As instituições, nos países pobres, são inadequadas ao crescimento econômico.

conforme estudado no Capítulo 4, a existência de patentes representa uma possibilidade de barreira à entrada de firmas em determinado mercado. Esse é o caso do setor de medicamentos, que, em países de renda baixa, pode excluir parcela importante da população no acesso a determinadas drogas. Ou seja, a legislação em torno das patentes e, de uma forma geral, do direito de propriedade é tema de grande complexidade institucional e demanda diálogo entre a Economia e o Direito.

Deve-se destacar que as instituições são criadas por fatores que vão além daqueles que são estudados pela Economia. Elas podem ser influenciadas pelos costumes ou mesmo pelas práticas religiosas. Muitas dessas práticas podem prejudicar o progresso material por se opor ao lucro ou à produção de determinados bens e serviços. As instituições também são construções históricas, ou seja, dependem da trajetória seguida pela sociedade ao longo do tempo. Essas observações indicam que o estudo em torno das instituições deve ser interdisciplinar. Como afirmado no parágrafo anterior, tais estudos demandam a aproximação entre a Ciência Econômica e o Direito. Mas não apenas. Também indicam a necessidade de abordagens históricas, sociológicas ou mesmo antropológicas. As experiências internacionais também podem servir como referência para as políticas em torno da construção do aparato institucional favorável ao crescimento econômico.

> As instituições podem ser influenciadas por costumes e religiões. Elas também são construções históricas.

Boxe 13.5 Quantas moedas os EUA tiveram desde sua independência? E quantas o Brasil teve?

Conforme apresentado no Boxe 10.1, o Brasil teve nove moedas desde sua independência. Esse quadro contrasta-se com o dos Estados Unidos, que tiveram apenas uma única moeda em sua história como país independente. Isso para não falar do número de constituições que um e outro tiveram. Esse talvez seja um dos motivos para a soberania do Dólar no comércio internacional. Mesmo que a moeda não possa ser definida como instituição, o padrão monetário é uma regra que é peça central nas relações contratuais e nas transações econômicas. A existência de regras monetárias estáveis constitui-se não apenas em condição necessária à estabilidade macroeconômica, mas também ao crescimento da Economia. Basta lembrar que são poucos os países que possuem moeda. Ainda que o Brasil tenha conseguido criar uma moeda estável desde a implantação do Plano Real, persistem algumas fragilidades institucionais na Economia brasileira e que podem estar atrapalhando o seu crescimento. Essa é uma das explicações do porquê da existência da grande diferença entre a força da Economia norte-americana quando comparada com a Economia brasileira.

13.5 Comércio internacional e crescimento econômico

Adam Smith considerou a divisão do trabalho como condição necessária para a riqueza das nações. Ele utilizou esse conceito não apenas na fabricação de um determinado bem, mas também nas relações comerciais entre os países. Essas relações foram consideradas por David Ricardo, que propôs o conceito de **vantagens comparativas**. Segundo Ricardo, os países deveriam se especializar na produção daqueles bens em que os custos comparativos fossem menores e trocá-los com outros países. Fazendo isso, o país estaria aproveitando de forma mais eficiente os seus fatores de produção.

O conceito de vantagens comparativas pode ser mais bem entendido a partir do exemplo a seguir.[2] Suponha uma Economia hipotética que possua apenas cem trabalhadores para produzir soja e computadores. Suponha ainda que cada trabalhador produza 20 sacos de soja ou cinco computadores por período. Considerando que o país necessite de 250 computadores, ele pode distribuir a produção da seguinte forma: 50 trabalhadores produziriam os 250 computadores e os outros 50 estariam disponíveis para produzir mil sacos de soja. Considere agora que, no mercado internacional, cada saco de soja possa ser trocado por um computador. Nesse caso, faria mais sentido para o país concentrar todos os seus trabalhadores na produção de soja, trocando parte da produção pelos computadores produzidos em outros países. Considerando o preço relativo do saco da soja em relação ao computador, o país poderia utilizar os cem trabalhadores na produção de soja, obtendo 2 mil sacos do produto. Desses, utilizaria 250 sacos para comprar os 250 computadores. No final, a disponibilidade final dos dois bens para o mercado interno seria de 1.750 sacos de soja e 250 computadores. Com esse resultado, o país contaria com mais 750 sacos da oleaginosa. Ou seja, com o comércio internacional, o país estaria produzindo mais e utilizando de forma mais eficiente o fator de produção trabalho.

> Pelo princípio das vantagens comparativas, os países devem se especializar naqueles bens em que os custos relativos são menores.

O exemplo do parágrafo anterior constitui-se, evidentemente, numa simplificação exagerada da realidade. Porém, traduz com alguma precisão as possibilidades que os países têm de explorar suas vantagens comparativas nas relações comerciais internacionais. Existem grandes diferenças entre as produtividades do

---

[2] Esse exemplo foi inspirado em KRUGMAN, Paul; OBSTFELD, Maurice. *Economia internacional*: teoria e política. 8. ed. São Paulo: Pearson Prentice Hall, 2010. O exemplo apresentado por esses autores considera a produção de rosas na América do Sul, e de computadores produzidos nos EUA.

trabalho entre os países. Há também diferenças na dotação dos fatores. Alguns países possuem terra em abundância, e outros maiores disponibilidades de capital físico. Essas diferenças explicam os diferentes custos relativos entre as economias nacionais. Considerando esses custos ou os preços relativos dos bens, é possível obter ganhos com as trocas internacionais. No exemplo dado, considerou-se que um saco de soja compra um computador no mercado internacional. Mas essa hipótese pode ser relaxada. Na verdade, o país produtor de soja se beneficiará a partir de um determinado intervalo de preços relativos (deixamos para o aluno calcular esse intervalo). Ou seja, dependendo dos preços relativos, os países podem obter ganhos com o comércio internacional. As evidências demonstram que os países mais abertos a esse comércio são justamente os mais desenvolvidos. O exemplo da China e, de forma mais geral, das economias asiáticas servem para reforçar essas evidências.

Infelizmente, o debate acerca da importância do comércio internacional para o crescimento econômico a partir do conceito das vantagens comparativas não é tão simples, particularmente quando envolve os países produtores de bens primários. No Capítulo 3 (Boxe 3.1), foi considerado o argumento do baixo dinamismo dos produtos primários no mercado internacional. Alguns economistas, particularmente aqueles ligados à Comissão Econômica para a América Latina e Caribe (CEPAL), consideraram o processo de deterioração dos termos de trocas desfavoráveis aos países produtos primários como justificativa para a industrialização da América Latina, incluído o Brasil, no período do Pós-Guerra. Até hoje, há grande controvérsia em torno desse debate. Os economistas liberais argumentam que a substituição de importações fomentou indústrias ineficientes na região, o que explica o baixo desenvolvimento dos seus países. Além disso, alegam que atualmente não há como defender o argumento do baixo dinamismo dos produtos primários no mercado internacional. Mas há um incômodo nesses argumentos: com pouquíssimas exceções (talvez a Austrália e a Nova Zelândia), os países hoje desenvolvidos são grandes economias industrializadas. Ou seja, as experiências mostram que a especialização na produção primária pode não ser uma boa estratégia para os países encontrarem o caminho para o crescimento econômico.

Há ainda outro argumento em torno da relação entre o comércio internacional e o crescimento econômico. Conforme discutido no Capítulo 5 (Boxe 5.4), existe o padrão do comércio *intraindústria*, que não é explicado pelas vantagens comparativas, mas pela busca das firmas em ampliar o mercado com vistas à exploração das economias de escala no contexto da concorrência monopolística. Ou seja, o comércio internacional tende a tornar essas firmas mais eficientes, o que pode contribuir para a elevação da produtividade na Economia.

Não se deve negligenciar as experiências dos países que optaram pelo co-mércio internacional. Países como a China e a Índia são exemplos de estratégias bem-sucedidas de inserção das economias no mercado global. Além disso, os países mais pobres são justamente os mais fechados. Ou seja, não se deve desprezar, no debate, a importância das relações econômicas internacionais para o crescimento econômico. No mínimo, deve-se considerar a correlação que hoje se observa no mundo.

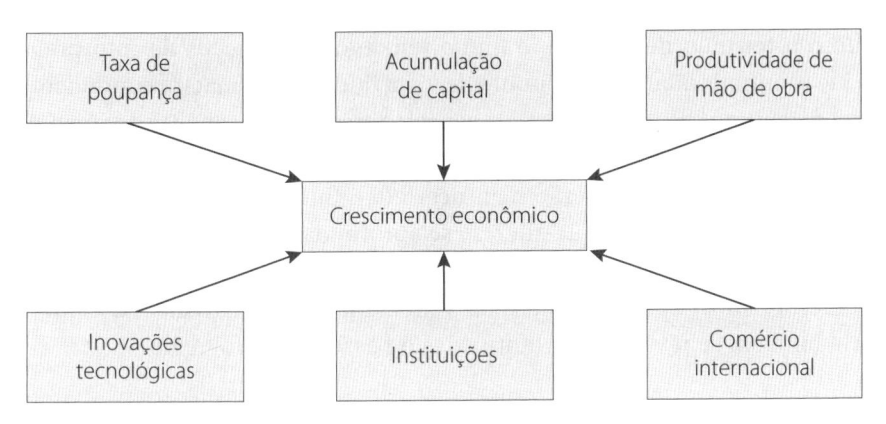

Figura 13.2 As fontes do crescimento econômico.

13.6 Considerações finais: o que se pode aprender com o crescimento econômico

Este capítulo encerra a análise macroeconômica com o debate sobre as princi-pais causas do crescimento econômico. Para alcançar esse crescimento, é necessário que o país busque alguns caminhos apontados pela teoria e prática econômica: altos níveis de poupança e investimentos produtivos, a melhoria da produtividade dos fatores de produção, particularmente a do trabalho, as inovações tecnológicas e a construção de boas instituições. Existe ainda a possibilidade de se utilizar o comércio internacional para elevar a produtividade de Economia. São caminhos que mostram opções reais e pautadas na realidade para se alcançar o bem-estar material da sociedade.

A importância dos fatores que explicam o crescimento de longo prazo não torna a estabilidade macroeconômica, manifestada pelo baixo desemprego e infla-ção, menos importante. Os países mais desenvolvidos são justamente aqueles em que se observa essa estabilidade. Também é necessário que os desequilíbrios sejam tratados com responsabilidade pelos Governos. Há inúmeros exemplos tirados da realidade indicando que a má gestão das políticas monetária e fiscal pode trazer grandes prejuízos para a Economia. O exemplo dos Estados Unidos, que ocupa o primeiro lugar no *ranking* de desempenho econômico das principais economias do planeta, merece ser considerado. Nesse país, além da existência de praticamente todos os fatores que explicam o crescimento econômico de longo prazo, observam-se condutas responsáveis na gestão das políticas macroeconômicas. O Brasil tem alcançado a estabilidade de preços. Porém, ainda contempla baixas taxas de poupança e inovações tecnológicas, além de inúmeras fragilidades institucionais.

Com o término deste livro, o aluno tem agora condições de interpretar a realidade econômica, tanto sob o ponto de vista micro como macroeconômico. Já é possível se ter uma boa ideia acerca dos aspectos essenciais da análise dos mercados e da conjuntura macroeconômica. Os noticiários do dia a dia na imprensa farão mais sentido, e as previsões serão mais acertadas. Entretanto, o aprendizado não se esgota aqui. Para aqueles que querem se aprofundar no estudo da Economia, é necessário o estudo de livros mais avançados. Pode ser necessário o conhecimento de determinados aspectos básicos da Matemática e da Estatística. O estudo da História também se revela importante. Mas o passo inicial foi dado.

EXERCÍCIOS

1. Como o crescimento econômico de longo prazo pode ser considerado no modelo de oferta e demanda agregada?

2. Quais os fatores que deslocam a curva de oferta agregada de longo prazo para a direita?

3. No Modelo de Solow, qual a importância da taxa de poupança, da acumulação de capital e das inovações tecnológicas para o crescimento econômico?

4. Qual o significado do estado estacionário no Modelo de Solow e como superá-lo?

5. Defina instituições sob o ponto de vista econômico.

6. Por que o PIB não é um critério adequado para se avaliar o desempenho econômico de um país?

7. Por que, nos países menos desenvolvidos, as instituições são inadequadas ao crescimento econômico?

8. Qual a importância do comércio internacional para o crescimento econômico?

9. O que explica as vantagens comparativas?

10. Quais os argumentos utilizados na defesa da industrialização da América Latina no período do Pós-Guerra?

Referências

DORNBUSCH, Rudiger et al. *Macroeconomia*. 11. ed. Porto Alegre: AMGH Editora, 2013.

GREMAUD, Amaury Patrick et al. *Economia brasileira contemporânea*. 8. ed. São Paulo: Atlas/, 2017.

KRUGMAN, Paul; OBSTFELD, Maurice. *Economia internacional*: teoria e política. 8. ed. São Paulo: Pearson Prentice Hall, 2010.

LOPES, Luíz Martins et al. *Macroeconomia*: teoria e aplicações de política econômica, equipe dos professores da USP. 4. ed. São Paulo: Atlas, 2018.

MANKIW, N. Gregory. *Introdução à Economia*: princípios de micro e macroeconomia. 2. ed. Rio de Janeiro: Elsevier, 2001.

MANKIW, N. Gregory. *Macroeconomia*. 8. ed. Rio de Janeiro: LTC, 2015.

PAULANI, Leda Maria; BRAGA, Márcio Bobik. *A nova contabilidade social*: uma introdução à macroeconomia. 4. ed. São Paulo: Editora Saraiva, 2012.

SIMONSEN, Mario Henrique; CYSNE, Rubens Penha. *Macroeconomia*. 3. ed. São Paulo: Atlas, 2007.

VASCONCELLOS, Marco Antônio Sandoval de. *Economia*: macro e micro. 6. ed. Rio de Janeiro: Atlas, 2015.

Índice remissivo

Pré-impressão, impressão e acabamento

GRÁFICA
SANTUÁRIO

grafica@editorasantuario.com.br
www.graficasantuario.com.br

Aparecida-SP

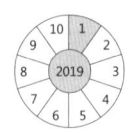